Zu diesem Buch

Dies ist ein sehr persönliches Buch. «Es besteht ganz bewußt aus unverdauter Subjektivität und berichtet nichts anderes als das, was passierte, als ich gerade das Buch schrieb», meint Suzanne Brøgger und schildert aggressiv, aufmüpfig und mit Witz aus eigenen Erfahrungen, was ihr zum Thema Liebe einfällt. Sie analysiert nicht nur die Beziehungen zwischen Mann und Frau, sondern das Problematische an der Liebe überhaupt, die zu leicht ausschließlich ist, die Besitzansprüche stellt, den anderen überfordert und entpersönlicht. Sie greift das Thema Inzest auf, stellt Homosexualität, Bisexualität und Transvestitentum zur Diskussion und warnt vor der erdrückenden Elternliebe in unseren Ein-Kind-Familien. Ihr Buch ist eine Provokation, aber auch ein Aufruf zur Offenheit, zum wahrhaftigen Umgang miteinander ohne einengende Regeln und Tabus und verlangt viel Mut. Es ist ein Anfang, ganz neue Gedanken zu denken.

Suzanne Brøgger, geboren 1944 in Kopenhagen, arbeitete als Journalistin in Vietnam, Afghanistan, Israel und der UdSSR. Sie lebt heute als Funk- und Fernsehautorin und Schauspielerin in Kopenhagen.

Suzanne Brøgger

...sondern erlöse uns von der Liebe

Aus dem Dänischen
von Eva Reinhardt und Karin Stärk

Rowohlt

Titel der dänischen Originalausgabe: Fri os fra kærligheden
Umschlagentwurf Werner Rebhuhn
(Foto: Aage Sørensen)
Das Gedicht auf Seite 11 wurde übertragen von
Karin Naumann-Magnusson

49.–56. Tausend Dezember 1983

Veröffentlicht im Rowohlt Taschenbuch Verlag GmbH,
Reinbek bei Hamburg, Oktober 1980
Copyright © 1973 by Rhodos, Kopenhagen
Copyright © 1978 by Econ Verlag GmbH, Düsseldorf und Wien
Satz Times (Linotron 404)
Gesamtherstellung Clausen & Bosse, Leck
Printed in Germany
680-ISBN 3 499 17371 9

Diane und Philippe Baude gewidmet

Inhalt

Vorwort

Viele halten es für überflüssig, Belletristik zu schreiben, weil die Gesellschaft selbst reine Fiktion und pure Dichtung ist. Auch nur der Versuch, diesen meinen Stoff einem bestimmten Genre unterzuordnen, scheint mir undenkbar, weil es keine eindeutige Ganzheit gibt, die sich nach den Regeln einer bestimmten literarischen Form wiedergeben ließe. Solch ein literarischer Prozeß geht leicht auf Kosten der Gegenwart vonstatten, und im Moment scheint die Gegenwart wichtiger als die Vollendung der literarischen Form.

Das Buch besteht aus Berichten, Essays, Interviews und Fiktion – oder wie man letzteres nun benennen möchte. Es besteht ganz bewußt aus unverdauter Subjektivität und berichtet nichts anderes als das, was passierte, als ich gerade das Buch schrieb.

Trotzdem ist es unvermeidlich, daß vieles auf die Vergangenheit verweist, weil das Buch nämlich gerade von der Notwendigkeit und der Schwierigkeit handelt, den psychischen und physischen Ballast über Bord zu werfen. Daher mußte ich mich und die Wirklichkeit umdichten, soweit diese im Wege war. Ich habe mich für alles und jedes hergegeben, um jedermann zu werden.

Die Menschen, die im Buch vorkommen – und die sich vielleicht verraten fühlen –, haben nichts mit dem Leben zu tun.

> Darüber muß ich klagen und heulen,
> ich muß beraubt und bloß dahergehen;
> ich muß klagen wie die Schakale und
> trauern wie die Strauße.

Micha 1,8

Monogamie – der Kannibalismus
unserer Zeit

(Was ich nicht weiß, macht mich nicht heiß)

Wille zur Liebe,
Liebe als Prinzip und Notwendigkeit –
was wäre das, wenn nicht Gleichklang des Herzens:
Herzlichkeit als Ziel,
unfaßbar schwer zu lenken,
bestimmt von Gegensätzlichkeit und
wie jede naive Idee begraben unter ihren
täglichen Schlägen.
Liebe hat etwas von Spiel – ihr Glanz hat vielleicht teil
am Verhältnis zwischen zweien und vielen.
In der Hingabe bleibt Liebe als Einsamkeit
fast unerkannt –
doch Liebe als Einsamkeit, zu Erklärung und Dogma erhöht,
vernichtet sich selbst!
Aber ist Einsamkeit nicht Notwendigkeit und Bedingung?
Einsam ist etwas in dir, wenn du es bist.
Weder Einsamkeit noch Sinnlosigkeit sind
Gegensätze der Liebe.
Doch reine Hingabe an Einsamkeit, Liebe und
das, dessen Antwort ausbleibt,
ist sinnlose Vernichtung
im Vakuum der Träume. –
Nur wer teilhat am Überfluß des Verhältnisses,
der vielleicht dieser Glanz wäre,
wagt, irgendwo abseits, einsam zu sein,
und begegnet den Vielen.
Jørgen Gustava Brandt

Ich habe mit Elizabeth Taylor ein Hühnchen zu rupfen. Daran ist, glaube ich, Aristoteles schuld. Dieser hat wahrscheinlich damit angefangen, die logischen Prinzipien abendländischen Denkens zu verbreiten, den Identitätssatz, der unter anderem besagt, daß man jeweils nur eine Person lieben kann – denn: «Es ist unmöglich für ein gegebenes Phänomen, zu einer gegebenen Zeit einem gegebenen Phänomen zu gehören und gleichzeitig nicht zu gehören.» Weiter östlich in der Welt hätte man gesagt – und das tut man auch: «Was eins ist, ist eins. Was nicht eins ist, ist auch eins.» Aber ein solches Paradox hätte sicher Aristoteles verwirrt, der auch nie damit einverstanden ist, wenn man am allermeisten vereint ist oder daß man, wenn man einem Menschen gehört, allen Menschen und zugleich niemandem gehört. Friede mit Aristoteles – wenn da nur nicht alle seine Nachkommen, die absolutistisch denkenden Kannibalen, wären, die uns nicht in Frieden lassen.

Wenn die große, tolle Biene Elizabeth Taylor 2320 Jahre später äußert: «Ich töte ihn, wenn er mir untreu ist», und mit «ihn» nicht einen zufälligen Passanten, sondern ihren geliebten Ehemann meint, dann baut sie auf die alte, grausame aristotelische Logik: Wenn er mich liebt, kann er nicht auch jemand anderen lieben. Und selbstverständlich kann er nicht – ohne die ganze abendländische Denkweise über Bord zu werfen. Und daran wird er wohl kaum Interesse haben, weil er ja damit riskieren könnte, getötet zu werden.

Elizabeth Taylor ist eine sehr gefährliche Person. Sie ist eine potentielle Mörderin. Eine Mörderin auf freiem Fuß. Sie ist gefährlicher als Nixon und Breschnew und die ganze Bande, denn wenn Machthaber Mord predigen, wehren wir uns anstandshalber gegen den Gedanken. Wenn aber der Star Elizabeth Taylor verkündet, daß sie ohne weiteres ihren Mann ermorden würde, dann klatschen wir alle in unsere Händchen, und dann kommen uns die Tränen bei dem Gedanken, daß dies die echte und wirklich große Liebe sei.

Monogamie ist das Dogma von der Liebe als Prinzip. Was aber ist lächerlicher als Prinzipien ... Jahrtausendelang haben wir das logische Denken als geistiges Prinzip über alles gesetzt, obwohl wir gerade die Leute am härtesten bestraft haben, die «zynisch» wohldurchdachte Morde geplant haben. Die affektgeladenen und unüberlegten Mörder haben wir billiger davonkommen lassen. Rein logisch muß man doch fragen: «Was ist eigentlich so schlecht an einem wohlüberlegten Mord – er müßte doch besser sein als der unüberlegte» ... Monogamie ist Liebe als Programm: «Du sollst deinen Nächsten lieben.» Praktisch heißt es aber: «Du sollst deinen Nächsten lieben, aber nicht zuviel, denn dann töte ich dich.»

Wenn es so ist, könnte man meiner Meinung nach genausogut die Liebe abschaffen, den damit wäre man all diese Grausamkeit los.

In «L'Amour et l'Occident» schrieb Denis de Rougemont[1], daß die Hälfte des menschlichen Unglücks auf das Konto der Untreue geht. Das war 1938. Fünfunddreißig Jahre später stellen wir fest, daß die Welt sich geändert hat: Die anderen Quellen des Unglücks, wie zum Beispiel

Hunger und materielle Not, sind im Westen stark reduziert, während der Anteil des Unglücks, das aus der Untreue resuliert, gestiegen ist. Entgegen allen Erwartungen, die man in die Jugend setzt, deren Aufgabe es ist, die überlieferten Werte zu revidieren, bereitet sich der Großteil der heutigen Jugend auf ein noch schwereres Leben vor als seine Eltern. Dies beweisen die Scheidungsstatistiken. Hauptgrund: Untreue. Heute trennt man sich wegen einer Bagatelle: «Untreue», die eine größerer Quelle der Angst geworden ist als jemals zuvor. Die absurde Situation, in der ein Mann mit dem Messer an der Kehle dazu gezwungen wird, zwischen «dieser» und «jener» zu wählen, gehört zum Alltag. «*Entweder* sie *oder* ich», lautet die Parole, und wenn der Mann (ich spreche von dem «Mann», weil Männer im Moment polygamer sind als Frauen polyandrisch) endlich dazu gezwungen worden ist, eine Wahl zu treffen, wird es ihm als ein Zeichen der Reife angerechnet. Insbesondere natürlich, wenn er seine Frau wählt. Als ob man überhaupt zwischen Menschen wählen kann, die ja alle gleich gut sein können, jeder auf seine Weise. Zwischen Menschen zu wählen ist jedoch die schlimmste Wahl eines Menschen in seinem ganzen Leben, und wenn er einen Menschen gewählt hat, hat er meist alle anderen verraten. Dies nennt man Liebe.

Wenn aber alle Menschen gleich gut sind, soll es da gar keine Zweierbeziehungen mehr geben?

O doch. Ein guter Grund für die Paarbildung ist es zum Beispiel, daß sie bei weitem die beste Art und Weise ist, sich zu paaren. Aber deswegen das ganze Universum, den ganzen Planeten und das ganze Dasein nach dem Geschlechtsleben einzurichten, halte ich für übertrieben. Es ist völlig überflüssig, das Verhältnis zu anderen Menschen nach dem genitalen Gesichtspunkt einzurichten, wenn es nicht länger darum geht, die Erde so schnell wie möglich zu bevölkern. Die institutionalisierte heterosexuelle Monogamie ist die moralisch-philosophische Konsequenz der Tatsache, daß wir uns einmal vor undenklichen Zeiten befleißigen sollten, die Erde zu bevölkern. Gleichzeitig sind wir bei der rätselhaften Entdeckung, daß zwei Personen manchmal zu einer Person werden, auf die Nase gefallen. Wir sind nie darüber hinweggekommen. Deswegen haben wir das kultiviert, was man Liebe nennt. Die Konsequenz: Die zwei Personen, die manchmal zu einer werden, werden auch sehr schnell zur Null, wenn sie die Liebe zum exklusiven Programm machen.

Wie viele verheiratete Menschen gibt es, die jeder für sich nach außen hin starke Gefühle hegen? In den meisten engen Zweierbeziehungen hat die Frau das Recht auf nur einen Freund – ihren Mann. Wenn einer der Partner bedeutungsvolle Beziehungen nach außen hat, wird es als illoyal oder unnatürlich betrachtet, denn «das sollte ja wohl nicht nötig sein». Bedeutungslose Beziehungen nach außen hin sind in Ordnung. Wenn aber die Beziehungen etwas bedeuten sollten, bedeutet das Krach. Je weniger andere Leute der Frau oder dem Mann etwas bedeuten, desto besser. Man hat es nicht gern, daß die Liebe von Außenstehenden gestört wird. Denn wenn dabei Liebe ins Spiel käme, wäre es aus mit der Liebe. Das Leben und die Liebe sind eine Bedrohung. Beides muß man meiden, und dazu ist der institutionalisierte Kannibalismus – die Monogamie – da.

Die Kultivierung der Liebe als Prinzip – «Du sollst deinen Nächsten lieben» («aber wehe, du kleiner Satan, wenn du es machst, dann bringe ich dich um») – huldigt dem Dualismus zwischen Körper und Seele, dem Gegensatz zwischen Agape und Eros. Ich möchte gerne einmal wissen, wie man von klein an herausfindet, *wieviel man lieben darf* ... Es scheint mir eine sehr komplizierte Rechenaufgabe, die Liebe derart den Verhältnissen anzupassen. Wenn die Liebe so sein muß, kann sie mir gestohlen bleiben.

Ich habe keine Lust mehr, Philosophen zu lesen, die über die Liebe schreiben und mir gleichzeitig lieblos vorkommen. Marcuse wirkt unerotisch, weil er mechanistisch denkt. Er kann sich also genausogut die Mühe sparen. Ich mag überhaupt keine Autoren oder Autorinnen lesen, wenn ich mich nicht in sie verlieben kann. Wie Elishama sagt: «Entweder bin ich verliebt, oder ich langweile mich zu Tode.»

Erich Fromm wirkt nun sehr lieb, wenn er schreibt: «Die Liebe ist nicht hauptsächlich ein Verhältnis zu einer bestimmten Person. Sie ist eine Haltung, eine Einstellung, die für das Verhältnis zum Dasein als solchem und nicht nur zu einem geliebten ‹Gegenstand› entscheidend ist. Wenn ein Mensch nur *einen* anderen Menschen liebt und sich nicht um alle anderen Mitmenschen kümmert, ist das keine Liebe, sondern symbiotische Verbundenheit oder erweiterter Egoismus. Und trotzdem glauben die meisten Menschen, daß die Liebe auf dem Gegenstand und nicht auf der Fähigkeit zu lieben basiert. Sie sind sogar der Meinung, es sei ein Zeichen der Intensität ihrer Liebe, wenn sie keinen anderen lieben als die ‹geliebte› Person. Daß es nur darum gehe, den richtigen Gegenstand zu finden, und daß alles andere danach von selber gehe. In der gleichen Situation wäre ein Mann, der gern malen möchte und dann – statt sich diese Kunst anzueignen – meint, er müsse nur das richtige Motiv abwarten, und daß er schön malen könne, wenn er es gefunden hätte. Wenn ich wirklich *einen* Menschen liebe, liebe ich alle Menschen, die ganze Welt, das Leben ... Zu jemandem zu sagen, ‹Ich liebe dich›, müßte heißen: ‹In dir liebe ich alle Menschen, durch dich liebe ich die Welt, in dir liebe ich auch mich selber.›»[2]

Obwohl sich Plato nicht ganz davon freisprechen kann, zu einer repressiven Definition des Eros beigetragen zu haben, enthält doch sein «Gastmahl» trotz allem eine Huldigung an Geist und Fleisch als einer Einheit. Denn soweit ich mich erinnere, führt Eros sein Verlangen nach einem schönen Körper zu einem weiteren ...und endlich zu allen schönen Körpern, weil «die Schönheit in einem Körper mit der Schönheit in einem anderen Körper verwandt ist». Und es wäre Blödsinn, nicht zu erkennen, daß «die Schönheit in allen Körpern ein und dieselbe ist».

Es wäre auch dumm, in dem Glauben herumzulaufen, die Liebe sei wie eine Apfeltorte oder eine andere quantifizierbare Ware, von der man nur genau die Menge vom Inhalt eines Backofens zu vergeben habe. Daß man nichts mehr zu vergeben habe, wenn man alles gegeben hätte. Die hochbesungene Theorie von der Apfeltorte bewahrheitet sich in der Praxis nicht. Im wirklichen Leben verhält es sich umgekehrt: Je mehr man gibt, um so mehr hat man zu vergeben. Die Liebe pflanzt sich fort, sie ist eine Kraft, die Liebe hervorruft. Ein Beweis dafür ist, daß man sich ganz spontan in Menschen verliebt, die verliebt sind, weil sie so anziehend sind. Da es aber verboten ist, sich in jemanden zu verlieben, der schon verliebt ist, da es einem sonst als Absicht, etwas «kaputtmachen» zu wollen, ausgelegt würde, zieht man die Antennen wieder ein. Sonst gibt es Krach. Man darf sich nur in Menschen verlieben, die nicht schon verliebt sind, denn Ordnung muß sein. Diese «Ordnung» ist der institutionalisierte Kannibalismus. In unserer Kultur hat jeder Mensch das Recht, im Laufe von *einem* Leben mindestens *einen* anderen Menschen aufzufressen, aber dann auch mit Haut und Haaren – und nicht stückchenweise und teilweise.

Hinter dem Bedürfnis, sich mit einem anderen zu vereinen, dem Bedürfnis nach Liebe, liegt eine Neugierde, das «Geheimnis» kennenzulernen – das, was hinter den Bildern steckt. Da man das Geheimnis weder mit dem bloßen Auge sehen noch messen oder wiegen kann, es nur ab und zu durch die Liebe zu spüren bekommt, wird man verleitet zu glauben, Liebe sei etwas sehr Mystisches und Irrationales, etwas, das allerhand irrationalen Gefühlen wie Eifersucht und Egoismus, ja sogar Mordgelüsten freien Lauf läßt. Die am meisten verbreitete Methode, dies «Geheimnis» kennenzulernen, ist, sich auf einen anderen Menschen zu setzen und ihn im Namen der Liebe Stück für Stück zu zerreißen. Das wirkliche Geheimnis wird den Kannibalen jedoch immer entgehen, genauso wie die Wissenschaftler niemals alles über den Wurm erfahren, den sie in dünne Scheiben schneiden. Je irrationaler die Liebe, um so offener die Möglichkeit für die täglichen Morde. Klügere Menschen als ich – zum Beispiel Albert Schweitzer – haben darauf aufmerksam gemacht, daß die Liebe, das Bedürfnis nach Vereinigung – ob mit Menschen oder im religiösen Sinne mit Gott – keineswegs etwas Irrationales ist, sondern die kühnste und radikalste Konsequenz einer rationalistischen Einstellung. Liebe ist der reinste Zynismus, denn sie basiert auf dem Verständnis für die Begrenztheit unseres Wissens und auf der Einsicht, daß wir niemals das ganze Geheimnis des Universums oder des Menschen erfassen werden, daß wir es jedoch manchmal durch Liebe erahnen lernen.

Die Psychologie als Wissenschaft hat ihre Grenzen. Und genau wie der Mystizismus die logische Konsequenz der Theologie ist, ist die äußerste Konsequenz der Psychologie die Liebe. Also gibt es eigentlich nichts mehr zu diskutieren ... wenn nur nicht gerade die am weitesten verbreitete aller Lebensformen, die Monogamie, diese rationalistische Einsicht – im weitesten Sinne die Liebe – ausschlösse.

Unser moralisches Fundament erstickt jede Möglichkeit anderer Lebensformen im Kein. Apropos Moral: Moralisch verwerflich ist doch wohl nur, was die Menschen voneinander isoliert, moralisch richtig das, was die menschliche Zusammengehörigkeit stärkt. Gehen wir doch einmal über den Strich, was ja in Mode ist. Da verfährt man nach dem Prinzip der Serien-Monogamie: Man verbraucht die Menschen als Ware und wechselt sie nach dem Konsumprinzip aus. Während des Verzehrs ist man allerdings normalerweise vollkommen «treu». Zuerst ist man «treu» (wem bloß?) – und dann ist es vorbei. Den Ausdruck «Es ist vorbei» gibt es – in unserer Sprache! Aber entweder ist nur die Kultur vorbei, weil wir einander aufgefressen haben – oder es hat das, was «vorbei» ist, nie gegeben. Nach dem Prinzip der Konformität von einem Leiden zum anderen, von: «Ich liebe ihn so sehr, daß ich nicht ohne ihn leben könnte», zu: «Ich hasse ihn so sehr, daß ich ihn nie mehr sehen möchte». David Cooper, der Anti-Psychiater, drückt es etwas anders aus: «Am Ende rührt das ganze Unglück bei der Scheidung von dem vorausgegangenen Unglück der Ehe her.»

Es ist etwas wirklich Liebloses und Arrogantes an dem monogamen Prinzip, wonach man des Geliebten ganzes Glück und – wenn dies nicht möglich ist – sein ganzes Unglück sein möchte. Im Namen der Liebe bringt man den geliebten «Gegenstand» in eine Position, in der er/sie alle Bedürfnisse des Partners befriedigen soll. Dazu ist niemand in der Lage. Herrgott, wir müssen die Leute mit den ihnen eigenen Fähigkeiten akzeptieren. Wie Karen Blixens alter Baron sagt: «Wenn mein Koch mir ein gutes Omelett macht, denke ich nicht darüber nach, ob er mich auch liebt.» Dies ist natürlich eine zynische Bemerkung, aber, wie ich vorhin sagte: Liebe ist der reinste Zynismus, man muß den Menschen Leine geben, man kann nicht von ein und derselben Person sowohl Omelett als auch Liebe verlangen. Wenn man trotzdem, entgegen jeder Vernunft, darauf besteht, alle Bedürfnisse beim Koch, oder wer der Geliebte auch immer sei, befriedigt zu bekommen, wird die Zweierbeziehung ein reines Geschäft, bei dem die Neurosen sich unentwirrbar potenzieren. Das Höchste, womit man dann noch rechnen kann, ist eine «faire» Behandlung: «Ich gebe dir soviel wie du mir – und kein Krümelchen mehr!»

Nach vielen Gebrauchsanweisungen für die glückliche Ehe ist das reibungslos funktionierende Team das Ideal. Die «Liebenden» sind Funktionäre in einem Projekt mit Liebe auf dem Programm, in dem die Lebenskraft eine Investition ist, die den Beteiligten unter den herrschenden Marktbedingungen den größtmöglichen Gewinn bringen soll. Mißlingt das Projekt – oder funktioniert es nicht reibungslos genug, wird der Partner ausgetauscht und ein neuer angeschafft, je nachdem, wie der eigene Persönlichkeitskurs auf dem Markt steht.

Bei der herrschenden Konjunktur ist es klar, daß Liebe nicht nur eine Bedrohung, sondern sozial gesehen eine unterminierende, terroristische Aktivität darstellt. Solange die Liebe ein Warenaustausch zwischen Automaten, ein Umschlag von Persöhnlichkeitslagern, solange die letzte Hoffnung ein fairer Handel ist, kann die Gesellschaft funktionieren. Wären die Leute jedoch verliebt, würden sie den Akkord nicht schaffen. Vor allem würden sie in ihren wildesten Phantasien nicht verstehen, warum – oder wozu?

Erich Fromm schreibt: «Der moderne Kapitalismus braucht Leute, die in großen Scharen reibungslos arbeiten, die immer mehr verbrauchen und deren Geschmack standardisiert und leicht voraussehbar ist. Er braucht Menschen, die sich frei und unabhängig fühlen, keiner Autorität, keinem Prinzip oder Gewissen untergeben, und die trotzdem gewillt sind, unter Kommando zu stehen, zu tun, was von ihnen erwartet wird, und sich reibungslos der sozialen Maschinerie anzupassen; die sich ohne Machtanwendung dirigieren, ohne Führer leiten und sich ohne bestimmtes Ziel beeinflussen lassen – außer dem einen: zu bestehen, etwas zu taugen, sich in Gang zu halten, zu funktionieren.»[3]

Wenn die monogame Lebensform noch nicht erfunden gewesen wäre, hätten wir bestimmt einen Ausschuß von Gelehrten gebildet, um sie zu erfinden. Denn eine bessere Lösung der Existenzfrage kann man sich kaum vorstellen, wenn die Produktion aufrechterhalten werden muß. Die andere Alternative, reguläre Arbeitslager mit Stacheldraht und Maschinengewehren, riecht trotz allem zu stark nach Unfreiheit.

Nein, das Ideale für die heutige Produktion ist eine Lebensform, die formal auf der Liebe basiert – damit niemand sagen kann, das Wesentliche fehle –, die aber in Wirklichkeit eine raffinierte Form der Menschenfresserei ist. Sie tut nicht weh, weil man nicht Bescheid weiß, und ist gleichzeitig vom Treuegelübde gekrönt, das die Liebe daran hindert, von außen einzudringen. So beschützt die Monogamie das Individuum todsicher vor dem Leben und schleust es in die Produktion, ohne daß es als Zwang empfunden wird, höchstens als Notwendigkeit ... Und bekanntermaßen ist es ja notwendig, das Leben zu leben, wie die Leute sagen – und meinen damit, daß nichts neu ist unter der Sonne. Diese Entscheidung sollte man doch eigentlich der Sonne überlassen.

1910 dauerte eine lebenslängliche Ehe ungefähr 28 Jahre. 1970 42 Jahre. Die lebenslängliche Zweierbeziehung dauert immer länger, und das finde ich nur gut, wenn es eine Beziehung *ist*. Das ist es nur meist nicht, wenn die Liebe zum monogamen Prinzip erhoben wird, das Nähe und Intimität mit anderen und alles andere ausschließt. Und ich halte reine Konvention für die effizienteste Methode des Ausschließens, eine triviale Form der Pornographie – einen Hohn der Sehnsucht des Menschen nach Vereinigung.

Über die Liebe als Bedrohung unserer Lebensform schreibt David Cooper unter anderem: «Wenn wir versuchen, einen Ausdruck von Liebe als eine soziale Gegebenheit zu betrachten, erfolgt bestimmt eine soziale Reaktion, die das ganze Gebiet dominiert, nämlich Haß. Das Erscheinen der Liebe wirkt destruktiv auf jegliche Form guter sozialer Strukturierung unseres Lebens. Die Liebe ist statistisch abnorm, aber auch im höchsten Grade gefährlich. Man riskiert, daß sie sich ausbreitet und den aseptischen Panzer, den wir gegenseitig um uns errichtet haben, durchbricht. Unsere sozial bedingten Erwartungen gelten nicht der Liebe, sondern der Geborgenheit und Sicherheit. Geborgenheit heißt eine vollständige und ständige Bestätigung der Familie. Ein Mann heiratet eine Frau, die er nie verlassen wird; und weil sie weiß, daß er sie nie verlassen wird, will sie ihn auch nie verlassen. Sie akzeptiert die Abhängigkeit oder Bedingtheit ihrer Situation, weil in dieser Situation eine Art soziale Bestechung eingebaut ist. Der Mann kann nämlich das Abhängigkeitsverhältnis nur verlassen, wenn er – als der scheinbare Initiator der ganzen Szenerie – eine Schuld akzeptiert, die für ihn tödliche oder fast tödliche Folgen haben kann.»[4]

Wenn aber die Monogamie ein Martyrium für den Mann ist, weil er immer eine Schuld mit sich trägt (weil die wenigsten Männer in ihren Ehen oder festen Verbindungen monogam bleiben wollen), dann ist das Martyrium für die Frau wohl doch noch größer. Denn sie steht irgendwie ganz allein mit der Monogamie, einer Sache, mit der sie als Teil ihrer «Natur» auf den Kopf geschlagen wird. Es ist an und für sich egal, ob der Mann *viel* oder *wenig* mit anderen schläft (das Normale ist natürlich die Mitte – die Mittelklassenuntreue). Der springende Punkt ist, daß die Welt dem Mann ganz anders als der Frau offensteht. Für die Frau ist die Welt – der Mann. Wenn aber der Mann in einen großen Raum voller Menschen geht, ist er von vornherein interessiert (speziell an den Frauen), weil er weiß, daß er sie auch näher kennenlernen kann. Diese Möglichkeit macht das Beisammensein spannend, ob er sie nun ausnutzt oder nicht. Geht aber die Frau in denselben Raum, denkt sie meist: «Wie soll ich bloß diesmal ‹nein› sagen.» Für sie geht es eher darum, Annäherungen zu *vermeiden* – reale oder imaginäre. Sie strahlt Negativität aus, weil sie von vornherein ihrem Mann gehört. Das ist ja ihre «Natur» – die Frau ist a priori in der Defensive. Und in einer defensiven Ausgangslage kann Erotik höchstens eine Waffe sein – entweder um sich zu rächen oder als ein Mittel, den «geliebten» Gegenstand zu erpressen, um den Marktpreis bestätigt zu bekommen. Man sagt zwar, allzu oft, daß eine Frau, die ihren Mann liebt, keine *Lust* verspürt, mit anderen Männern zusammenzusein, und das ist auch höchst wahrscheinlich. Nur verrät es bloß etwas über abgebrochene Antennen, denn wenn «Promiskuität» den Männern gefällt, warum dann nicht auch den Frauen? Möglicherweise gefällt sie weder Männern noch Frauen, aber laßt uns doch wenigstens versuchen, diese Sache aufzuklären. Auf allen anderen Gebieten außer dem erotischen wird Erfahrung als etwas Wertvolles angesehen. Wenn es aber um das erotische Potential der Frauen geht, hält man stur an der frommen Unwissenheit fest. Es ist sehr wohl möglich, die Monogamie zu *wählen*. Genauso wie es möglich sein müßte, die Ganzheit durch Fragmente zu erleben, ist es einigen Leuten rein theoretisch auch möglich, durch *einen* einzigen Menschen die Liebe zu erleben. Da dies aber für den Großteil der Männer nicht zutrifft, kann bei den Frauen keine Rede sein von einer Erfahrung, die auf der freien Wahl beruht. Vielmehr ist es das Bedürfnis, konform zu sein, und eine Angst, die Normen zu verletzen. Außerdem sind Frauen meist sehr praktisch veranlagt und wissen, daß es sich nicht *lohnt*, das Eigentumsrecht des Mannes zu verletzen. Die Frau zahlt gern ihre moralische Macht über den Mann mit Monogamie. Viele Federn am Hut und Geld in der Kasse der Frauen sind auf Kosten der «schweinischen» Natur des Mannes erworben. Oft ist die Frau dazu bereit, alle anderen Menschen gleichgültig an ihrem Leben vorbeigleiten zu lassen, wenn sie nur einen einzigen Mann dazu kriegt, seine fundamentale Schuld anzuerkennen. Theoretisch müßte es viele monogame Superfrauen geben, die ihre Enthaltsamkeit nicht als Pressionsmittel benutzen. Aber normalerweise macht die monogame Hausfrauenrolle die Frau zur Nutte, weil sie sich selber und ihre Bedürfnisse unterdrückt und die Liebe als Mittel einsetzt.

Wenn es bewiesen wäre, daß der monogame Lebensstil zur Natur der Frauen geworden ist, dann, glaube ich, werden sie in ihrem eigenen Interesse einsehen müssen, daß sie die Natur ändern müssen, insoweit diese die Liebe verhindert. Studien über die am häufigsten auftretenden sexuellen Störungen – Frigidität bei Frauen – zeigen, daß nicht das fehlende Wissen der Frauen über ihren Körper es ihnen schwermacht, zu lieben und sich hinzugeben, sondern eher der Haß und die Furcht vor dem sogenannten stärkeren Geschlecht. Die letzte größere Studie über die weibliche Sexualität – Seymour Fishers «Der Orgasmus der Frau»[5] – rechnet mit den rein technischen Erklärungen der weiblichen Sexualität ab (wir wissen so gut wie nichts über die weibliche Sexualität) und schließt vorläufig, daß der einzige gemeinsame Nenner sämtlicher Frauen mit Orgasmusschwierigkeiten (etwas über ein Drittel der dreihundert Frauen der Untersuchung) eine unbewußte Beunruhigung über die Abhängigkeit vom Mann ist und die Furcht, ihn zu verlieren. (Hierzu gehört auch die Furcht vor dem Verlust von Objekten, die Furcht, sich hinzugeben und dadurch die konkrete Umgebung aus den Augen zu verlieren.)

Wenn diese symbiotische Bindung an den Mann die weibliche Natur sein soll, dann ist dies eine sehr tragische Natur. Dann muß man die Natur bekämpfen. Wenn so viele Frauen ihre Indentität außerhalb von sich selbst festgemacht und Angst davor haben, sich hinzugeben und sie selbst zu werden, weil sie dadurch riskieren, ihre Männer zu verlieren, und wenn so viele Frauen sich und jegliche Sinnlichkeit kastriert haben, um den Mann festzuhalten, dann läßt sich die monogame Lebensweise noch nicht einmal moralisch rechtfertigen – dann ist sie der hellste Wahnsinn. Die Glücksschwelle der Frau in der Monogamie, mit der sie im Stich gelassen wurde, läßt sich nur negativ definieren und wird meist mit der Zeit immer niedriger.

«Ich bin glücklich, wenn er mir nur *nicht* untreu ist.»

«Ich bin glücklich, wenn ich nur nicht weiß, daß er mir untreu ist.»

«Ich bin glücklich, wenn er mich nur nicht verläßt.»

«Ich bin glücklich, wenn er nur zu den Mahlzeiten erscheint.»

«Ich bin glücklich, wenn er nur ab und zu nach Hause kommt und nicht nur herumbrüllt.»

«Ich bin glücklich, wenn er mich nur nicht schlägt.»

Solange er mir nur nicht die Augen mit einem Messer aussticht, ja solange er nur das Messer nicht herumdreht, solange ist das Leben immer noch lebenswert.

So ist die Liebe, wie Madame de Staël schrieb, «die Geschichte ihres Lebens für die Frau und Geschichten im Leben des Mannes». Der Mann hat aber meist mehr von den einzelnen Episoden als die meisten Frauen von ihrem ganzen Leben. Im Moment ist es vollkommen egal, ob Männer monogam sind oder nicht. Aber es ist sehr wichtig für die Frauen, es nicht zu sein.

Wenn wir Frauen anfangen würden, unser erotisches Potential auszuschöpfen – das heißt ein direktes Verhältnis zur Welt zu bekommen –, würden wir ein bißchen mehr über das Verhältnis zwischen den Geschlechtern wissen. Denn im Moment ruht die «positive» Sexualität des Mannes ausschließlich auf der negativen Auffassung der Frau von sich und ihren Möglichkeiten.

Wenn wir Frauen anfangen würden, unser erotisches Potential auszuschöpfen, würden wir zum erstenmal etwas über die männliche Sexualität erfahren. Denn Männer sind sehr verkorkst, sie merken es nur nicht, solange wir Frauen sie nicht herausfordern.

Wenn wir Frauen anfangen würden, unser erotisches Potential auszuschöpfen, würden viele Männer Angst bekommen und es als eine Bedrohung erleben, aber wir wären wenigstens ein Stück weiter – wir hätten dann endlich die Knaben von den Männern und die Chauvinisten von den Liebhabern getrennt.

Den Männern fällt es – verständlicherweise – viel schwerer als den Frauen, sich der, wie man es in Amerika nennt, «offenen Ehe» (man verzeihe mir den Ausdruck) anzupassen. Das ist nicht so merkwürdig, da die Frauen ja die ganze Zeit mit der Untreue der Männer leben mußten, während die Männer nie daran gewöhnt waren, in gleicher Weise ihr Eigentumsrecht verletzt zu sehen. Es zeigt sich, daß es den Frauen leichter fällt, ihre Eifersucht zu bekämpfen, weil sie es gewöhnt sind, damit zu leben. Was man über die «offene Ehe» als letzte Rettungsplanke der Kernfamilie auch denken mag, sie bedeutet doch zum erstenmal etwas in Richtung auf sexuelle Gleichheit – einen Schritt weg vom monogamen Kannibalismus.

Zurück bleibt die Furcht vor der Veränderung. Die Liebe verändert uns immer im mikrokosmischen Sinne, und es ist schwer zu ertragen, daß sie uns nie zusammen, gleichzeitig oder auf gleiche Weise ändert. Deswegen sind wir immer allein – und doch vereint, obwohl das Aristoteles niemals zugegeben hätte. Die Aristotelische Logik führte zu Dogmen und zur Wissenschaft, zur katholischen Kirche und zur Entdeckung der Atomenergie – dem Abfallprodukt der Logik.

Obwohl diese Denkweise längst von den Atomphysikern aufgegeben wurde, bauen wir die Liebe immer noch auf sie auf: daß Liebe die Liebe ausschließt, daß man, wenn man einen liebt, andere ausschließt. Angenommen, dies sei unsere Natur geworden, dann sehe ich keine andere Möglichkeit, als die Natur zu ändern. Unter anderem, um zu überleben.

Es waren einmal zwei hungrige Vögel, die einen tiefen Moortümpel mit besonderes vielen Kleintieren fanden. Sie bohrten und bohrten in dem Loch, weil sie so gefräßig und emsig waren. Sie wurden sehr satt und kümmerten sich um nichts mehr um sich herum. Weil das Loch so tief war, wurden ihre Schnäbel immer länger. Die Vögel mit den kurzen Schnäbeln starben nach und nach aus. Zuletzt waren nur die langschnäbeligen übrig. Aber eines Tages entstand ein Feuer, und alle langschnäbeligen Vögel kamen um, weil ihre Schnäbel so lang und schwer geworden waren, daß sie nicht mehr fliegen konnten. Ja, dies war eine Geschichte über die «Überspezialisierung» – die Gefahr aller Zeiten. *Monogamie ist Überspezialisierung der Liebe*, im allerhöchsten Grade. Und wie Buckminster Fuller in «Bedienungsanleitung für das Raumschiff Erde»[6] ausführt, bedeutete Überspezialisierung für eine Kultur wie für eine Art – anthropologisch wie biologisch – schon immer den Untergang.

Was wir in der Liebe meines Erachtens im Moment anstreben müssen, ist Dilettantismus, Naivität, Oberflächlichkeit – auf welche Weise auch immer.

«L'amour est toujours contre nature. Il est anti-nature absolue. Il est le crime, l'insurrection par excellence contre l'ordre de l'univers, la fausse note dans la musique des spheres. Il est l'homme, c'est-à-dire qu'il s'est echappé du paradis terrestre en pouffant de rire. Il est l'échec des plans de Dieu.»

Emmanuelle Arsan [*]

Gestern rief ich Jørgen an:
«Hei, Kumpel, kommst du rüber, Mah-Jongg spielen?»
«Nein, ich muß einen Liebesbrief schreiben.»
«An wen denn?»
«Das versuche ich ja gerade herauszufinden.»

[*] «Die Liebe ist immer widernatürlich. Sie ist die absolute Anti-Natur. Sie ist der Aufstand gegen die Ordnung des Universums, der falsche Ton in der Sphärenharmonie. Sie ist menschlich, denn sie ist sozusagen aus dem irdischen Paradies entsprungen – prustend vor Lachen. Sie ist der Fehler in den Plänen Gottes.»[7]

«Das Natürliche ist eben doch am schönsten»

«In vielen Städten gibt es Männer, die völlig unbeschwert und ohne besonderen Anstoß bei ihren Mitmenschen zu erregen, kräftig geschminkt und wie Frauen gekleidet durch die Straßen gehen. Das sind die transvestitischen *Hijras*, die zu der niedrigsten Kaste gehören. Ihre soziale Rolle als männliche Prostituierte ist unumstritten. Manchmal lassen sie sich durch einen operativen Eingriff in Eunuchen verwandeln. Sie bilden den Gegenpol zu den ‹heiligen Männern›, indem sie die indischen Gesellschaftsschranken nach unten hin aufbrechen, so wie Sadhu sie nach oben zum Himmel hin aufbricht. Ab und zu sieht man sie, wie sie ihre ungehemmten Gelüste zur Schau stellen, auf eine Art, die dann doch die anständigen Bürger provoziert. So versucht man, die Hijras durch reichlichere Almosen zu größerer Zurückhaltung zu bewegen.»[8]

Er hatte die Hüften abgelegt und zusammen mit dem Sommerkleid und dem Petticoat auf die Kommode getan. Die Sonne schien blau durch das große Fenster, denn es war ein klarer Sommertag. Mitten im Raum standen die Möbel kreuz und quer unter einer Plastikdecke durcheinander, denn ich hatte gerade die Handwerker in der Wohnung. Aber heute war Sonntag, und ich lag da – etwas zerstreut, aber auch interessiert – und streichelte Solvejs mageren Rücken. Der schwere – jedenfalls für *ihn* schwere – Geruch von seinem Miss Dior schwebte etwas zu süß im Raum, und ich spürte die ganze Zeit das Mary Quant auf den Lippen – das schmeckte komisch, obwohl ich es selber benutzte. Aber mit den Möbeln, die so komisch herumstanden, und mit Solvejs grünen Plastikohrringen, die gegen meine Wangen baumelten, und den rotkarierten Wattebrüsten gegen meine etwas gewöhnlicheren gepreßt, fühlte ich mich wie auf einer Reise zu einem phantastischen Ort – und auch wiederum, als ob ich dabei auf einer merkwürdigen Zwischenstation gelandet sei.

Als ich so den ganzen Nachmittag herumlag und Solvej umarmte – nicht zu heftig, denn ich hatte Angst, seine Perücke zu verschieben – aber ganz still, fast nachdenklich ... ja, warum das alles?

Ich könnte es natürlich mit großer Geste als *meine* Huldigung an die «empfindsameren Naturen» erklären, als meinen Gruß an die phantasievollen Chromosomen. Das klingt aber so fromm, kaum zu glauben.

Nein, ich war nur neugierig, und dann war diese physische Dichte entstanden, daß ich bloß die Wahl hatte, zu flüchten oder standzuhalten. Ich hätte mich selbst verachtet, wenn ich geflüchtet wäre. Der Grund dafür wäre ja dann gewesen, daß er wie ein Mädchen angezogen war, und deshalb kann man doch nicht jemanden abweisen, oder? Der Schein trügt, sagt man. Aber es ist genau umgekehrt. Der Schein erzählt die Wahrheit, und deswegen sollte man sich getrost einem Mann in Frauenkleidern hingeben können.

Trotzdem war es komisch. Ich glaube, ich habe dagelegen und mir die verlockendsten Perspektiven ausgemalt, mich gleichsam mit etwas geschmückt, wozu selbst meine kühnsten Phantasien kaum ausreichten. Ich war einfach völlig konfus und wußte nicht mehr, wo ich eigentlich hingehörte. Aber Solvej hatte mich zu einem bestimmten Zeitpunkt neckend um die Taille gefaßt und – nicht ohne Sarkasmus – festgestellt, daß ich völlig verwirrt sei. Da, glaube ich, fuhr der Teufel in mich und flüsterte mir zu, jetzt nur nicht klein beigeben.

In Thailand liefen die Transvestiten frei herum – auf jeden Fall unterlagen sie kaum einer speziellen moralischen Beurteilung. Übrigens sah man auch keinen Unterschied: Frauen und Transvestiten, das ist doch alles die gleiche Chose. Mit ihren zarten Gelenken, feingliedrigen Händen und anmutigen Elfenbeinkörpern können sich männliche Thais ohne große Mühe für Frauen ausgeben. Was mich besonders faszinierte, waren die stockbeleidigten Mienen der weißen Männer, wenn sie in den Hafenpinten gegen Morgen entdeckten, daß die Frau, die sie die ganze Nacht für teures Geld aufgewärmt hatten, damit sie endlich zum Zuge kämen, genau dasselbe Ziel verfolgte. Wenn diese «Frauen» mit ihren kühlen Schwanenfingern auf großen Nacken weißer Seeleute zur Melodie «Why does the sun keep on shining» den Takt schlugen und wenn sie allmählich anfingen, gegen die aufgeschwollenen Hosenschlitze der weißen Männer zu erigieren, waren sie beleidigt, ja gekränkt. Man hätte das Phänomen genausogut als das akzeptieren können, was es ist: ein zusätzlicher Reiz. Den Seeleuten hätte ich vielleicht einen bequemeren Weg zur Befriedigung gegönnt, die Ministerialräte und die höheren Angestellten europäischer Exportgesellschaften aber haben bekommen, was sie verdienten. Da konnte ich ja nur lachen.

Peggy vom Pisserend darf ich nicht vergessen – aber das könnte ich auch gar nicht. Er hatte einen langen weißen Fuchspelz mit Druckknöpfen in Kniehöhe, so daß er ihn je nach Belieben in einen Nachmittagspelz verwandeln konnte. Peggy erklärte mir das ganze System. Ich sah ihn zum erstenmal auf einem Barhocker in einer Schwulenkneipe sitzen: eine demonstrative Beleidigung aller bisher bekannten Geschlechter. Ich war baff und bat meinen Begleiter, mich zu entschuldigen, weil ich unbedingt etwas ganz Bestimmtes etwas genauer unter die Lupe nehmen mußte – und ich rückte näher an Peggy heran.

Er trug eine silbergestreifte Perücke im Kay-Kendall-Stil und ein dickes Wollkleid aus Silberlamé. Seine Stimme war heiser, ja ich muß sagen: entzückend. Da saß er dann nachts auf seinem Piedestal: ganz *Vamp*. Peggy war souverän, weit entfernt von allem Mittelmäßigen. Kreuzte er bei einer Obrigkeit auf, wurde ihm jede Schuld unter der Bedingung erlassen, daß er sich nie mehr blicken ließe. So müßte es sein, träumte ich vor mich hin, und zog gleichsam mit ihm den Rauch ganz tief in die Lunge und stieß ihn wieder zur gleichen Zeit aus, obwohl ich gar keine Zigarette hatte. (Ich hatte gar keine Zeit, ans Rauchen zu denken.) Meine Augen hafteten an seinen auffallenden, etwas hervorstehenden Kiefern, seinem gierigen, muskulösen Hals, der alles verschlingen konnte, und dem frechen Adamsapfel, der jeder Illusion hohnsprach. Ich genoß etwas an ihm, das ich Stärke nennen möchte, weil es das ist, wonach ich mich bei Frauen so sehr sehne. Vielleicht war er gar nicht stark, aber eine Frau war er, und plötzlich kam mir der Gedanke, ob es vielleicht nötig sei, zu einem Mann wie Peggy zu gehen, um die Frau zu verstehen? Meine Lippen machten stumm die übertriebenen Bewegungen seiner dunkelroten Lippen nach, und es kribbelte mir in den Fingern, seine überlegenen Armbewegungen im Vorbeisausen einzufangen. Peggy war unerhört, ohne daß ich sagen könnte, warum. Mit aufgerissenen Augen, wobei ich einfach vergaß, die Augenlider zu bewegen, starrte ich fasziniert die langen Drahtaugenwimpern an, die unentwegt blinzelten. Plötzlich wurde mir klar, ja es durchzuckte mich richtig, daß er in seinem ganzen Bedürfnis, die Frauenrolle darzustellen und zu äußerster Konsequenz hochzuspielen, die Rolle der Frau bloßstellte. Und das darf nicht sein, die Rolle der Frau darf man nicht bloßstellen. Ich sah es ganz klar. Später glaubte ich auch, etwas von den Zusammenhängen zu begreifen.

Verkleidet ein Mann sich als Frau, so riskiert er Haus, Heim und Lebensunterhalt. Darf ein Buschauffeur Frau spielen, darf es ein Kassierer? Die Neigung ist zwar nicht sehr verbreitet, aber es ist anscheinend eine so ernste Sache, Frau zu sein – eine Frauensache sogar –, daß man sich nicht darüber lustig machen darf. Es ist verboten. Die Rolle der Frau bloßzustellen verstößt gegen das öffentliche Schamgefühl, verstößt gegen Recht und Ordnung. Man darf die Frauenrolle *diskutieren*. Man darf Sitzungen abhalten, Vorträge und Studienkreise und darf das Geschlecht im Männerjargon hin und her besprechen. Agiert man jedoch als Frau, was die Transvestiten tun, dann wird man bestraft. Besteht man darauf, Frau zu spielen, wird man eingesperrt.

Natürlich darf man über die Frauen lachen, aber lachen und lachen ist zweierlei. Das erlaubte Lachen muß der grinsenden Grimasse der Männerkultur ähneln. Jede spaßige Unterhaltung gewinnt ihren «Spaß» aus dem Spiel mit den bekannten Widersprüchen der Frau: Unwissenheit-Schlauheit, Unterlegenheit-Dominanz, Frau-Nutte usw. Die erlaubten Witze über Frauen sind: Witze über Schwiegermütter, über extravagante Ehefrauen, über die Frau am Steuer, über Frauen in Schlankheitskuren, über die Dummheit der weiblichen Sekretärinnen: «Na, können Sie auch Schreibmaschine schreiben?» usw. Da gibt es viel zum Lachen. Wenn aber die Transvestiten die ganze Frau entlarven – als das, wozu sie geworden ist: eine Rolle, und eine sehr groteske dazu –, dann ist es sowohl furchterregend als auch strafbar. Die Gesellschaft ist dermaßen von der Frauenrolle abhängig, daß sie sich vor der Aufdeckung der ganzen Realität schützen muß. Wenn ein Mann sich als Frau verkleidet, wird man moralisch, begreift und bestraft es als subversive Tätigkeit – was es ja auch tatsächlich ist.

Während ich da herumsaß, Peggy mit den Augen verschlang und herausfand, daß nicht Peggy ein schlechter Schauspieler, sondern die Frauenrolle mittelmäßig war, muß Peggy Sympathie für meine Person gefaßt haben. Auf jeden Fall fingen wir an, unter Freundinnen zu plaudern, und machten uns gegenseitig Komplimente über unsere Kleider. (Ich trug nur ein einfaches Kleid aus grauen Taubenfedern.) Am Ausgang machte er mich sogar mit den Finessen des Fuchspelzes bekannt, wonach wir uns mit Kußhändchen voneinander verabschiedeten.

Mir ist schon klar, daß es nicht sehr lustig ist, Transvestit zu sein. Andererseits ist die Tragödie auch nicht zu verachten. Mir kam der berauschende Gedanke, daß die Transvestiten in Wirklichkeit die Guerilleros des Geschlechterkampfes sind. Sie sind die eigentlichen Partisanen des Rollenkampfes, weil sie vorläufig die einzigen sind, die das Leben einsetzen und den Preis bezahlen. Die Transvestiten sind kompromißlos und die einzigen Frauen, die nicht zu kaufen sind. Denn ihr psychologisches Make-up ist so eingerichtet, daß sie unmöglich ihre subversiven Aktionen einstellen könnten, auch wenn die Todesstrafe eingeführt würde. Diese Männer funktionieren nur als Frauen, und was auch passiert – von einer neuen Kultur mal abgesehen –, sie wollen und müssen an der grotesken Situation der Frau festhalten. Die Transvestiten stehen an der Geschlechterfront ganz vorne, da, wo nur die wenigsten hinkommen. Sie werden gequält und gedemütigt und müssen sich bei Tag an

Hausmauern entlangschleichen. Aber sie beharren auf ihrer Forderung nach einer anderen Kultur, weil sie keine Rollen haben, in die sie zurückfallen können. Die Transvestiten haben revolutionäre Chromosomen – sie sind für die Gesellschaft verloren.

Als Transvestit kann man weder Gerichtsassessor noch Schutzmann oder Pädagoge werden, was an sich schon für die revolutionäre Struktur der Chromosomen der Transvestiten spricht. Die Welt ist kleinlich eingerichtet, denn die Transvestiten dürfen zum Beispiel auch nicht in Blumenläden bedienen, ja, sie lassen sich überhaupt nicht in die Produktion integrieren. Das kann man ihnen als Stärke oder Schwäche auslegen. Die Transvestiten müssen wie alle anderen Partisanen auch ihren wirklichen Auftrag nach Ladenschluß erledigen – wenn die Sonne untergegangen ist.

Aber obwohl ich summend die Straße hinunterlaufe mit «Geschlechterpartisanen aller Länder» auf den Lippen, sind es ja doch die Transvestiten, die bezahlen. Sie sind es, die ihr Leben dafür einsetzen, eine willkürliche Vorstellung über die Geschlechter als solche zu offenbaren, ein ideologisches System, das auf der Mystifikation der Genitalien basiert, mit dem nur die Blinden leben können. Manche nennen das System sogar Mutter Natur – ich nenne es eine fixe Idee. Die Transvestiten proklamieren gerade die Frau als Begriff, als Idee ... Ihr Verbrechen besteht darin, diese Idee als Begriff sauber von «Natur» getrennt zu halten.

Meine Träume sind daran schuld, daß ich die Transvestiten mit dem Glorienschein des Martyriums ausstatte und ihnen entscheidende Geschlechterrollen zuschreibe, mit denen sich zu identifizieren den meisten schwerfallen würde. Mir ist ja auch die Redensart bekannt, daß Abweichler am allerliebsten das Kreuz ablegen und normal werden möchten, wenn sie nur könnten. Aber wirkliche Helden und Sterne geben sich nicht mit Erklärungen ab, wer sie sind und warum, sie bleiben bei ihrer Aufgabe: zu leuchten. Und als ich mich in Peggy verliebte und beobachtete, wie er die Frauenrolle ganz konsequent spielte und sie dadurch ins Licht stellte, wurde mir klar, daß ich auch das Bedürfnis gehabt hatte, sie bloßzustellen. Bei mir hatte es nichts mit Mut oder Bewußtsein zu tun gehabt; bei mir war es vielleicht auch nur eine Neigung.

Das «Natürliche» hat mir schon immer Schrecken eingejagt. Instinktiv wußte ich, daß das «Natürliche» das Gefährlichste von allem ist. Die Falle aller Zeiten. Und zudem bestätigte sich mein Entsetzen durch die Entdeckung, daß das «Natürliche» auch die Hauptsache ist. Ein nettes und natürliches Mädchen ... ob unmusikalisch, häßlich oder unbegabt. Aber: «natürlich». Und scheiß drauf, daß man nicht zaubern, reiten oder Pfannkuchen backen konnte, Hauptsache, man war «natürlich».

Mit zwölf Jahren war mir wohl kaum bewußt, was das «Natürliche» verbarg, daß es den Mangel an Fähigkeiten rechtfertigte, daß es bedeutete: Trau dir nur nichts Ungewöhnliches zu. Auf jeden Fall distanzierte ich mich demonstrativ von dem «Natürlichen», indem ich mir das ganze Gesicht mit bunter Kreide bemalte: dunkellila in den Augenhöhlen bis zu den Augenbrauen, flammendes Orange auf den Wangen und selbstleuchtende weiße Lippen. Daß die Farben giftig waren, machte nichts. Daran konnte ich nichts ändern. Und wenn man mir sagte, ich sähe schrecklich aus, fühlte ich mich sogar äußerst sicher und wohl. Aber in der Schule ging es mir schlecht, ganz besonders beim Examen, weil die Bemalung die fremden Prüfer erschreckte. Ein liebenswürdiger Lehrer nahm mich einmal um die Schultern und sagte, daß ich mir das Leben schwermache, wenn ich nicht natürlich aussähe – die fremden Prüfer hätten Unbehagen, ja ein bißchen Angst gehabt. Er riet mir sogar, bei künftigen Examina die Kriegsbemalung abzulegen, was mich ein bißchen überrumpelte, denn man ist es ja nicht gewohnt, daß ein Lehrer einen auffordert zu schummeln.

Später hängte ich die bunte Kreide an den Nagel, denn Abwechslung macht ja Spaß, aber bei meiner Strategie blieb ich. Viele hatten gehofft, dieser kindliche Unfug sei ein vorübergehendes Phänomen, aber im Gegenteil: Ich setzte immer mehr darauf, das «Natürliche» zu bekämpfen – Gewalt gegen Gewalt. Und wie alle Märtyrer registrierte ich meine unzähligen Niederlagen, die ich meinen immer besser entwickelten Terrormethoden schuldete, als Siege. Im Gymnasium wurde ich dann zu einem vertraulichen Gespräch ins Büro der Direktorin bestellt. Sie sagte, so könne es nicht weitergehen ... ich würde entsetzlich aussehen ... dann stockte sie. Ich fragte, was daran so entsetzlich sei, und sie antwortete, daß, wenn man mich auf diese Weise hergerichtet sähe, man leicht auf einen «bestimmten» Gedanken käme – und das wäre doch schade, da ich doch im Grunde meines Herzens ein ganz natürliches Mädchen sei. Da weder sie noch ich qualifiziert genug waren, uns über die Eigenart der Natur auszulassen, begnügte ich mich damit, höflich-bedauernd die Achseln zu zucken, und versprach zuzusehen, was sich machen ließe. Hinterher, aber das ist der alte Treppenwitz, fiel mir die richtige Antwort ein: «Da irren Sie, liebe Dame, wenn Sie Augen im Kopf haben, müssen Sie doch sehen können, daß ich keine Spur natürlich bin. Und noch etwas: Mein Herz hat keinen Grund – ich bin genauso, wie ich aussehe.» So gibt es immer etwas, was man besser hätte sagen sollen, und das «Natürliche» verfolgte mich weiterhin. Da gab es Einladungen unter der Bedingung, vorher zu versprechen, natürlich auszusehen. Die Forderungen der bourgeoisen Männer und das Echo ihrer Frauen hallten immer lauter: «Nicht, daß wir etwas dagegen hätten, aber wir fanden nun immer das Natürliche am schönsten.» Für sie war das Natürliche – das Dekorative. Das kann man mit den Händen greifen. Das schlimmste aber ist, daß, wenn die ideale Frau die natürliche ist, sie es dann auch natürlich finden muß, Frau zu sein.

Da hört's, verdammt noch mal, bei mir auf. Es ist ja ganz in Ordnung, die Freundlichkeit sehr hoch zu schätzen und einzuwilligen, die Rolle der Frau ohne allzu viele Maschinenpistolen unterm Arm zu spielen. Daß man aber so tun soll, als wäre die Rolle der Frau eine natürliche! Das hätten sie gern! Aber das ist ja Verrat, denn gibt es etwas Groteskeres und Unnatürlicheres?

Es muß jetzt gesagt werden: Es gibt keine natürlichen Frauen, es sei denn, man besorgt es sich aus der Psychiatrie – weil eine natürliche Frau eine Mutation ist. Aber darum hat sich bis heute die gesamte Kulturgeschichte nicht gekümmert. Heute wäre eine natürliche Frau ein Anachronismus. Übrigens wäre es wahrscheinlich auch müßig, das Natürliche so sehr hervorzuheben, da keiner richtig weiß, was es ist. Bisher weiß man nur, daß es heute genausowenig natürliche Frauen gibt wie natürliche Eisbären auf dem Strøget* oder natürliche Giraffen im Volksgarten. Hätten die Leute Augen im Kopf oder Nervenenden in ihrer Haut, sie wären schockiert oder auf jeden Fall beim Anblick einer Frau so peinlich berührt wie beim Anblick eines amputierten Soldaten oder eines sieben Zoll hohen Hofnarren-Eunuchs. Aber der Frau wird statt dessen mit feuchter Hand die Wange gestreichelt: «Das Natürliche ist eben doch am schönsten.» Die Frau darf weder schießen noch die Trommel schlagen. Das macht aber nichts. Hauptsache, sie ist natürlich.

Die einzige ehrenwerte Art, heute Frau zu sein, ist, die Rolle in letzter Konsequenz durchzuführen, meinetwegen *alle* Frauenrollen, wenn eine zuwenig ist. Aber sie bloß nicht ernst zu nehmen und sie mit der Natur zu verwechseln. Übernimmt man erst die fixe Idee der Bourgeoisie, die Frau sei eine natürliche Sache, hat man seine Seele verkauft.

Und so muß ich mir weiterhin Papageienfedern ins Haar und Chrysanthemen ins Arschloch stecken – genau wie die Transvestiten. Wir müssen Anstoß erregen – um jeden Preis. Die eigentlichen Transvestiten in der Geschichte sind all die Frauen, die ihre Amputation als eine natürliche Sache betrachten und ihr Brot damit verdienen, den Wahnsinn zu

---

* «Strøget» heißt «Hauptpromenade». Hier liebevolle Bezeichnung der Einheimischen für die bekannteste Bummelstraße Kopenhagens. Sie verbindet die beiden großen Plätze Kongens Nytorv (Neumarkt) mit der Königlichen Oper und dem Rathausplatz. (Anm. d. Übers.)

maskieren und natürlich auszusehen. «Meine» Transvestiten, die nachts verkehren, die offenbaren das.

Ich glaube, nach der Begegnung mit Peggy bekam ich Lust, einen Transvestiten zu interviewen. Zum Beispiel so: Liebe Freundin, die Zeitungen schreiben, die Frauen seien unterdrückt. Wie kommt es dann, daß du dich Hals über Kopf in Frauenkleider stürzt? Was ist an dem Frauendasein so wunderbar? Ich hatte das Gefühl, daß ein Mann, der beide Rollen spielt, uns einen entscheidenden Einblick in die Problematik der Geschlechterrollen verschaffen könnte. Außerdem hatte ich das Gefühl, daß die Frauenrolle nicht ebenso anziehend war wie die Männerrolle abschreckend.

Verkleidet sich ein Mann als Frau, tut er dies nicht unbedingt, um eine Frau *zu werden*, sondern um eine Absage an die Männerwelt demonstrativ zu verkörpern. Aber obwohl Solvej jetzt in meinem Bett lag – und seine Hingabe hatten mir Herz und Verstand bewiesen –, war ich dadurch nicht klüger geworden. Denn der, der an der Front steht, muß den Krieg noch lange nicht erklären können.

Solvej hatte am Telefon gesagt, er fände eine Tasse Tee und ein Schwätzchen unter Mädchen schön. Ich grübelte, was das wohl sein mochte – unter Mädchen – und ob ich damit fertig werden würde. Gleichzeitig war ich überwältigt, daß er sich scheinbar so darauf freute, sich «umzuziehen». Ich selbst hatte keine Energie, mich groß herauszuputzen, denn ich war dabei, die Badezimmerdecke zu weißen. Er mußte mich so hinnehmen, «wie ich bin» – oder wie man da sagt. Vor seinem Kommen war ich sehr nervös und rannte dauernd zum Küchenfenster, um nur eine schwache Ahnung von ihm zu bekommen – nur eine Ahnung, an die ich mich gewöhnen konnte, bevor er an der Tür schellte.

Eine gigantische Frau wälzte sich aus einem Morris Mascot. Ein dunkelhaariges Sommermädchen, dachte ich bei mir, als er auf das Treppenhaus zusteuerte. Ich wußte, daß er verheiratet war, Kinder hatte und normalerweise irgendeinen akademischen Beruf ausübte. Die Frau jedoch, die die Treppe hochkam, war weder die Frau noch die Schwester oder die Mutter des Akademikers – sie hatte gar nichts mit Familie zu tun, war etwas ganz anderes, das nicht sofort identifizieren konnte.

Als es schellte, setzte ich Wasser auf und machte auf. Er war einsneunzig groß, glaube ich – ein Mädchen von der *süßen* Sorte –, wie ein Bäckerfräulein am Sonntag oder vielleicht eine sehr junge Zigarettenverkäuferin. Er trug eine kurze, leicht zersauste Perücke, große, rotbraune Lippen und große, rotbraune Fingernägel an ein paar kräftigen Pranken und ein kleines, leichtes, hellblaues Sommerkleidchen mit Puffärmeln, Rüschen und Petticoat. Ich mußte bei der Gelegenheit feststellen, daß Transvestiten gewöhnlich zwanzig Jahre hinter der Mode her sind. Wir gaben uns die Hand und lächelten.

Kaum hatte ich das *Süße* an ihm «registriert», da stand er schon in der Küche herum und erzählte, daß er gerade auf einen meiner Artikel gestoßen war. Er hatte am Auto herumgebastelt, um den Motor wieder in Ordnung zu bringen. Dabei hatte er eine Zeitung dazu benutzt, das Öl aufzuwischen. Solvej erklärte, daß er teils ausgebildeter Mechaniker sei, teils in tausend andere Sachen hineingerochen hätte. Sich für irgend etwas zu entscheiden sei ihm aber schwergefallen. Er hatte sehr süße hellblaue Sternäugelchen, die zu dem Kleid paßten, und die ganze Zeit, während ich Tee kochte, stand er herum und blinzelte damit – wahrscheinlich um anzudeuten, daß ein paar Komplimente über seine Garderobe nicht fehl am Platze wären. Ich sagte ihm, daß er schick aussähe, konnte mir aber nicht eine Bemerkung über sein etwas aus der Mode geratenes Kleid verkneifen und daß ich nicht verstehen könnte, warum Transvestiten unbedingt zwanzig Jahre hinter der Mode zurück sein müßten.

«Aber das ist doch klar! Weil man sich mit seinen Lieblings-Sexualobjekten aus der Jugend identifiziert. Und später tauchen die alten Träume dann wieder auf.»

Ich war froh, daß er es nicht als eine persönliche Beleidigung aufgefaßt hatte, und schenkte ihm auf dem Bett, dem einzigen zugänglichen Möbelstück im Zimmer, Tee ein. Die Umzieherei förderte nicht gerade eine ernstere Diskussion, geschweige denn ein Schwätzchen unter Mädchen, aber Solvej schien es nicht zu genieren. Solvej strahlte – heute war sein Mädchentag.

Interview mit Solvej

«Hast du allmählich die nötigen Tricks gelernt, um die Frauenrolle zu spielen?»

«Gestern, als mir im Tivoli so ein Typ aus Versehen auf die Füße trat, habe ich schwer danebengehauen. Ich vergaß, daß ich ein Mädchen bin, und sagte: ‹Macht nichts!› Aber ich weiß sehr wohl, daß ich auf beleidigt hätte machen müssen: ein paar Schritte zurücktreten und eine nähere Entschuldigung abwarten. Das war ein Schlag ins Wasser. Ich bin mir darüber im klaren, daß es viele Dinge gibt, die man sich als Mädchen nicht erlauben kann. – Zum Beispiel den Leuten in die Augen schauen. Ich konnte es mir nur schwer abgewöhnen, weil ich von Natur aus sehr neugierig bin. Aber ich versuche dann, nach unten oder starr vor mich hin zu gucken, so abwehrend wie nur möglich, weil es sonst furchtbar lästig werden kann. Ich blamiere mich oft – und besonders schwierig ist es mit den ausgehungerten Ausländern, weil ein einziger Blick sofort ... ja, das heißt dann eben: ‹Angebissen›! Man kann sich ganz schön die Finger dabei verbrennen. Strøget ist allmählich unerträglich geworden. Neulich wurde ich ganz plump angetatscht ... nun, ‹man muß sich winden, sagte der Aal ...› Trotzdem fühle ich mich als Frau freier, obwohl ich die Emanzen *sehr gut* verstehen kann.»

«Wieso?»

«Ich mag nicht, daß die Männer dauernd hinter den Frauen her sind. Du brauchst nur nach dem Weg oder der Uhrzeit zu fragen, und schon sind Genitalien in der Luft. Es kann natürlich sehr lustig sein, wenn du darauf aus bist, aber als rein automatischer Reflex ist es auf die Dauer irritierend.»

«Aber das Straßenbild würde ganz komisch aussehen, wenn die Frauen sich nicht mehr herausputzten.»

«Ich finde es nur ungerecht, daß die Möglichkeiten der Männer, sich attraktiv zu machen, so beschränkt sind. Ich merke doch das steigende Interesse, sobald ich mir etwas ins Gesicht schmiere, weil man nun mal mit Make-up interessanter aussieht. Die meisten akzeptieren mich auch als Frau, wenn sie nicht gerade den Braten schon vorher gerochen haben. Ein abschreckender Gedanke für die meisten, ich meine, so ganz unvermittelt.»

«Wie sehen Frauen dich?»

«Es ist sehr viel Kälte in der Frauenwelt, obwohl ich es liebe, sie mir als Blumen- und Elfenwelt, weit weg vom Businessmann, vorzustellen. Aber als Mädchen darf ich nicht – wie als Mann – einem Mädchen in die Augen schauen. Dann wissen sie sofort, daß etwas falsch ist. Frauen unter sich haben ihre eigene Geheimsprache, Blicke, die treffen und messen. Ich bekam es am Anfang besonders stark zu spüren, als ich noch so schlecht gekleidet ging. Nichts paßte. Ich sah schrecklich aus – es war sicher entlarvend. Solche Blicke kennen Männer gar nicht. Aber wenn Frauen sich auf der Straße begegnen, siehst du es ganz deutlich: Die eine wirft nur einen Blick auf die andere, aber sie hat sich alles gemerkt, Kleidung, Make-up ... Wenn der eine Schuh geputzt werden müßte, sie hat es gesehen, wenn das Kleid zu altmodisch ist, sie hat es gesehen. Das wandert alles direkt in den Computer, und dann geht sie weiter ... Es ist sehr viel Kälte in der Frauenwelt, ich glaube, sie kämpfen um den ersten Preis auf dem Markt.»

«Aber du weißt doch, daß es auch männliche Eitelkeit gibt, die man nicht verletzen darf.»

«Ach die, die habe ich nie ausstehen können. In meiner habe ich mich immer bis zum Exzeß kränken lassen. Aber dann war es auch nicht mehr lustig, weil ich ihnen so das Spiel verdarb. Ich habe mich in der Männerwelt nie wohl gefühlt. Ich möchte so gern ‹nett› sein, aber in der Männerwelt hat das, sagen wir, ‹alberne Mädchenhafte› keinen Platz. Ich fühle mich gegen meinen Willen in etwas hineingezwängt. Wenn ein Mann sich in der Männerwelt zurechtfinden möchte, muß er ein Spiel mitmachen, das mir nicht gefällt. Er erzählt nie die Wahrheit, nur etwas in der Richtung ... dann kann man sich den Rest denken. Erzählt er aber die ganze Wahrheit, glauben die Leute, es steckt etwas dahinter. Das ist sehr unangenehm. Das gleiche gilt für die Geschäftswelt. Man spielt eine Karte aus und wartet die Reaktion der anderen ab. Man kann nicht einfach sagen: ‹So ist es.› Das ist, glaube ich, das Zentrale in der Männerwelt: Man ist ein Held, wenn man gegen seine eigenen Bedürfnisse lebt. Wenn man das tut, wozu man am allerwenigsten Lust hat, nur weil es deine verdammte Pflicht ist. Ach, und die Männerkleidung ist so langweilig, und ich darf nicht Make-up tragen, darf keine sanften Bewegungen haben ...»

«Stimmst du deine Bewegungen auf die Umgebung ab?»

»Ich versuche, ein bißchen mädchenhaft zu sein, wenn ich Mädchenkleider anhabe, um mich nicht zu verraten. Denn ich bin ja wohl doch ein bißchen eckig und kantig. Das Tolle ist nur, daß man unwillkürlich ganz anders *geht,* wenn man Kleid und Absätze trägt. Es *ist* etwas an dem Spruch: Kleider machen Leute. Die Frauen leben viel mehr durch ihren Körper. Meine erste Erfahrung mit dem Kleid war, daß es mir die Beine wärmte, ich spürte sie plötzlich ... Ich möchte einmal wissen, was eigentlich maskulin und eigentlich feminin ist. – Nichts spricht dafür, daß Kleider zu tragen weiblich oder daß kurzes Haar männlich ist. Ich glaube, wir haben uns das meiste selbst ausgedacht. Auf einer Inselgruppe bei den Philippinen gilt ein Schnurrbart als ungeheuer feminin. Die Frauen lassen sich einen Schnurrbart tätowieren, während die Männer ihren wegrasieren. Man kann sich den Schnurrbart ganz gut als feminines Sexsymbol vorstellen, wenn man von Frauen mit Schnurrbart umgeben ist, oder?

Die Männer und Frauen von heute haben nicht selbst ihr Geschlecht mitbestimmt. Es gab noch nie eine Mitbestimmung! Von der Geburt an ist dein ganzes Lebensmuster, sind deine Träume, Ideale und Vorurteile prädestiniert – auf Grund eines einzigen Geschlechts –, das ist doch komisch, nicht wahr?

Einerseits möchte ich alle diese Restriktionen abschaffen. Auflösen. Aber trotzdem glaube ich nicht daran. Durch die Mädchenrolle wähle ich den Weg des geringsten Widerstandes. Ich glaube aber, zwei Leben zu führen und einer anderen Welt etwas zu stehlen, wozu ich nicht berechtigt bin. Und doch. Ich bin doch berechtigt. Denn man hat mich betrogen. Man hat mich um irgend etwas betrogen – um etwas, was mehr ist … In der Geschichte von Daphne und Cloë zieht er ihre Kleider an, um sie voll zu erfassen … Ich verstehe ihn so gut. Die ganze Geschlechtsumwandlung ist sehr spannend. Die Idee, die Welt als Mädchen erleben zu dürfen, hat mich immer gefesselt. Die Identifikation ist etwas sehr Zentrales, und ich habe den Eindruck – sowohl aus eigener wie der Erfahrung anderer Transvestiten –, daß die eigentliche Geschlechtszugehörigkeit von Anfang an hin und her schwang. Natürlich wußte ich als Kind, ich bin ein Junge. Ich wußte aber nicht, zu welcher Welt ich gehöre – zu der Jungen- oder zu der Mädchenwelt. Hast du ‹Der Tod in Venedig› gesehen – den hübschen, blonden Jungen, den Todesengel? So war ich.»

«Wann hast du damit angefangen, dich als Mädchen anzuziehen?»

«Das habe ich mein Leben lang gemacht. Als Kinder spielten wir feine Damen, und ich machte einfach weiter. Wenn aber die Männerrolle nicht so beschränkt wäre und ich mich nach Lust und Laune anziehen könnte, dann würde ich wahrscheinlich nicht hier im Kleid herumsitzen.»

«Nein?»

«Ich bin mir nicht ganz sicher. Auch wenn ich Lust hätte, glaube ich, würde ich es nicht machen, weil es dann nicht so notwendig wäre. Wenn ich mich jetzt abreagieren muß, muß ich hundertprozentig die Frauenrolle spielen – es gibt keinen Mittelweg. Ich habe ja auch nichts dagegen, nur irritiert es mich wahnsinnig, daß ich als Mann nicht ich selber sein kann.»

«Die Stelle, an der die Rippe fehlt, schmerzt also immer noch?»

«Ja. So kann man's sagen.»

«Hast du nicht Angst, dich zu verraten, wenn du zum Gartentor hinausgehst und die Nachbarn triffst?»

«Doch. Aber die Angst ist so klein im Verhältnis zu dem Erlebnis.»

«Dann muß es ja wirklich schön sein!»

«Übrigens finde ich, daß ich es gar nicht so übel mache, wenn ich das mal selber sagen darf.»

«Hm.»

«Ja, findest du denn nicht? Erzähl mal, *was* hast du gedacht, als du mich sahst, warst du überhaupt noch ein bißchen überrascht?»

«Ein bißchen schon …»

«Hast du noch nie einen Mann in Mädchenkleidern gesehen?»

«Doch, aber mit Federboa, langer Zigarettenspitze und Goldlamé …

Nur, daß es eines schönen Sommertages an meiner Tür schellt, und draußen steht ein Mann in einem ganz gewöhnlichen Sommerkleid, das ist mir bisher noch nie passiert.»

Mir war klar, daß ich nicht sehr viel mehr aus dem Interview herausholen konnte und daß es an mir lag, weil ich mich nicht mehr konzentrieren konnte. Ich war verwirrt – sexuell. Zuletzt saßen wir nur herum und plauderten:

«Sind es künstliche Hüften oder nur ein Petticoat?»

«Beides, den Petticoat habe ich gekauft, aber ich mußte ja noch etwas in die Seiten tun . . .»

«Du trägst Strumpfhosen, oder? Warum trägst du keinen Hüfthalter – das habe ich immer gedacht . . .?»

«Weil es so unpraktisch ist – aus dem Stadium bin ich heraus! Aber ich glaube, daß Transvestiten mit Fetischisten sehr viel gemein haben. Mädchenkleider stimulieren einen sexuell, obwohl die wenigsten es zugeben.»

«Tatsächlich?»

«Ja, ich liebe es, ein Mädchen zu verführen, wenn ich ein Kleid trage. Ich bin viel besser aufgelegt und entspannt. Es geht mir dann so gut. Vielleicht wegen des Kleides, oder weil ich Mädchen spiele, oder einfach, weil es mir prächtig geht. Ich weiß es nicht. Ich kann es nicht auseinanderhalten, ich fühle mich nur phantastisch frei . . .»

«Du mußt ja lesbisch sein!»

«Hi, hi!»

Dann sitzen wir lange Zeit, ohne etwas zu sagen. Es ist fast nicht zum Aushalten. Ich fühle mich nicht besonders frei. Solvej schaut mir direkt in die Augen. Ich gucke weg. Ich schäme mich irgendwie – meine Unsicherheit paßt mir gar nicht. Nicht nur sein Geschlecht verwirrte mich, auch die Art, wie er sprach – es schickte sich einfach nicht für das Bäckersfräulein, für das er sich ausgab. Wie kann man in Puffärmeln und Rüschen über «Genitalien und die Prädestination der Geschlechter» reden? Solche Ausdrücke gehören gewöhnlich zu einer ganz anderen Uniform.

«*Was* hast du gedacht, als du mich sahst? W-w-wie hast du mich identifiziert?» fragte das Bäckersfräulein eifrig und rutschte von einer Pobakke auf die andere.

«Ich habe hauptsächlich darüber nachgedacht, ob wir Kontakt zueinander bekämen . . .»

Ich lüge. Ich habe eigentlich nur daran gedacht, daß sich ein verkleideter Mann in meinem Zimmer befindet. Oder ein Bäckersfräulein, das wie ein Psychologe spricht.

Solvej sitzt da – aufrecht, stumm und angemalt wie eine Figur aus Madame Tussauds Wachsfigurenkabinett. Sie ruht in sich selbst, sie durchschaut.

«Es stört vielleicht ein bißchen, weißt du … weil man daran denkt …»

Ich stottere. Ich wollte eigentlich sagen: «Weil ich die ganze Zeit daran denken muß.» Aber das wäre zu grob gewesen und verletzend dazu. Denn für ihn hing doch sein Glück davon ab, die Illusion vollkommen zu machen. Deswegen begnügte ich mich mit: «Man denkt daran.» Und damit hatte ich gar nichts gesagt. Weder Fisch noch Fleisch – es gab überhaupt keinen Sinn.

«Ach ja, ich verstehe, was du meinst. Ich kenne es von mir selbst. Aber ich glaube, ich kann es vergessen. Ich denke nicht mehr darüber nach …»

Er sagt es, um mich zu beruhigen.

«Ich denke auch nicht mehr so sehr daran», sage ich, um Solvej zu beruhigen – ihn und mich selbst. Aber ich merke, daß ich lüge und daß ich ihm eine Erklärung schuldig bin – auch um die Stille auszufüllen:

«Es ist genauso, wie wenn man mit einem Geschäftsmann ernste Geschäftsangelegenheiten zu besprechen hat und er eine halbe Erbse im Mundwinkel sitzen hat. Dann kommt man einfach nicht weiter, nicht wahr?»

«Und was ist dann bei mir die Erbse?»

«Ach, nichts –» ich starre auf die Bettdecke.

«Du bist doch auch der Meinung, daß das Geschlecht nichts Äußerliches ist, nicht? Du zweifelst doch nicht daran, daß du im Moment mit einem Mann zusammen bist, oder?»

Ich zweifelte an allem. Aber als Solvej mich umarmte und mich für konfus erklärte, stand ich auf und zog mich aus, um ein bißchen Klarheit in die Sache zu kriegen und ein bißchen Selbstachtung. Solvej fragte, ob er die Perücke ablegen solle …

«Nein, um Gottes willen, laß sie auf.»

Ungefähr einen Monat später – der Sommer ging zu Ende – war ich morgens um fünf auf dem Weg zum Raadhuspladsen, um meinen Nachtbus zu kriegen. In der Ferne leuchtete etwas auf dem Trottoir, lang und weiß. Ich war so erschöpft an dem Morgen, wie wenn sich meine Eingeweide nach außen gedreht hätten, daß ich es zunächst für ein leuchtendes Naturphänomen hielt und dann – bei näherer Überlegung – für ein Gespenst. Als ich beim Kiosk ankam, um die Morgenzeitung zu kaufen, erkannte ich Peggy, der mit dem Fuchspelz unterwegs war, dem langen weißen in «Nachtlänge». Ich sah, wie er sich zu einem kleinen Mann, der ihm nur zum Busen ging, hinunterbeugte und ihm einen Kuß auf die Wange gab. Ich konnte Peggy nicht einmal einen guten Morgen wünschen, da war er schon wie ein schwebender Silberbogen in einem Taxi verschwunden. Mir war so leicht ums Herz, daß ich ohne weiteres Peggy zuwinken konnte, ohne mich überhaupt darum zu kümmern, ob er mich wiedererkannte, sich an mich erinnern konnte oder mich auch nur sah. Aber er winkte zurück mit seinen langen weißen Handschuhen.

Dann latschte ich mit der Morgenzeitung unterm Arm zur Haltestelle weiter. Als ich da herumstand und wartete, fuhr ein Taxi im Rückwärtsgang auf mich zu. Schlimm, daß man nicht in Ruhe dastehen und sich an dem Morgen erfreuen konnte. Aber dann war es tatsächlich Peggy, der mir einen Lift anbot. Ich sprang erfreut zu ihm hinein, und wir machten uns gegenseitig die Zigaretten an. Ich fühlte mich sicher bei ihm, während er über verschiedene Arten von Peitschen und den Niedergang des sinnlichen Lebens sprach. Heutzutage hätten die Leute nur noch Sinn für das Platte. Ich hatte keine Ahnung, ob er überhaupt den gleichen Weg hatte, aber es war ganz selbstverständlich, daß wir zusammen fuhren. Zusammen starteten wir in die blasse Morgendämmerung. Wir sprachen nicht die ganze Zeit miteinander, weil wir so müde waren, aber ich hatte ein starkes Gefühl der Nähe, obwohl wir nur geradeaus schauten. Als wir an einem Telefonhäuschen vorbeifuhren, sagte er ganz nebenbei, daß er in Wirklichkeit ein Mann sei. Ich nickte müde. An dem Morgen hatte er für mich keine Bedeutung. Er hätte genausogut sagen können, daß er in *Wirklichkeit* Pedersen nicht mit t, sondern mit weichem d heiße.

Als ich ihn verließ, küßte ich meine starke weiße Pelzfrau ohne Gebärmutter auf seinen roten Mund. Das Taxi wendete und fuhr in die entgegengesetzte Richtung weiter, während ich in meine Wohnung ging mit der schwachen Erinnerung an seine Bartstoppeln, deren Spitzen ganz leicht wie die Morgensonne die Schminke durchbrochen hatten, so daß ihm der Morgen gleichsam auf der Haut prickelte.

Von der Kernfamilie
zur Kernwaffe

«Familles, je vous hais»
André Gide

Ein ganzes Jahr lang flog ich fast jeden Monat einmal an die Loire, um mich mit Guy über Ehe und Familie zu unterhalten und darüber, was das alles soll. Bei dem bloßen Gedanken an die Kernfamilie brach mir jedesmal der kalte Schweiß aus, und ich las eine ganze Menge, um meine Aversionen theoretisch zu untermauern. Aber es war Guy, der mir am allermeisten geholfen hat, Ordnung in meine Wut zu bringen und System in den Wahnsinn.

Alle Utopisten sind sich einig, daß die institutionalisierte Zweierbeziehung – die Kernfamilie – nicht in Utopia existieren wird. Im Alltäglichen können wir daher eine gewisse Zurückhaltung gegenüber Utopia feststellen; so ist die Kernfamilie sehr selten Gegenstand der Kritik, außer in den alten sozialistischen Schriften. Dieser Mangel an Kritik ist darauf zurückzuführen, daß

1. die meisten heutigen Utopisten verheiratet sind oder in Zweierbeziehungen leben und ihre Frauen/Männer sauer würden, wenn sie anfingen, die Familie öffentlich zu kritisieren;

2. Utopisten, die geschieden sind und anfangen, die Institution Familie zu kritisieren, nicht zählen, weil sie sowieso schlechte Erfahrungen gemacht haben;

3. Utopisten, die nie verheiratet gewesen sind, erst recht nicht zählen, denn entweder sind sie so dumm und häßlich, daß niemand sie haben wollte – die Trauben sind dem Fuchs zu sauer –, oder sie zeichnen sich durch einen totalen Mangel an «menschlichen Gefühlen» aus.

Ich selbst gehöre zur letzteren Kategorie. Aber sicher auch zur zweiten – zu der mit den schlechten Erfahrungen, da ich ja in einer Kernfamilie großgeworden bin. Aber daß das Subjektive und Persönliche so tief im Kurs stehen und mit solchen suspekten Motiven belastet sein soll, wundert mich schon. Dann müßte man eben auch Freud verdächtigen, die Sache mit den Neurosen erfunden zu haben, «nur» weil er selber neurotisch war – und man müßte das Bedürfnis der Kernphysiker, Atome zu

spalten, «nur» auf die Befriedigung ihrer persönlichen Neugierde zurückführen.

Meine Verzweiflung über die Kernfamilie verdanke ich «nur» der Tatsache, daß

1. ich meine Kindheit in einer unglücklichen Familie verbracht habe,
2. die Familien meiner Eltern unglücklich waren,
3. die Familien der Freunde meiner Eltern unglücklich waren,
4. die meisten Familien meiner Freunde unglücklich sind.

Nein, im Leben ist man nicht auf Rosen gebettet, sagen die Leute – und
ähnliches mehr. Aber ich finde, das ist zu einfach. Ich habe nie eine
Kernfamilie besucht und dabei gedacht: «So möchte ich gerne leben.»
Sondern ich habe gefühlt: «Dies darf doch nicht wahr sein.»

Guy hat mir zur Klarheit in meinen Gefühlen und zu der Fähigkeit
verholfen, meine Skepsis gegenüber der Berechtigung der Kernfamilie
am Ende des 20. Jahrhunderts dokumentieren zu können. Und dafür liebe ich ihn. Ein ganzes Jahr haben wir lange Spaziergänge in den privaten
Jagdwäldern Pompidous – mit den Schildern «Zutritt verboten!» – gemacht und dabei die Kernfamilie unter die Lupe genommen. Wir haben
uns gegenseitig erzählt, was wir seit dem letztenmal gelesen hatten, und
haben am Kamin bis frühmorgens weiterdiskutiert.

Das, was uns dabei am meisten auffiel, war das Mißverhältnis zwischen der Art, wie man denkt, und der Art, wie man lebt – zwischen
unseren Ideen und unserem tatsächlichen Verhalten. Es ist ja oft so, daß
man eine gewisse Genugtuung spürt, wenn man gegen sich selber handelt, denn das bestätigt, daß man «nur» ein Mensch ist. «Der Mensch»
war schon immer eine gute Entschuldigung. Es ist bekannt, daß Eheleute anfangen, die Ehe schlechtzumachen, wenn sie betrunken sind. Das
Thema Ehe als Zielscheibe von «Witzen» ist uralt und, wie wir auch heute immer wieder feststellen, unverwüstlich. Neu an der Sache sind die
«aufsässigen» Gedanken, die jedermann sich jetzt allmählich in bezug
auf die Ehe macht, Gedanken, die man sich darüber noch nie gemacht
hat, die aber jetzt der Ehe neuen Inhalt verschaffen – sie zeitgemäßer
machen sollen, wie man so sagt.

Es gibt eine Menge neue Auffassungen:

Erstens fängt man an zu behaupten, die Ehe sei gar keine Notwendigkeit! Man könne prima leben, ohne verheiratet zu sein, die Entscheidung solle man wirklich jedem selber überlassen. Zweitens sieht man
immer häufiger Ehe und Scheidung als zwei Seiten einer Medaille an.
Die wenigsten trauen sich zu, für die Ewigkeit zu heiraten. Scheidung
gehört sozusagen zur Ehe.

Die Ehe gilt auch nicht länger als eine absolute Festung der Treue. Man ist der Meinung, daß sowohl die Frau als auch der Mann frei (?) sind – ohne dabei ins Detail zu gehen. Aber die Partnerschaft soll nicht die Entfaltungsmöglichkeiten der Partner einschränken. Die Vereinigung der Kräfte soll sie im Gegenteil stärker, freier und «reicher» machen. Jeden für sich. Man setzt sich dafür ein, daß die Frau und der Mann beide die selben Verpflichtungen, Rechte und Privilegien in der Ehe haben sollen. Die Frau ist nicht allein für Kindererziehung und Geschirrspülen zuständig und der Mann nicht der alleinige Familienversorger. Die Aufgaben sind gleichmäßig und ungeachtet der Geschlechtsunterschiede zu verteilen, denn das ist doch nur natürlich. Dasselbe gilt auch für die ökonomische Unabhängigkeit der Frau. Auch sie soll ihr eigenes Bankkonto haben.

Die Tendenz, sich füreinander aufzuopfern und sich gegenseitig die Ecken abzuschleifen, wie man in den Hochzeitsreden immer so feinfühlig angedeutet hat («Diamanten» waren hier ein beliebtes Beispiel), gehört nicht mehr zum guten Ton. Im Gegenteil, die Partner sind jetzt bestrebt, «sich selbst zu verwirklichen». Und jeder behält auch seine alten Freunde: «Du behälst deine und ich behalte meine, nichts soll uns daran hindern, unsere alten Bekanntschaften zu pflegen – oder meinetwegen neue. Die Ehe soll mich nicht daran hindern, auch weiterhin mit dem Hans zum Fußballspiel zu gehen, das möchte ich doch klarstellen, und du kannst natürlich auch das machen, wozu du Lust hast. Die Ehe darf nichts kaputtmachen. Alles bleibt so wie früher – es wird nur schöner.»

Allmählich gibt man zu, daß die Ehe auf die Dauer eine gewisse sexuelle Monotonie mit sich bringt, daß man sich in dieser Hinsicht ein bißchen langweilt, aber das bedeutet nichts. Das ist doch nur natürlich. Es gibt eine ganze Menge (Illustrierten-)Literatur, die dokumentieren könnte, daß die eheliche Müdigkeit die wenigsten Leute unvorbereitet trifft. Das, worauf es ankommt, ist, die Ehe zu «erneuern». Die «Erneuerung» ist ein durchgängiges Thema im Partnerverhältnis. In bestimmten Kreisen registriert man zum Beispiel eine gewisse zwanghafte Tendenz, jeden Samstag die Partner zu tauschen. Aber normalerweise beläßt man es doch noch dabei, die Möbel umzuräumen oder sich ein paar neue Kleidungsstücke zu kaufen.

Diese neue Haltung der Ehe enthält mehr oder weniger explizite Gedanken über sexuelle Freiheit. In jedem Fall *besitzen* wir nicht den Partner. Die Leute, die den Partner besitzen wollen, sind blöd. Aber wir doch nicht. Und Eifersucht, wer ist denn eifersüchtig? Eifersucht ist ja nur ein negatives, tödliches Gefühl. Heute steht *Kommunikation* auf der Tagesordnung. Die Zweierbeziehung soll kein abgeschlossenes oder isoliertes Kämmerchen sein, nein, sie bedeutet Kommunikation nach außen hin, die das Innenverhältnis bereichern wird. Soviel Kommunikation wie nur möglich, verdammt noch mal! In gewissen Grenzen, selbstverständlich.

«Die sexuelle Monogamie und das Recht, den Partner zu besitzen, erzeugen eine tief verwurzelte Abhängigkeit, kindische Gefühle und Unsicherheit. Je unsicherer man ist, um so eifersüchtiger wird man. Und Eifersucht wuchert wie ein Krebsgeschwür», schreiben die Sozialanthropologen Nena und George O'Neill in ihrem Bestseller «Die offene Ehe»[9]. Und sie schreiben auch: «Man muß den Willen haben, neue Methoden zu finden, die die Ehe zur schöpferischen, wachsenden Verbindung macht, statt der alten statischen, ja stagnierenden Form von Sklaverei.»

Eine andere Haltung, die auch immer größeren Einluß gewinnt, ist eine gewisse Skepsis dem Konsumterror und den Statussymbolen gegenüber. Der alte Spruch, daß das Materielle nicht alles auf Erden sei, ist wieder dabei, sich auszubreiten. Es ist lächerlich, diesen ganzen Verbraucher-Wettbewerb-Klimbim mitzumachen; man möchte wirklich nur das Nötigste kaufen. Man verhält sich sozial und nimmt die Umweltverschmutzung ernst. Man selber möchte nur das absolut Nötigste zerstören.

Geld – darüber reden wir nicht. Das haben wir längst hinter uns. Die Kinder? Sie sollen sich natürlich frei verhalten können, in gewissen Grenzen. Auf jeden Fall sollen sie nicht ewig bei den Eltern herumhängen, sondern mit anderen Kindern zusammensein, und sollen ihre Entwicklung selbst bestimmen.

Kurz und gut: eine humane, freiheitliche Ideologie bekommt sowohl auf die Ehe wie ganz allgemein einen immer größeren Einfluß. Der Mensch als Programm:

Man soll bloß das tun, wozu man Lust hat – oder vielleicht mit Rabelais: «Du *mußt* das tun, wozu du Lust hast.» Tut man es nicht, ist man ein armer, frustrierter Narr. Und wer uns daran hindert, so zu handeln, ist ein frustrierter Vormund und Ausbeuter. Wenn jemand sich umbringen will, dann ist es sein gutes Recht. Es wäre unmenschlich, ihn daran zu hindern. Sich dem «System» unterzuordnen ist mittlerweile das Lächerlichste und Idiotischste, was man machen kann. «Frustriert» und «autoritätsgläubig» sind die schlimmsten Schimpfwörter geworden. Diese freiheitliche Ideologie ist längst nicht mehr elitär und schleicht sich allmählich in die Familien ein, in denen man sich immer noch miteinander unterhält, und ist wahrscheinlich ein ganz guter Ausdruck für die heutigen zwischenmenschlichen Beziehungen. Aber wie sieht denn das Leben vor dem Hintergrund dieser Ideen aus?

Es ist ganz einfach – das heißt, es ist ganz schwer –, denn das Leben ist genau umgekehrt. Das Leben in der institutionalisierten Zweierbeziehung verläuft als das perfekte Gegenteil der eigenen Vorstellungen. Dieses zu erkennen, nennt man Illusionen verlieren – erwachsen werden. Daß so erstaunlich wenig Leute Selbstmord begehen und daß die meisten überleben – rein physisch, jedenfalls –, wenn auch die Zahl der Frührentner, die um die Vierzig sind, erschreckend steigt, liegt daran, daß man normalerweise Resignation gleich Reife setzt.

Wie spielt sich das denn im richtigen Leben ab? Fangen wir mit dem Einzug in die Wohnung oder das Haus in der Siedlung an – als dem geographischen Hintergrund der zukünftigen Isolation des Paares. Das heutige «Zuhause» ist wie eine militärische Festung eingerichtet, da alle Verbindungen, die jeder früher für sich hatte, jetzt notwendigerweise gemeinsam werden. Die eigenen Freunde sollen auch die Freunde des Ehepartners werden. Wenn man jemanden, der in einer Zweierbeziehung lebt, besuchen möchte, muß man beide besuchen – es sei denn, man hat von vornherein etwas anderes «arrangiert». Wenn einer der Partner den Eindringling nicht leiden mag, gibt es zwei Möglichkeiten. Entweder die Zweierbeziehung löst sich auf, und das ist ja nicht der Sinn einer Beziehung, oder man bricht den Kontakt zu dem Außenstehenden ab, was normalerweise geschieht. Und damit ändert sich ganz klar der Ton in der Zweierbeziehung, denn sehr schnell wirft der eine dem anderen vor: «Es ist deine Schuld, daß ich meine Freunde nicht mehr sehe.» Aber sowie die Atmosphäre sich verschlechtert, «verstärkt» sich das Verhältnis durch die kleinen Selbstaufopferungen, die allmählich den ganzen Sinn des Lebens ausmachen. Das Paar wird praktisch dazu gezwungen, mit der ganzen Umwelt zu brechen – bis auf die berufliche und gesellschaftliche Umgebung, die den Fortbestand der Zweierbeziehung sichern soll. Die Soziologen erzählen uns, daß wir in Dänemark im Alter von vierzig Jahren noch anderthalb Freund(e) haben – Menschen also, die wirklich den Namen «Freund» verdienen. Einige müssen sich mit dem halben Freund begnügen, andere haben gar keinen. Das ist teilweise ein geographisches Problem, weil die Wohnungen so schlau eingerichtet sind, daß die Leute, die hier zusammen wohnen, keine Möglichkeit zur selbständigen Entfaltung haben.

Aber die Architektur trägt kaum die ganze Schuld an der Isolation des Paares. Die berühmte Gemeinsamkeit würde sicher auch dann entstehen, wenn die Architekten zwei Türen und zwei Türklingeln in den Wohnungen anbringen würden. Und wenn das Paar ausgeht und andere Leute trifft, dann weiß jeder für sich, daß man zusammen nach Hause geht, egal was auch passieren mag. Als dieselben unveränderten Menschen. Das Beste, was passieren kann, wenn man «sympathische» Leute trifft, ist das nachträgliche Gespräch über sie: «Mensch, sind die nett! Die müssen wir mal einladen.» Er und sie wissen von vornherein sehr wohl, daß sie nie auch nur einige dieser Leute über einen oberflächlichen Kontakt hinaus näher kennenlernen werden, es sei denn, man läßt sich auf Lügen und Betrug, Schweigen und Verstellung ein. Alles in allem ist man nicht darauf eingestellt, das Paarverhältnis zu gefährden, selbst dann nicht, wenn das bloße Ausgehen gefährlich wird. Aber wie ist es denn zu Hause? Halten wir gleich fest: Man ist nicht die «ganze» Zeit unglücklich. Es gibt tatsächlich auch schöne Stunden, in denen man sich sehr wohl fühlt. Die glücklichen Stunden sind meistens die Augenblicke der Resignation. Denn es schickt sich nicht – außer für Masochisten – zu erklären: Ich habe eine Scheißarbeit, ein Scheißauto, ein Scheißhaus und eine Scheißfrau. O nein! Ich habe einen guten Job, ein tolles Auto, ein schönes Haus und eine wunderbare Frau. Und hier fängt der Glücksterror an. Der hat zwei Formen. Die Glückserklärung nach außen hin (weil wir Glückszeugen brauchen) heißt: «Es ist uns scheißegal, wie es euch geht, aber *wir* sind glücklich.» Diese Erklärung soll irgendwie bestätigen, daß Zweierbeziehungen möglich sind. Darüber hinaus gibt es die Glückserklärungen nach innen, die die Zukunft und die Ewigkeit beschwören sollen: «Wir sind so glücklich!» Dabei macht es gar nichts, daß der andere sich zu Tode langweilt. Was zählt, ist die Tatsache, daß man auf die Weise den anderen in das stabile Glück auf längere Sicht mit einbezieht. Das Glück ist ja außerdem nicht immer nur Lüge. Es *gibt* Stunden, in denen es einem gutgeht, und da sie recht selten sind, hat man das Bedürfnis, sie mit besonderen Kennzeichen zu versehen. Wie es so schön in den Illustrierten heißt: «Dann kaufen wir eine Flasche Wein und ein paar saftige Steaks und quatschen stundenlang ganz gemütlich – das ist das Glück.»

Ich möchte bezweifeln, daß man früher in der Geschichte eine solche Werbung für das eheliche Glück wie heutzutage gekannt hat. Alle die Ehen, die in den Illustrierten beschrieben sind, sind überglücklich, bis sie aufgelöst werden. Ich glaube, daß diese desperate Glückswerbung in dem Bedürfnis wurzelt, sich gegenseitig bestätigen zu können, daß die Ehe möglich, daß sie zumindest für andere machbar ist. Dabei ist es ziemlich wichtig, wie man sich selbst in der Ehe fühlt. Was zählt, ist der Glaube daran.

Einer der Gründe, weshalb man so wenig darüber weiß, wie Eheleute miteinander zurechtkommen, ist, daß die ganze Intimität den Partnern untereinander vorbehalten ist. Das ist ja gerade eine der Funktionen des Paares. Denn wenn man dem eigenen Mann nicht alles sagen kann, was man denkt, wem dann, zum Teufel ...! Aber da braucht's den Teufel gar nicht, weil man dem Ehepartner ja doch fast alles sagt, etwas anderes wäre ja unloyal. Außderm ist es ein Zeichen von Schwäche, Außenstehenden unangemessene Gefühle mitzuteilen. Man darf nie das Gesicht verlieren. Aber die Intimität in der Zweierbeziehung ist kompliziert. Denn das, was ich meinem Mann sage, erzähle ich unter dem Gesichtspunkt der Reaktionen, die ich bei ihm vorausahne. Auf diese Weise entwickeln wir eine Codesprache. Aber das macht nichts. Solange die Ehe mir Schutz bietet, so lange bin ich darauf eingestellt, in Codes zu denken und zu fühlen. Und den Rest kann ich ja meinem Psychiater erzählen. Eine der Ursachen für die Isolation und das Zugrundegehen des Paarverhältnisses ist die Exklusivität der Partner füreinander, eine Exklusivität, die dem anderen alle Probleme in deformierter Form reserviert. Der Anti-Psychiater David Cooper schreibt: «Eine der schlimmsten Folgen einer Zweierbeziehung – und das gilt vor allem für das eheliche Verhältnis in der längsten Zeit ihrer Geschichte – ist das symbiotische Verhältnis, das die Partner zueinander bekommen. Jeder schmarotzt für sich an dem anderen, versteckt sich im Bewußtsein des anderen ... Das ist wirklich «die glückliche Ehe», und ihr Preis ist ganz einfach, daß man als menschliches Wesen verschwindet.»[10]

Die Isolation zeigt sich auch folgendermaßen: Das Paar hat sich gerade gestritten, jemand klingelt an der Tür, und ein befreundetes Ehepaar kommt zu Besuch. Da fängt das Paar an, zu lächeln und sich zu umarmen. Nicht daß sie alles, was vor fünf Minuten passiert ist, vergessen hätten, aber es verliert plötzlich an Bedeutung. Plötzlich mögen sie sich wieder. Und das ist keine Lüge. Eine der Ursachen ihres Streits war ja gerade das Alleinsein. Die Tatsache, daß sie nicht mehr allein sind, reicht aus, um sie wieder zum Lächeln zu bringen.

Selbst wenn die Ehe nicht so wird, wie man sie sich von Anfang an vorgestellt hat, selbst wenn die Frau die Hauptverantwortung für den Haushalt tragen wird, selbst wenn keiner von ihnen selbständig und «frei» wird, selbst wenn sie ihre Freunde verlieren, selbst wenn die sexuelle Monotonie tödlich wird und selbst wenn alle Rezepte zur «Erneuerung» fehlschlagen, macht man normalerweise mit stoischer Ruhe weiter, *der Kinder wegen*. Das Schlimme daran ist, daß die Kernfamilie in der Regel nicht in der Lage ist, mit Kindern umzugehen. Laut mehreren Untersuchungen des National Institute of Mental Health in den USA dürften die meisten Ehen keine Kinder haben. Scheidungen kommen am häufigsten da vor, wo Kinder sind. Kinderlose Ehen sind glücklicher, und jedes neue Kind bedeutet eine weitere Bedrohung des ehelichen Glücks, schreibt Dr. Liebermann, der Leiter des Instituts. Das heißt nicht, daß *alle* Eltern unglücklich sind. Einige *sind* glücklich, und sie sollen auch Kinder haben, aber laut der Untersuchung handelt es sich dabei lediglich um etwa 13 bis 17 Prozent aller untersuchten Fälle.

Wenn es sich nun herausstellt, daß es fast unmöglich ist, die Ideen, die man von Anfang an hatte, zu realisieren oder auszuleben, dann ist der Hinderungsgrund weder das Militär noch die Polizei. Schuld daran ist vor allem die Ehe als historisches Erbe. Ich glaube, daß es schwierig ist, die Misere der Zeit richtig zu erfassen, ohne sich über das Mißverhältnis zwischen unseren Ideen und unserem Verhalten klarzuwerden. Diese Kluft ist weder universell noch generell, sondern sie ist zeitlich und räumlich an die Lohnempfängerepoche der Wohlfahrtsgesellschaften gebunden. Ein ganz Schlauer würde vielleicht argumentieren, man könne die Vorstellungen doch wegwerfen und auf den Trümmern einfach weiterleben. Aber die Vorstellungen stammen ja von uns selbst. Sie sind sicherlich Ausdruck einiger Bedürfnisse unserer konkreten Situation, und das Wegwerfen eines Teils des Selbst kann, wie bekannt ist, traumatische Folgen haben. Auch wenn viele Leute ihr Glück damit versuchen.

Natürlich gibt es «harmonische» Ehen. Diejenigen nämlich, in denen das herkömmliche Rollenspiel der Geschlechter auf Punkt und Komma befolgt wird. Meiner Meinung nach ist das auch die einzige Art, eine Ehe funktionsfähig zu machen. Man kann sich Tausende von «progressiven» Gedanken darüber machen, wozu die Ehe gut sein soll und wie man ihr neue Inhalte geben könnte. Aber die Ehe ist ein historisches Erbe und als solches mit dem ganzen Gepäck von Monogamie, Treue, Patriarchat und gegenseitiger Aufopferung belastet.

Die Ehe baut auf das Wort Matthäi, daß $1+1=1$ ist. Angesichts der Mathematik, die heute in den Schulen gelehrt wird, ist das schon eine spitzfindige These. Aber es war tatsächlich so gemeint, daß der Mann und die Frau durch die Ehe Eins werden sollten. Wie die Geschichte zeigt, wurden viele es auch, Männer und Frauen, die sich gegenseitig «ergänzten». Das lief auch sehr schön, solange die Frau eine Null war. Denn $0+1=1$. Aber heute versucht man diese Rechnung zu revidieren, indem man behauptet, $1+1=2$. Und das ist ein großes Unglück ... für die Ehe. Denn die Grundlage der Ehe ist, daß die Frau eine Frau ist (0), damit der Mann ein Mann (1) sein kann.

Die Ehe ging so lange gut, wie die Partner ihre ganz bestimmten unmißverständlichen und auf dem Geschlecht basierenden Funktionen hatten. Jeder für sich wußte genau, wann er gegen die Regeln verstoßen hatte. Man wußte, woran man war. Aber auf diese Art möchte heute fast keiner verheiratet sein. Jetzt hat man die Regeln und die

Geschlechter weggeworfen in der Hoffnung, die ehelichen Normen von innen her ändern zu können.

Aber man weiß nicht richtig, wie man sich verhalten soll – man weiß nur, daß man menschlich sein müßte. Und das ist schwierig genug, da keiner weiß, was «Menschlichkeit» überhaupt ist. Aber noch nie ist die Tatsache, daß wir *Menschen* sind, so kräftig und so oft betont worden wie heute.

Ist man – so wie ich – dafür, Familie, Ehe und Zweierbeziehung total über den Haufen zu werfen, so wird man entweder ein Utopist oder ein Reformist genannt. Aber erstens ist die Utopie sehr praktisch, wenn man sich an die Gesetze des Universums hält, wo das Praktischste auch das Ideal ist. Was sollen wir zum Beispiel mit acht Armen? Zweitens sind die wirklichen Reformisten die Mehrheit, der es möglich erscheint, der Ehe ein «menschenfreundliches» Gesicht zu geben und sie gleichzeitig zu erhalten. Jeder Versuch, die Ehe zu reformieren, dient nur ihrer Zweckentfremdung und Absurdität. Das heißt nicht, daß die Ehe zusammenbricht, wenn man versucht, sie von innen her zu liberalisieren. Im Gegenteil – wie wir täglich beobachten – sind es die Eheleute, die zusammenbrechen.

Es ist nicht unnormal, daß sowohl der Mann als auch die Frau berufstätig sind. Aber es ist durchaus normal, daß die Frau sich mehr für den Haushalt verantwortlich fühlt und daß sie ihm vorwirft, ihr dabei nicht genügend zu helfen. Aber die Ehe ist ja gar nicht darauf eingerichtet, daß überhaupt *jemand* arbeiten gehen und dann nach Hause kommen soll, um den Haushalt zu erledigen. Die Ehe war noch nie für die heutigen Probleme der Rollenänderung und die Veränderung der Arbeitsstruktur in der Produktion gedacht. Der Haushalt der heutigen Kernfamilie ist dermaßen irrational und unzeitgemäß, daß man – statt einander mit gegenseitigen Vorwürfen kaputtzumachen, der andere trage nicht genügend dazu bei, den Haushalt in Gang zu halten, sich viel lieber fragen sollte: «Warum soll man ihn überhaupt in Gang halten?» Das ist nur eine der Fragen, die die Kernfamilie sich nicht stellt.

Es muß klargemacht werden, daß die Geschichte noch nie die Kernfamilie so kennengelernt hat, wie wir sie heute erleben. Sie ist vollkommen durch die Verhältnisse einer hochindustrialisierten Lohnempfängergesellschaft bedingt. Deshalb ist es merkwürdig zu beobachten, wie viele Menschen sich selbst und andere in der Überzeugung quälen, daß sie an dem eigenen Versagen selbst schuld sind. Nehmen wir an, daß die Ehe niemandem gelingen wird – abgesehen von den Schwachsinnigen. Es ist bemerkenswert, daß für die Mehrzahl der Bevölkerung am Ende des 20. Jahrhunderts die wichtigste Aufgabe ihres Lebens darin bestehen wird, die Ehe zu verkraften. Irgendwo gibt es doch wohl eine Verschiebung der Proportionen.

In der Tat hat die Ehe aber noch nie eine solche Rolle gespielt und eine solche Bedeutung für den einzelnen gehabt wie heute. Die alten Umgangsformen zerbröckeln, und der Zusammenhalt in den Nachbarschaften ist dahin. Die letzte Zufluchtsstätte vor der Produktion ist die Zweierbeziehung, die Kernfamilie. Diejenigen, die glauben, daß die Kernfamilie am Ende sei, irren sich total. Noch nie zuvor hat man sie so ernst genommen. Das Spektrum effektiver Bindungen war früher viel größer und bezog viel mehr Menschen ein. Heute verlangt und erwartet man *alles* von der Familie: Kameradschaft, Leidenschaft, Kommunikation. Aber damit nicht genug. Oft muß der eine den kindlichen Bedürfnissen des anderen nach einem Vater oder einer Mutter auch noch Rechnung tragen können. Und entsprechend dem heute üblichen Mangel an metaphysischem Halt der meisten Menschen verlangt man sogar häufig, daß der Ehepartner eine Art Herrgott oder Madonna sein soll. Heute betrachten die meisten Menschen ihr *Leben* als gelungen, wenn ihre Ehe gelungen ist. Liebe ist, «wenn ich noch nach sechzehn Jahren entdecke, daß er auf der Couch liegt». David Cooper schreibt: «Die bürgerliche Kernfamilieneinheit ist im Laufe dieses Jahrhunderts zu der vollkommensten Form des Nicht-Zusammentreffens von Menschen geworden, und damit ist sie die endgültige Verleugnung von Trauer, Tod und Geburt und dem Erlebnisgebiet, das vor der Geburt und der Zeugung liegt.»[11] Und der Psychologe Erich Fromm meint, daß wir eigentlich die Geburt abschließen müßten, bevor wir sterben, und trotzdem sei es das tragische Schicksal der meisten Menschen, zu sterben, bevor sie geboren sind.

Aber selbst wenn die Zweierbeziehung eine organisierte Form ungelebten Lebens darstellt, haben bei weitem nicht alle Menschen darunter zu leiden. Es gibt sogar welche, die aufblühen. Aber um diesen Mechanismus zu erfassen, braucht man nur einen Blick auf den Partner zu werfen. In dem Fall ist er oder sie fast immer ein Schatten. Vielleicht ist es ein unumgängliches Naturgesetz, daß wir auf Kosten der anderen aufblühen, aber ich finde es nicht anständig, dieses Verhältnis auch noch durch die Legitimation der Ehe zu untermauern.

Daß die ehemals ökonomische Vereinbarung der Ehe heutzutage mit Liebe vermischt wird, hat nicht dazu beigetragen, das Potential der Frau zu befreien, sondern ihre Position eher noch verletzlicher gemacht.

Es gibt nur eines, das in der Ehe schlimmer ist als eine unterdrückte Frau. Das ist die Frau, die sich dagegen auflehnt. Die Frau, die mit einem scharfen Blick den Mann herumkommandiert, «daß er das Kind auf den Topf setzen soll», wenn Gäste da sind, und die aus Prinzip draußen herumbumst. Aber das Klischee von der «Unterdrückung» deckt sich nur schlecht mit der Situation der verheirateten Frau. Eine Frau, die die traditionelle Frauenrolle mit allem, was dazugehört, spielt und die alle Erwartungen, die an sie gestellt werden, erfüllt, ist meiner Meinung nach nicht «unterdrückt». Sie ist lediglich ein schlauer Molch oder etwas anderes Exotisches aus einer vergangenen Zeit. Sie hat keine eigentliche Existenz im sozialbiologischen Sinn, weil sie dazu beiträgt, ein zersplittertes Weltbild aufrechtzuerhalten. Im Grunde ist sie ein bißchen gemein, weil sie ihren Nachwuchs in dem Glauben erzieht, es sei völlig in Ordnung, ein Molch zu sein, und wenn die Molche erwachsen sind, stehen sie dumm da. Zu spät erst zeigt sich, daß das Klima sich über die besten Wünsche des Muttermolchs hinweg geändert hat und daß die objektiven Bedingungen für die Anwesenheit der Molche hier auf Erden nicht länger gegeben sind. Die konforme Frau ist nicht unterdrückt, sie ist lediglich ein Verräter an den Überlebenschancen ihres Geschlechts.

Aber die meiste Angst habe ich vor den wirklich unterdrückten Frauen. Die gibt es nicht erst seit gestern. Viele von ihnen, die immer noch am Leben sind, sind 40, 50, 60, 70 Jahre alt. Es gibt Frauen, die schon vor vielen Jahren abgesprungen sind. Die, die keine Lust mehr hatten. Sie hatten gespürt, daß das Leben nichts von all dem war, was es zu sein vorgab. Aber sie konnten es nicht beweisen, unter anderem, weil sie nicht die entsprechende Ausbildung hatten. Und da sie niemandem erklären konnten, warum das so war, und da sie nicht in der Lage waren, irgend etwas groß zu ändern, zum Beispiel die Gesellschaft, begnügten sie sich damit, auf die verqueren und ungerechten Symptome zu reagieren, indem sie mit dem Putzen aufhörten. Sie weigerten sich einfach, die von ihnen erwartete Rolle zu spielen, alle anderen Rollen, nur die nicht. Ganz langsam, aber systematisch brachten sie ihre Männer um, indem sie ihnen die Grundlagen wegrissen. Dann setzten sie sich in eine Ecke und waren unberechenbar. Denn niemand sollte die atemberaubende Frechheit besitzen, mit ihnen als Frauen zu rechnen. Nach und nach starben ihre Männer, und sie blieben zurück als Tablettensüchtige und Alkoholikerinnen, ohne Rolle und ohne Mythos. Sie lebten irgendwie weiter. Und verbrachten den Rest ihres Lebens mit dem Versuch, ihr schlechtes Gewissen, das sie zerfraß, zu vergessen. Ich kenne niemanden, der es geschafft hat, *nicht* die Rolle zu spielen, die von ihm erwartet wurde.

Dies ist die unterdrückte Frau in der Ehe. Sie ist häßlich und rührend. Diejenigen dagegen, die sich an die Regeln halten, sind außer Gefahr –

sie sterben schnell aus. Schade, einerseits, denn offen gesagt sind die Molchfrauen zur Zeit die nettesten und wärmsten.

Die Tatsache, daß so viele Menschen annehmen, sie könnten die Ehe nach ihrem Belieben ändern, hängt mit der Privatisierung des Ehebegriffs zusammen. Man betrachtet die Ehe und die Zweierbeziehung nicht als einen Gesellschaftskern in einem größeren sozialen Zusammenhang, sondern als eine Privatsache. Das verführt die Leute zu Annahmen wie: «Unsere Ehe wird anders» oder «Wir werden nicht so wie unsere Eltern oder unsere unglücklichen Freunde». Aber sie werden es doch. Sie bekommen genau dieselbe vor sich hin dämmernde Ausstrahlung wie ihre Eltern und ihre unglücklichen Freunde und werden genau die gleichen unheimlichen Impulse aussenden. Die Ehe ist nämlich gesellschaftliche Konvention und nur sehr wenig Privatsache. Selbst wenn man zum Beispiel nie eifersüchtig gewesen ist – in der Ehe wird man es. In der Zweierbeziehung besitzt man den anderen, egal ob man es will oder nicht. In der Zweierbeziehung ist das Bedürfnis, das zu tun, wozu man Lust hat, eine reale Bedrohung des Zusammenhalts, weshalb es auch falsch ist, die verbreitete Angst vieler Eheleute als eingebildet oder paranoid abzutun. Die Angst ist tatsächlich begründet. Geht man eine Zweierbeziehung ein, so heiratet man nicht nur einen Menschen, sondern damit auch einen total vorgefertigten Satz von psychischen und physischen Reaktionen. Die Gefühle, die man spüren wird, sind nicht unbedingt die eigenen, meist sind sie historisches Erbgut. In der Zweierbeziehung des 20. Jahrhunderts *hat* man Angst (es sei denn, man ist völlig schwachsinnig), und man hat auch allen Grund dazu.

Die Bemerkung Tolstois, daß alle glücklichen Ehen sich ähneln – aber alle unglücklichen nicht –, stimmt überhaupt nicht. Es sind all die unglücklichen Ehen, die sich ähneln. Die Ehe ist ein soziales Verhaltensmuster, und die Teilhaber teilen die gleichen grundlegenden Konflikte; nur die Art, wie man damit umgeht, ist unterschiedlich. Das Problem gilt für alle: Wie überlebt man den Gegensatz zwischen gesellschaftlicher und ehelicher Struktur? Nicht die Eheleute formen die Ehe, vielmehr ist es die Ehe, die die Individuen programmiert – genau wie die Atmosphäre in einem Gefängnis nur sehr wenig von der Persönlichkeit der Insassen abhängt.

Aber um sich ein Bild von der Programmierung machen zu können, guckt man sich besser die Rolle, die die Minifamilie im ökonomischen Leben der Gesellschaft spielt, ganz genau an.

Fangen wir mit den beiden an, die sich entschlossen haben, in die Militärfestung zusammenzuziehen, und die beide Geld verdienen. Bis dahin kam jeder für sich mit der eigenen Wohnung und dem eigenen Haus-

halt ökonomisch gut zurecht. Jetzt könnte man annehmen, daß es öko-
nomisch günstiger sei, zusammenzuziehen, daß sie zusammen mehr
Geld haben würden – mit nur einer Wohnung, einem Haushalt und zwei
Gehältern. Von wegen! In dem Augenblick, in dem sie sich zusammen-
tun, passiert etwas sehr Merkwürdiges, besonders wenn es ein «junges
Paar» ist: Sie bekommen finanzielle Schwierigkeiten. Die unmittelbare
Erklärung dafür ist, daß die isolierte Kernfamilie laut Definition eine
Verbrauchereinheit darstellt. Als solche reagiert sie verletzlicher auf die
Konsumgesellschaft als die Großfamilie oder als der Ledige, der als ein-
zelner Verbindungen zu vielen Menschen hat. Selbst wenn man behaup-
tet, daß es im Ermessen der Kernfamilie liegt, je nach Belieben ihren
Verbrauch selbst anzusetzen und die Augen vor den Versuchungen der
Verbrauchergesellschaft zu schließen, ist das doch nur eine formelle
Freiheit. Die Konsumgüterindustrie konzentriert sich ausschließlich auf
die Kernfamilie als Zielgruppe. In der Praxis zeigt sich auch, daß die
Kernfamilie ihrerseits in ihrem Haushalt und Dasein übereinstimmend
mit den Forderungen der Verbrauchergesellschaft funktioniert.

Es gibt mehrere Gründe dafür, daß die Kernfamilie nicht in der Lage
ist, ihren eigenen Verbrauch zu kontrollieren.

Einer davon ist das Bedürfnis der Kernfamilie, Großfamilie zu spielen. Sie tut so, als wäre sie eine altmodische Großfamilie. Sie hat die
Form der Großfamilie beibehalten, hat aber den Inhalt (die Menschen)
weggeworfen. Die kleine Familie hält die Traditionen der Großfamilie
aufrecht, wenn sie den Mittagstisch deckt – oder auch den Frühstücks-
und Abendbrottisch. Die Minifamilie hält sich eine Küche mit Vorrat
und Eßreserven, mit Maschinen und Geräten, die in Wirklichkeit auf eine sehr viel größere Gruppe von Menschen zugeschnitten sind. Es entsteht deshalb ein bemerkenswertes Mißverhältnis zwischen den Traditionen der Kernfamilie und ihrer realen Funktion.

Interessant dabei ist, daß die Kernfamilie nicht nur aus Trägheit die
Traditionen aus den Zeiten der Großfamilie und der Agrarkultur beibehalten hat, sondern weil sie offensichtlich die Regeln, Rituale und Zeremonien, die die Gemeinschaft symbolisieren, *braucht*. Wenn die Kernfamilie die Fassade der Gemeinschaft nicht hätte, hätte sie überhaupt
nichts. Aber die Rituale und Dienstleistungen einer großen Gemeinschaft aufrechtzuerhalten, um damit auch das Leben von zwei bis vier
Menschen zu erhalten, ist schon eine rätselhafte Irrfahrt. Wenn das
Verhalten der Minifamilie mit ihrer Funktion übereinstimmte, würde sie
entweder die Zeremonien streichen und vorgekochte Gerichte in Silber-
folie kaufen, oder sie würde noch zwanzig Menschen zum Mitessen einladen. Aber zweifellos ist das Bedürfnis, eine Großfamilie zu sein, die

psychologische Erklärung für den übertriebenen und verkrampften Konsum und für die Tatsache, daß zwei Leute, die als einzelne ökonomisch gut zurechtkommen, nur zusammenzuziehen brauchen, um finanzielle Schwierigkeiten zu kriegen. Und zweifellos haben auch die Hersteller das Bedürfnis registriert – wenn nicht bei anderen, dann bei sich selbst. Jedenfalls kann eine Überproduktion gerade bei den Waren festgestellt werden, die die Kernfamilie zur Selbstbestätigung braucht. Sobald zwei Leute zusammenziehen, brauchen sie plötzlich eine Menge teurer Geräte und Aussteuer. Als Lediger kauft man keine Spülmaschine, aber sobald man zu zweit ist, tut man es, obwohl die Maschine genausogut für zehn Leute spülen könnte. Die verschiedenen Haushaltsgeräte, Gemüseraspel, Aufschnittmaschinen und so weiter, sind nicht unbedingt unentbehrlich, aber plötzlich muß man sie unbedingt besitzen, weil sie die Familie symbolisieren. Außerdem dienen diese Neuanschaffungen der Bestätigung, daß man glücklich ist.

Jedesmal – es ist ein ungeheuer interessantes Phänomen –, wenn etwas Neues angeschafft wird, kann mein eine *Freude* feststellen, die einen oder zwei Tage dauert. Ich glaube nicht, daß es reine Einbildung ist, ich glaube tatsächlich, daß es einem dann bessergeht – und das ist schon eine tolle Vergegenständlichung der Freude. Natürlich ist «Glück» aus der Dose ein Mythos, aber solange Mythen funktionieren, sind sie keine Lügen, und Neuanschaffungen geben einem das Gefühl der Erneuerung im Paarverhältnis. Wenn das junge Paar eine Tiefkühltruhe bekommen hat, küssen sie sich, und abends lieben sie sich vielleicht. Ja, sicher tun sie das, weil die Frau glücklich ist, und der Mann ist glücklich, weil er die Frau glücklich gemacht hat. Daß Glück als etwas Reales erlebt wird, beweist die wachsende Industrie. Die Industrie *ist* in der Lage, Glück aus der Dose zu verkaufen. Die ganze Konsumgüterindustrie richtet sich auf die Kernfamilie, die so in ein System geschleust wird, das die Ehepartner zum Opfer des internen Krieges der Hersteller macht, wenn es darum geht, den Eheleuten soviel wie irgend möglich von ihrem Einkommen und von den Früchten ihrer Arbeit abzuluchsen. Die Verarmung ist nicht nur moralischer Natur, sondern durchaus eine Geldfrage. Um glücklicher zu werden, wird man angehalten, mehr Geld auszugeben, als man verdient – um so zum verschuldeten Sklaven der Verbrauchergesellschaft zu werden. Aber die Kernfamilie ist eine isolierte Verbrauchereinheit und als solche zu verletzlich, um gegen das System zu revoltieren, das ganz und gar auf sie zugeschnitten ist.

Es ist sicher übertrieben zu sagen, daß die Gesellschaft künstliche Bedürfnisse erzeugt – übrigens, wie unterscheidet man überhaupt künstliche von realen Bedürfnissen? Sind die Bedürfnisse, die man außer dem täglichen Brot, einer Wohung und der nötigsten Kleidung noch hat, alle «künstlich»? Ich finde nicht, daß wir plötzlich so puritanisch werden sollten. Die Erfindung des Wasserbettes ist zum Beispiel ausgezeichnet – sie spiegelt die Auffassung von der Bequemlichkeit und dem Wohlbefinden einer bestimmten Zeit wider. In zehn Jahren behauptet jemand, daß wir alle auf einem harten Brett schlafen müssen, und dann werden wir alle auf einem harten Brett schlafen und sagen: «Ah, ist das schön!» Das Dasein wäre sicherlich langweilig ohne diese kleinen Launen. Aber trotzdem gibt es genügend Kriterien für künstliche oder reale Bedürfnisse. Die Wirtschaftsexperten einer gegebenen Gesellschaft gehen von einem gewissen Bedürfnisniveau aus. Aber das Bedürfnisniveau ist immer von der Haltung der Kernfamilie zu den eigenen Bedürfnissen abhängig. Die Frage muß vor allem lauten: Kaufen wir soviel wie möglich oder sowenig wie möglich? Inwieweit ist unser Verbrauch eine Bereicherung, und inwieweit ist er eine Verarmung? Ist der sofortige und maximale Verbrauch unseres Einkommens einem Minimalverbrauch im Hinblick auf langfristigere und differenziertere Zielsetzungen vorzuziehen?

Das sind nur ein paar der Fragen, die sich die Kernfamilie nicht stellt – und die sie sich in ihrer Isolation vielleicht gar nicht stellen kann –, die aber eine unbekannte Freiheit für die kleine Mittelklassenfamilie bedeuten würden. Nur die Reichen nehmen sich ein Jahr frei und machen eine Weltreise oder fangen ein ausgefallenes Studium an. Aber genausogut *könnten* das alle anderen tun.

Der Postbeamte zum Beispiel weiß sehr gut, daß er nicht auf den oberen Stufen der sozialen Rangleiter sitzt. Er weiß auch, daß er, wenn sein Vater reich gewesen wäre und wenn – und wenn . . ., dann wäre er heute der große Chef und müßte nicht auf einem gelben Fahrrad herumfahren. Angenommen, er würde seinen Konsum herabsetzen und dadurch Geld übrig haben, dann hätte er die Freiheit der Wahl, sich entweder weiterzubilden, wenn er sich in seinem eigenen Fach verbessern möchte, oder er könnte eine ganz andere Ausbildung anfangen. Es ist ganz banal, aber man braucht nur sein eigenes Leben zu formen, anstatt es als Opfer der Konsumgesellschaft von der Hand in den Mund vor sich hin zu leben. Die reichen Leute sind keine Opfer. Die reichen Leute leben nicht von der Hand in den Mund, das tun nur arme Leute, und das nicht nur, weil sie so wenig verdienen, sondern weil alles darauf abgestimmt ist, daß sie ihren ganzen Verdienst – und am liebsten noch mehr – so schnell wie möglich verbrauchen sollen.

Ich möchte kein Moralist sein und behaupten, es sei verwerflich, ein paar rote Lackschuhe zu kaufen. Die Zweckmäßigkeit irgendeines Konsumaktes hängt von der damit verbundenen Denktätigkeit zusammen.

Aber heute sind wir soweit, daß die Zeitspanne von der Kauflust zum tatsächlichen Kauf weder Diskussion noch Reflektion oder Kritik mit einschließt. Der Konsum hat sich automatisiert.

Aber gerade die Diskussion über die materiellen Neuanschaffungen kennzeichnet das Geistesleben der Kernfamilie, könnte man einwenden. Doch die Diskussion läuft eher auf die Frage hinaus, ob man nun Plüsch oder Plastik nimmt. Die Reflektion ist nicht mit realen Bedürfnissen verbunden, sondern ist Ausdruck zwischenmenschlicher Beziehungen geworden. Man kauft, weil: «So ein Ding wie die Nachbarn haben, muß ich auch haben», oder weil man seine Frau betrogen hat und es wiedergutmachen möchte. Man kauft, weil man sich langweilt und als Ersatzhandlung für all das, was man nicht auszudrücken vermag oder einfach nie gesagt hat. Sag es mit Blumen oder mit einer orangefarbenen Dunstabzugshaube oder einer Trockenhaube. Man *muß* einfach kaufen, denn das ist der einzige Weg zum Glück. Der Kauf einer Sache löst eine heftige und schnelle Befriedigung aus – wie ein kleiner Orgasmus. Und die Leute brauchen diese kleinen Orgasmen, weil man in der Minifamilie nicht gerade mit Orgasmen verwöhnt wird.

Die Minifamilie fragt sich nicht, ob es unbedingt nötig ist, täglich mehrmals Fleisch zu essen. Je mehr Geld man hat, um so mehr Fleisch frißt man. Je mehr Geld man hat, um so teurer sind die Sachen, die man kauft. Man fragt sich gar nicht, ob man vielleicht ein Zimmer zuviel hat. Wenn man Geld hat, kauft man ein größeres Haus. Automatisch. Bekommt man Gehaltserhöhung, sucht man sich sorglos ein noch teureres Ferienziel aus. Unter allen Umständen wählt man immer die teurere Alternative. Aber die Kernfamilie ist nicht in der Lage, das System, das ihre Existenz überhaupt rechtfertigt, zu kritisieren. Die Minifamilie ist zu eng und zu schwach, um Druck ausüben zu können. Die Fallgruben der Verbrauchergesellschaft sind ausschließlich auf die Kernfamilie ausgerichtet, und deshalb muß sie unweigerlich in sie hineinplumpsen.

Eine größere Gruppe, eine Großfamilie oder eine Wohngemeinschaft zum Beispiel, ist notwendigerweise immer kritischer, weil eine größere Gemeinschaft mehr Machtpole mit einschließt. In einer größeren Gruppe gibt es immer jemanden, der sagt: «Verdammt noch mal, das mache ich nicht mit.» Und das um so mehr, weil die Ökonomie der Wohngemeinschaft – im Gegensatz zu der Ökonomie der Kernfamilie – sich aus den persönlichen Beiträgen eines jeden Mitgliedes zusammensetzt. Ein größerer Einkauf bedeutet deshalb immer, daß die Mitglieder mehr bezahlen müssen, und es gibt immer einen oder mehrere, die sich dagegen auflehnen. Eine große Gruppe schafft automatisch ein kritischeres Klima und bildet eine natürliche Basis für Widerstandskraft gegen die Verbrauchergesellschaft, weil der Verbrauch immer vorher diskutiert werden wird.

Die Kernfamilie wäre sicher keine so haltlose Verbrauchereinheit, wenn sie gleichzeitig eine Produktionseinheit wäre. Aber jede Art von Produktion geschieht außerhalb der Familie. Die Familie hat ihre produktive Funktion, die ursprünglich ihre Existenz gerechtfertigt hat, verloren, und – das ist noch nicht alles – sie hat sich selbst zum Krüppel geschlagen, indem sie ihre Nicht-Produktion zu einer Tugend macht und ihre Nicht-Aktivität auf ein alarmierendes Ausmaß heraufschraubt. Selbst wenn die Kernfamilie nichts Besonderes produziert, so gibt es doch den täglichen Kleinkram zu erledigen. Die Kernfamilie ist aber völlig lebensunfähig geworden, sie schafft es nicht einmal, für sich selbst zu sorgen. Man lebt in einer Wohnung oder in einem Siedlungshaus mit Geräten und Installationen, die einer gewissen Wartung bedürfen. Aber diese Wartung verkraftet die Kernfamilie nicht einmal mehr. Man lebt umgeben von gewissen einfachen technischen Einrichtungen, wie zum Beispiel elektrischem Licht, Gas, Radio, Fernsehen, Waschmaschine, Wasserleitungen, Fenstern, Schlössern, Wänden, die ab und zu gestrichen oder tapeziert werden müssen, und so weiter. Aber selbst diesen kleinen Aufgaben gegenüber zeigt sich die Kernfamilie völlig hilflos. Die Produktion außerhalb der Familie ist ja auf Spezialistentum eingerichtet. Sobald man nach Hause kommt und mit einem Problem konfrontiert wird, das das eigene Spezialgebiet nicht berührt, hat man keine Ahnung, was man machen soll – außer einen anderen Spezialisten von außen herbeizurufen. Und das tut man dann auch. Sofort holt man den Elektriker, den Glaser, den Klempner und den Fernsehtechniker, damit sie die Sachen reparieren, die man genausogut selbst reparieren könnte – die uns aber kapitulieren lassen.

Dieser Verlust an individuellen Ressourcen hat die Kernfamilie in das äußerste Extrem der Nicht-Produktivität und Nicht-Aktivität getrieben. Bis zu einem Punkt, wo wir nichts mehr selbst tun können. Diese um sich greifende Hilflosigkeit betont nochmals die Abhängigkeit der Kernfamilie von dem Produktionsleben außerhalb. Nicht einmal das Brot toastet man mehr selber, man kauft einen elektrischen Toaster, der «plop» sagt und den man reparieren läßt oder wegwirft, wenn er kaputtgeht. Und andauernd kauft man Hilfsmittel und Zubehör – Sachen, die das Leben erleichtern sollen und die einer Wartung bedürfen, die man nicht selbst leisten kann und die deshalb Geld kostet.

Das ist der böse Kreis moralischer und substantieller Verarmung der Kernfamilie. Das Leben hat zwei Seiten – eine außerhalb der Familie mit einer sehr spezialisierten Produktion und die andere innerhalb der Familie mit einer totalen Nicht-Produktion.

Die Intellektuellen sind in dieser Hinsicht besonders interessant. Sie sind nicht nur rein praktisch wertloser als andere Menschen. Sie sind sogar noch stolz darauf.

Die Nicht-Lebensfähigkeit der Minifamilie hat draußen in der Gesellschaft natürlich sozialökonomische Auswirkungen. Sie gibt nicht nur für die Wartung ihrer verschiedenen Eisernen Lungen und Lebensprothesen mehr Geld aus, als sie hat. Gleichzeitig trägt sie zur Aufrechterhaltung und Vertiefung des Spezialistentums außerhalb der Familie bei. Parallel zu der wachsenden Hilflosigkeit der Kernfamilie wächst der Bedarf an Tausenden von Menschen, die mit hirnlosen Dienstleistungen ihr Leben verbringen sollen. Dienste, die man genausogut selbst erbringen könnte. Aber da die Kernfamilie tatsächlich so blutarm ist, brauchen wir halt Menschen, die ihr Leben damit verbringen, von einem Badezimmer zum nächsten zu gehen, um eine Schraube festzudrehen. Und Tausende von Menschen, die ihr Leben damit verbringen, Tausende von kleinen Glühbirnen in Tausenden von Fernsehgeräten auszuwechseln. In der Minifamilie ist man bei dem blaßen Gedanken, eine kleine Glühbirne auszuwechseln oder etwas festzuschrauben, völlig entsetzt. Der Fernseher ist heilig, und nur Spezialisten dürfen daran. Die Spezialisierung in der Produktion macht die Arbeit langweilig und das Privatleben banal.

Und was wird aus den Kindern, die die Kernfamilie zeugt? Nun, der Apfel fällt ja nicht weit vom Stamm, wenn auch die Kinder zugegebenermaßen in vielen Fällen ein ganzes Stück fähiger sind als ihre Eltern. Das gilt insbesondere für die Kinder, die in Gruppen und in Banden außerhalb der Familie leben. In größeren Gruppen lernt man immer etwas. Gerade in ihrem Flegelalter kriegen sie das Gefühl für die verschiedenen technischen Finessen, aber dieses Gespür verlieren sie später. Sind sie erst erwachsen und in der Produktion drin und leben sie erst in ihren eigenen Kernfamilien, haben sie sowieso jedes Gespür verloren. Leute, die die Kernfamilie «der Kinder wegen» aufrechterhalten, müssen schon einen ausgeprägten Sinn für Galgenhumor besitzen.

Es ist ganz klar, daß der Selbsterhaltungstrieb der Wohngemeinschaften und Großfamilien unverhältnismäßig stärker ist. Böse Zungen behaupten zwar, daß man statt drei Leuten, die zu nichts in der Lage sind, in den Wohngemeinschaften sogar fünfzehn hat. Aber das stimmt nicht. Dann hat man nämlich fünfzehn Personen, die wenigstens je eine Sache können. Eine größere Versammlung von Leuten ist eine größere Ansammlung von Wissen. In einer größeren Gruppe hilft man sich gegenseitig und lernt voneinander, weil man die Ressourcen besitzt. In der Kernfamilie macht man sich in einem Klima der Ohnmacht gegenseitig kaputt. Wenn der Wasserhahn nicht funktioniert, fangen die Eheleute an zu streiten: «Laß mich in Ruhe und hol den Klempner!» Wenn die Kernfamilie überhaupt etwas selbst produziert, dann höchstens einen Haufen unselbständiger Individuen, die offensichtlich, ohne es selbst zu merken, total manipulierbar sind. Es ist ja schon stark, daß die reichsten Bürger der Welt freiwillig ein derart moralisch und materiell armes Leben akzeptieren.

Aber wie kommt es, daß die Kernfamilie scheinbar doch überlebt, jetzt, wo die produktiven Funktionen verschwunden sind, wo man nicht länger zu Hause die Kinder gebiert, nichts zu Hause lernt und wo man nur noch im übertragenen Sinne zu Hause stirbt?

Das liegt teilweise daran, daß die Kernfamilie immer noch das emotionale und sexuelle Monopol hat, wenngleich ihre Ränder langsam ausfransen – durch die Antibabypille und durch die berufstätigen Frauen, die draußen in der Produktion auf andere Männer zugehen. Doch die Kernfamilie ist immer noch eine Stätte, wo man erfolgreich im Dunkeln nach dem Partner greifen kann. In der Kernfamilie läßt sich einfacher ein unmittelbar sexuelles Bedürfnis befriedigen, weil die Partner wissen, daß sie *müssen*, und sie bekommen Schuldgefühle, wenn sie «nein» sagen. Die Sexualität gehört zur Ehe, und wenn man keine Lust mehr hat, bekommt man das Gefühl, seine höhere Bestimmung verraten zu haben. Die Erotik draußen in der «Produktion» ist komplizierter – und überhaupt anders gelagert, weil sie ein *bißchen* mehr auf gegenseitiger Anziehung beruht.

Politiken*, 22. Januar 1973
«Tief erschüttert hat eine 46jährige Frau in Nordseeland gestern früh entdeckt, daß der Mann, mit dem sie geschlafen hatte, nicht der Ehemann war. Sie entdeckte den Irrtum erst, als sie den richtigen Ehemann schlafend neben sich im Doppelbett erkannte, während der falsche Ehemann eiligst entfloh.

Die Kriminalpolizei fahndet jetzt nach dem ‹falschen Ehemann›. Er ist durch das Waschküchenfenster in die Villa der Familie eingedrungen. Bevor er das Schlafzimmer des Ehepaars erreichte, ist er durch das ganze Haus gegangen. Zwei der drei erwachsenen Kinder des Ehepaares haben ihn ganz flüchtig gesehen, hielten ihn jedoch für ein Familienmitglied.

* Große dänische Tageszeitung. (Anm. d. Übers.)

56

Als die Frau sich halb schlafend umarmt fühlte, nahm sie an, daß ihr Mann es sei. Der einzige, der Verdacht schöpfte, war der Hund der Familie. Er knurrte, um so auf den ungeladenen Gast aufmerksam zu machen, aber keiner nahm von ihm Notiz. Erst als der Fremde den Beischlaf durchgeführt hatte, wurde der Irrtum entdeckt.»

Wahrscheinlich schwören die meisten Menschen auf die Kernfamilie, weil sie nichts Besseres kennen. Man kennt die jetzige Misere, weiß aber nicht, wie eine andere Misere sich auswirken wird. Man hat gelernt, daß nichts vollkommen ist. Außerdem ist die Kernfamilie die einzige Einrichtung in der Gesellschaft, die scheinbar einigermaßen kommunistisch funktioniert. Selbstverständlich pseudokommunistisch, weil ein wirklicher Kommunismus innerhalb einer kapitalistischen Ökonomie unmöglich ist. In der Kernfamilie gilt aber trotzdem die Regel, «nach Vermögen zu leisten und nach Bedarf zu genießen». Obwohl die Frau nichts verdient, verlangt niemand, daß sie deshalb weniger essen oder auf einer schlechteren Matratze schlafen soll als der Mann. Die Kinder verdienen auch nichts, sie dürfen aber essen, soviel sie wollen. In der Kernfamilie ist im Prinzip alles *gemeinsam*, im Gegensatz zu den Verhältnissen in der Berufswelt, wo man nach einer individualisierten Ökonomie vorgeht. Und zwar so: Der Gehaltsempfänger wird individuell für seinen persönlichen Einsatz bezahlt und darf prinzipiell nicht die Sachen anderer Leute benutzen oder das Geld anderer Leute ausgeben. Und das darf er in der Kernfamilie schon.

Tatsächlich lebt die Minifamilie nach dem Mythos des ursprünglichen Familienkommunismus, wo alle zusammen die Erde bearbeitet haben, um den Verdienst gemeinsam zu genießen. Damals haben die Kinder auch gearbeitet. Aber in der Kernfamilie arbeiten weder die Kinder noch die Hausfrau. Die Feministinnen können der Arbeit der Hausfrau so viel sozialen Wert beimessen, wie sie wollen. Ihre Arbeit trägt letztlich doch nur dazu bei, die Kernfamilie und die Ideologie, die den Hintergrund zu ihrer Unterdrückung abgibt, aufrechtzuerhalten. Wenn nicht ihre Unterdrückung, dann die vieler anderer Frauen.

Die pseudokommunistische, gemeinsame Ökonomie der Kernfamilie steht in einem grellen Kontrast zu den ökonomischen Gesetzen, die sich in der Produktionswelt außerhalb geltend machen. Nehmen wir den Fall eines Junggesellen – Herrn Eckersberg zum Beispiel – mit eigenem Einkommen, das seine Bedürfnisse ausgezeichnet deckt. Aber sobald er heiratet, erwartet man ganz selbstverständlich, daß er sein Einkommen mit einem bis vier anderen Menschen teilt. Von den ökonomischen Vorstellungen unserer Gesellschaft aus gesehen, ist dies ein völlig abnormes

Phänomen, und wenn man es einem Geschäftsmann darlegt, würde er sich an den Kopf fassen oder vor Lachen umfallen, es sei denn, man erklärt ihm, es dreht sich dabei um Frauen und Kinder. Wenn es um die Kernfamilie geht, betrachtet die Gesellschaft diese ökonomische Abweichung als normal. Aber wenn Herr Eckersberg sein Gehalt mit einem Freund teilt, würde man dies als stark exzentrisch betrachten. Und mit seiner Frau riskiert er ganz sicher einen fürchterlichen Krach, wenn er seiner alten Mutter monatlich 200 Kronen* schickt. Wenn man jung ist, macht man oft Fehler und verstreut das eigene Geld nach links und nach rechts. Das ist ganz selbstverständlich. Wenn man aber erwachsen ist und Verantwortung trägt, verschenkt man das Gehalt an Frauen und Kinder.

Wie können wir diese unökonomische Tendenz des Mannes erklären? Vielleicht ist sie gar nicht so unökonomisch. Die Erklärung ist nämlich die, daß die Frau einen Verbrauchsartikel und eine Luxusware darstellt. Aus seiner Junggesellenzeit weiß er schon, was einen tollen Abend ausmacht: Bier, Möse und Blasmusik. Man kann natürlich auch sagen: Wein, Roastbeef und hübsche Mädchen. Wenn der Mann dann später die irrationale, langfristige Investition in eine Frau macht, tut er das, weil sie mit den gesamten Mythen und Vorstellungen von Glück in unserer Gesellschaft verbunden ist. Das Verschenken des Geldes macht den Mann ein bißchen zum Herrgott. Das wiederum gibt ihm die Macht, die Frau zu beeinflussen, zu formen und von sich abhängig zu machen. Hier könnte man die Frage stellen, ob diese Schläue tatsächlich in der Natur des Mannes liegt – oder warum er sonst daran Interesse haben könnte, den Herrgott zu spielen. In der Tat fragt sich Herr Eckersberg selbst ab und zu, warum er eigentlich arbeitet.

Bei dieser Frage eilt ihm dann die Kernfamilie zu Hilfe, indem sie seine oft triste und gleichgültige Arbeit rechtfertigt. Karriere und Lohnerhöhung bieten für sich genommen keine Befriedigung, wenn ihm die Kernfamilie nicht ein Terrain anbieten würde, wo er die Möglichkeit hat, die Macht auszuüben, die er in seinem Beruf nicht ausüben kann.

Aber die primäre Erklärung für das Einverständnis des Mannes, so zu leben, ist ganz einfach. Es gibt keine anderen Alternativen, das heißt: Familienleben oder gar kein Leben. Das Mißverhältnis zwischen der individualisierten Ökonomie der Berufswelt und der pseudokommunistischen Ökonomie der Kernfamilie führt zu traumatischen Verwicklungen bei beiden Geschlechtern. Der Mann meint natürlich, daß er nie genü-

---

* 100 Kronen entsprechen etwa DM 36,– (Anm. d. Bearb.)

gend von seinem hart verdienten Geld hat. Aber viel härter ist es für die Frau, weil sie andauernd sich selbst gegenüber rechtfertigen muß, daß sie nichts verdient. Sie fühlt sich zutiefst entmündigt, weil sie in einer Gesellschaft lebt, die die Individuen im Hinblick auf die Rolle, die sie in der Produktion spielen, definiert. Man kennt ja diese Leserbriefe – entweder mit der masochistischen Unterschrift «mit freundlichen Grüßen von einer ganz gewöhnlichen Hausfrau» oder der aggressiven «mit freundlichen Grüßen von einer *ungewöhnlichen* Hausfrau».

Die Hausfrau erkennt als erste, daß sie keine soziale Indentität besitzt. Durch die Identifikation mit der produktiven Rolle des Mannes – sie drängt ihn nach vorne und nach oben – versucht sie, ihre Nicht-Produktivität zu kompensieren. Man nennt sie die Muse seines Erfolgs. Symptomatisch für diese «Muse», die sekundäre Produzentin, ist die Energie, mit der sie soviel wie möglich von dem Gehalt des Ehemannes verbraucht, weil sie selbst nichts verdient und ökonomisch abhängig ist. Ihre einzige Möglichkeit, selbst in das ökonomische Leben einzugreifen, ist das Kaufen. Die nichtproduktive Frau ist – wie die nichtproduktive Familie – laut Definition ein Verbraucher. Ich kenne eine Frau, die es fertiggebracht hat, an ein und demselben Tag zwei Staubsauger zu kaufen, um sich am Schicksal zu rächen.

Die Wohngemeinschaft und die Großfamilie sind augenblicklich die einzigen Familienformen, die in Übereinstimmung mit den ökonomischen Strukturen draußen in der Produktionswelt funktionieren. Auch in der Wohngemeinschaft gibt es zwischen dem Individuum und der Gruppe persönliche, ökonomische Beziehungen – es sei denn, daß wir es gerade mit reinem Kommunismus zu tun haben, aber davon können wir absehen. Die Haltung ist normalerweise «geben und nehmen» – «Quid pro quo» –, genau wie in der Gesellschaft. Es wäre eine Ungeheuerlichkeit, wenn Frauen, die in einer Wohngemeinschaft wohnen, nicht auch arbeiten würden. Das hieße ja, daß die Männer die doppelte Summe bezahlen müßten! In der Wohngemeinschaft bezahlt Herr Goldmark 1000 Kronen an die Gruppe. Das entspricht ungefähr dem, was er hier empfängt. Das hat man genau ausgerechnet. Geben und nehmen. In der Wohngemeinschaft sind die Verhältnisse zynisch und klar wie in der Geschäftswelt. Ich behaupte nicht, daß diese die beste aller Welten sei, aber wir leben halt zur Zeit in dieser Welt, und die Frauen vor ihr zu schützen ist nichts als repressive Toleranz.

Die Kernfamilie erscheint als eine Art Zufluchtsstätte vor dem Egoismus, der allmählich das Kennzeichen der bürgerlichen Gesellschaft geworden ist. In der Familie wird der Wert des einzelnen nicht auf Heller und Pfennig ausgerechnet, und gerade deshalb wehren sich viele Leute gegen jede Bemühung, die Familie aufzulösen. Ist es wirklich nötig, den bürgerlichen Individualismus und Egoismus bis in den innersten Kern, in die Familie, die oberflächlich gesehen von ihnen noch unberührt ist, eindringen zu lassen? Und ist es wirklich nötig, die Hausfrauen zu «entfremden», die bis jetzt von einer sozialen Identität und damit von der Verdinglichung, die eine soziale Rolle mit sich bringt, abgeschnitten gewesen sind: «Ich, eine Schreibmaschine», «Ich, ein Knopf», «Ich, ein Topf» ...

Man könnte sich eine sozialere und progressivere Gesellschaft vorstellen, in der weder Männer noch Frauen an der Produktionswelt teilnehmen müssen, um einen sozialen Wert zu besitzen. Aber soweit sind wir noch nicht. Die individuelle Freiheit, die das Bürgertum seinerzeit lauthals forderte, ist immer noch ein gemeinsames Ziel: die größtmögliche individuelle Freiheit innerhalb der bestmöglichen Gemeinschaft. Das Bürgertum hat schon viele Schlachten im Kampf um die individuelle Freiheit gewonnen, und man kann nicht behaupten, daß die Freiheit blöd sei, nur weil es ein bürgerliches Verdienst ist, sie gefordert zu haben. Es ist ja schon ein Fortschritt, daß der Mann Gehaltsempfänger geworden ist, statt bis zum Tod des Vaters ökonomisch abhängig zu sein. Der nächste Schritt, den man nicht überspringen kann, ist aber die ökonomische Unabhängigkeit der Frau und ihre Teilhabe am Produktionsleben. Aber so weit kann das Bürgertum nicht gehen. Alle weiteren Forderungen nach individueller Freiheit müssen notgedrungen auf Kosten der Bourgeoisie gestellt werden. Ihre progressive Rolle ist längst ausgespielt. Mit neuen Forderungen nach Freiheit konfrontiert, muß die Bourgeoisie bremsen, teils, um die Frau von der aktiven Teilnahme am Produktionsleben wegzuhalten, teils, um die Kernfamilie um jeden Preis aufrechtzuerhalten, damit das Abhängigkeitsverhältnis zwischen dem Individuum und dem ökonomischen System gewährleistet bleibt.

Unglücklicherweise leidet jede Bemühung, die heutige formelle Rolle der Bourgeoisie zu beschreiben, unter dem kommunikativen Mangel, daß niemand sich mit ihr identifizieren will. Die wenigsten Leute werden sich selbst in der monströsen Unterdrückerrolle freundlich nickend wiedererkennen und dabei sagen: «Ja, das bin haargenau ich, ich bin ein bürgerlicher, patriarchalischer Kapitalist.» Deshalb möchte ich lieber – wider alle Regeln – die Bourgeoisie als die exotische, abstrakte «Klasse» abtun. Ich nenne sie deshalb einen Idealtyp, dem ein Querschnitt der Bevölkerung – von der sterbenden Aristokratie bis zum Arbeiter – angehört. Das Bürgertum, das sind die Gehaltsempfänger, das sind alle die Leute, die ihre Kinder aufs Gymnasium schicken wollen, und das sind all die Sozialisten, die anfangen, Kernfamilien zu bilden. Das sind all die

Frauen, die die Rolle der Hausfrau bejahen, weshalb die formale Gleichstellung nie zur realen geworden ist. Eine Frau wird, juristisch gesehen, in der bürgerlichen Gesellschaft von niemandem gehindert, sich auf ihren Hintern zu setzen und die Sterne zu studieren und Weltmeister in Kosmologie oder Champion in Telepathie zu werden. Und deshalb ist es sicher am praktischsten zu sagen, daß die meisten Leute ihre eigene Unterdrückung wählen. Manche aus Unwissenheit und wenige wider besseres Wissen. Natürlich *macht* das *System* uns zu diesem oder jenem, aber in erster Linie ist es am *praktischsten* zu sagen, daß wir die Unterdrückung wählen, daß wir «Träger» des Systems sind, wie Moskitos Träger der Malaria sind, daß das System – wir sind.

Man kann sich ohne weiteres noch einmal neu entscheiden, solange Alternativen oder neue Ideen in Sicht sind. Aber man kann ja nicht gerade behaupten, daß die Gesellschaft uns dazu inspiriert, die Kernfamilie in Frage zu stellen, und man kann das auch gar nicht erwarten. Das Ergebnis wäre ja eine ganz neue Gesellschaftsform. Jede Gesellschaft zeichnet sich jedoch dadurch aus, daß sie sich so lange wie irgend möglich am Leben hält. Wir haben zwar Familienratgeber, Sozialarbeiter, Pädagogen, Institutionen und Kommissionen. Aber sie versuchen alle, die Familie zu flicken und zu «modernisieren» und die Ehe «zeitgemäßer» und damit haltbarer zu machen. Die Familie wird nur von sehr kleinen Kreisen und sehr frustrierten Individuen (!) angegriffen. Eine ernstzunehmende Antifamilienbewegung gibt es nicht oder auch nur ein Schulfach, das auf eine realistische Art und Weise die Kleinbürger der Gesellschaft darüber unterrichtet, in welcher Institution sie – «wenn alles gutgeht» – den Rest ihres Lebens verbringen werden. Falls es tatsächlich eine Antifamilienbewegung gäbe, die die Ehe bedrohte und die Kernfamilie schwächte, dann könnten wir etwas erleben. Ich bin überzeugt, daß eine aktive, durchgreifende Bekämpfung der Kernfamilie das *einzige* wäre, das nicht geduldet würde – in unserer sonst so repressiv-toleranten Gesellschaft, in der die Revoluzzer im Fernsehen auftreten dürfen und als Schmuck der Demokratie in Zuckerwatte verpackt werden. Daß die wenigen Angriffe auf die Familie, die ab und zu zum Ausdruck kommen, die Bevölkerung nicht schockieren und daß die Anti-Familialisten noch nicht verfolgt werden, erklärt sich nur daraus, daß es überhaupt nicht nötig ist. Es gibt keinen Grund, das Bestehende zu verteidigen, denn die Familie *lebt* – wenn auch nicht in bester Verfassung, aber doch so, daß die meisten Leute sie zum Leben benutzen. Nicht daß sie die beste aller erdenklichen Lebensformen wäre, aber sie ist halt die bekannteste. Auf gut Deutsch: Sie stellt das kleinstmögliche Übel dar.

Die Statistiken zeigen, daß immer mehr Leute jung heiraten. Alle

Leute heiraten, um nicht allein zu sein – und das gerade in dem Moment, wo sie es gar nicht sind. Schon von dem Tag an, da das Kind zu sprechen anfängt, sagt es: «Ich will heiraten, damit ich ein großes Auto kriege.» Die Ehe ist das einzige Modell der Reife, das die Gesellschaft uns bietet – oder das wir einander bieten. Aber es wundert mich, weiß Gott, daß es auch noch verheiratete Feministinnen gibt! Und es ist mir ein Rätsel, daß so viele Sozialisten im Alltag – wenn sie nicht gerade Versammlungen abhalten – in irgendeiner Art von Zweierbeziehung leben. Man kann das merkwürdige Phänomen feststellen, daß das Bedürfnis, die Gesellschaft in einer sozialistisch/kommunistischen Richtung zu ändern, und das Bedürfnis zu heiraten, gleich stark sind. Und den sogenannten Revolutionären erscheinen diese beiden Bedürfnisse gar nicht widersprüchlich, obwohl die Kernfamilie überhaupt nicht in der von ihnen erstrebten Gesellschaft existiert. Hierin sind sich alle kommunistischen Theoretiker einig. Die Kernfamilie ist die grundlegende Zelle der Gesellschaft, die die soziale Rolle des Kindes, sein Verhalten und sein Empfinden formt. Die Kernfamilie ist die Voraussetzung der Aufrechterhaltung und des Fortbestandes unseres Kulturgutes. Die Minifamilie enthält *en miniature* all die Antagonismen und machtpsychologischen Faktoren, die in der Gesellschaft entwickelt und vergrößert werden. Die Sozialanthropologen fassen die Unterschiede der Geschlechter nicht nur als individuelle Eigenschaften auf, sondern durchaus als Überlieferungen kultureller Verhaltensmuster. Deshalb ist es besonders rätselhaft und nachdenkenswert, daß so viele Sozialisten, die die Gesellschaftsnormen ändern wollen, ausgerechnet in die Zelle hineinmarschieren, die diese Normen am besten erhält. Es ist nicht jedem gegönnt, den Kapitalismus abzuschaffen. Aber ein jeder hat das Recht und die Möglichkeit, die Kernfamilie abzuschaffen.

Mehrere der politischen Themen, die die Jugend aufgeworfen hat, haben gesellschaftliche Konsequenzen gehabt. Die Haltung zu den Rauschgiftsüchtigen, zu den psychiatrischen «Patienten», zu der Emanzipation der Frau, zu der Liberalisierung des Strafvollzugs und so weiter. Warum wirbt niemand für die Auflösung der Familie? Warum boykottiert niemand die Zweierbeziehung? Warum steht die Auflösung der Familie nicht an erster Stelle auf dem Programm der Linksradikalen, der Linkssozialisten und der Feministinnen? Es ist keine Entschuldigung, daß man ein Opfer des Systems und ein Produkt des Kapitalismus sei. Die Gesellschaft wird nicht von ihren «Produkten» geändert, sondern von denen, die aufhören, Produkte zu sein. Die schwache Position der Frau ist auch keine Entschuldigung dafür, daß sie die Sache nicht radikal genug anpackt. Ihre Emanzipation ist keine Voraussetzung für die Auflösung der Familie, sondern eine der Konsequenzen.

Wenn diejenigen, die sich revolutionär nennen, ihre eigenen Zweierbeziehungen auflösen und sich für das Thema: «Laßt das Heiraten, laßt euch scheiden!» stark machen und damit eine riesige Scheidungswelle ankurbeln würden, hätte das sowohl politische wie ökonomische Konsequenzen. Als erstes hätten wir ein wildes Durcheinander: Die Gesellschaft würde traumatisiert und dazu gezwungen, neue und wesentliche Fragen zu stellen. Natürlich kann niemand die entstehenden Situationen ganz genau voraussagen. Entscheidend dabei wäre, daß das Fundament für die Beziehungen der Frauen, der Kinder und der Männer untereinander ins Schwanken geriete. Man würde sich einiges fragen, und das wäre im Augenblick schon genug.

Aber wenn die Zweierbeziehung als politisches Thema nicht ernsthaft aufgenommen wird, liegt es sicher daran, daß die meisten «Revoluzzer» das Thema als zweitrangig ansehen. «Nieder mit der Regierung, nieder mit dem Kapitalismus, nieder mit dem Recht auf Eigentum.» Und was den Rest angeht, so wird sich das alles schon regeln. Aber *nichts* wird sich regeln – die revolutionären Experimente der Geschichte zeigen deutlich, daß sich überhaupt nichts regelt. Selbst wenn die Revolution schon morgen käme (wie man so sagt, wenn man sich vorstellt, daß sie einem wie gebratene Tauben ins offene Maul fliegt), wäre die Problematik der Zweierbeziehung und der Familie genau dieselbe. Umgekehrt ist es möglich und dringlich, eine kulturelle Evolution im Rahmen des jetzigen ökonomischen Systems anzukurbeln – ohne Einmischung des Militärs oder der Polizei.

Aber die linken Politiker haben Angst, die Leute zu verscheuchen – als hätten sie überhaupt einen bedeutenden Halt in der Bevölkerung. Genießerisch halten sie sich an Lohnfragen, was man als unehrenhaft bezeichnen muß, weil sie sehr wohl wissen, daß alle Gehälter und Gehaltserhöhungen unweigerlich wieder aus den Taschen der Leute herausgesaugt werden, solange die Kernfamilie aufrechterhalten bleibt. Aber die Sozialisten haben Angst, eine brennende Frage, auf die sie keine Antwort wissen, unter die Leute zu bringen. Die ökonomischen Fragen sind dagegen sehr einfach, da hat der Staat dies und die Arbeiter haben jenes zu tun. Aber wenn es um das Wesentliche geht: wie Männer und Frauen die Familie auf eine zweckmäßigere und lustigere Art fortführen könnten – da bleiben sie die Antwort schuldig.

Aber ist man dazu verpflichtet, eine Antwort zu geben, bloß weil man eine Frage stellt? Nur Demagogen fragen und antworten in einem

Atemzug. Noch nie haben dieselben Kräfte das, was sie zerstört haben, selbst wieder aufgebaut, es sei denn in einer Diktatur. Im Augenblick reicht es also, wenn wir feststellen und mit konkreten Beispielen belegen können, daß die Kernfamilie ein Übel darstellt, das wir nicht im Haus haben möchten, weil es uns umbringt. Und sollte irgend jemand dennoch auf einer Antwort beharren – und sei es, um uns aufs Glatteis zu führen –, brauchen wir nur zu sagen, daß wir die Ehe durch die Gemeinschaft ersetzen wollen. Ätsch, bätsch!

Seit der Renaissance, in der die patriarchalische Kernfamilie endgültig Fuß faßte, war die Frage immer das dynamische: Wie? zu Lasten eines metaphysischen: Warum?

Und seit der Zeit ist die Familie ein beziehungsloser Wert an sich.

Der Kapitalismus, das Wachstum – ein beziehungsloser Wert an sich.

Die empirische Wissenschaft – ein beziehungsloser Wert an sich.

Die Familie hat unser Gefühlsleben monopolisiert.

Der Kapitalismus hat unsere Arbeit monopolisiert.

Die empirische Wissenschaft hat die Forschung monopolisiert und Daten gesammelt.

Wozu aber?

Von der Kernfamilie zur Kernwaffe … Das ist kurz gesagt die Geschichte der patriarchalischen Kultur.

Eines Abends fragte ich Guy, ob er wohl glaube, daß ich je in einer Kernfamilie leben würde.

«Wenn, dann sicherlich nur mit mir.»

«Nein, danke!»

«Glaubst du vielleicht, mir machte diese Aussicht Spaß?» Ich wollte mich am liebsten hundert Jahre lang in seiner Achselhöhle verstecken, denn irgendwann muß doch der Tag kommen, an dem zwei Leute wieder miteinander auskommen können, ohne dabei ihr Leben zu riskieren.

12. Januar 1973

Ich glaube, die Frau des Lebensmittelhändlers ist abgehauen. Jedenfalls war sie monatelang nicht mehr im Laden. Weihnachten kam seine Schwester, um ihm zu helfen. Vor drei Wochen ging ich hinein und schlug die Hände zusammen: «Mhm, hier riecht es ja richtig weihnachtlich!»

Erst dann entdeckte ich, daß die Hälfte des Ladens abgebrannt war. Es hatte einen Kurzschluß gegeben, und alle Flaschen waren explodiert, erklärte er. Die eine Hälfte des Lokals war nur noch ein riesiges, ausgeräuchertes Loch.

Geld ist eine Waffe...

...und Waffen sind dazu da, daß der Mensch sich damit verteidige und schütze.

Mit Waffen kann man aber bekanntlich auch Unheil stiften. Mit Geld auch. Man kann damit andere in Schach halten, bestechen, erpressen, unterdrücken, erniedrigen, verletzen.

Mit Geld kann man aber auch allerhand Schönes und Gutes tun.

Heute bin ich wieder bei ihm gewesen. Ich habe ihn nicht wiedererkannt. Seine Haut war ganz bläulich, und er sah aus, als ob er überfallen worden wäre. Ob er wohl einen Verkehrsunfall gehabt hat? Ich weiß es nicht, weil man ja nicht einfach so fragen kann. Aber er zitterte richtig und konnte die Waren nicht festhalten. Seine Hände waren wie Pfoten. Er konnte sich nicht an die Preise erinnern und fast nicht reden. Seine Augen flackerten umher, und er stand so seltsam still hinter dem Ladentisch wie ein großes Tier, das aufgegeben hat und sich auffressen läßt.

«Ihnen geht es nicht gut . . .» sagte ich vorsichtig.

«Eine Art Grippe», konnte ich aus seinen Mundbewegungen ablesen. Aber das konnte keine Grippe sein. Vielleicht war er einfach sturzbesoffen. Aber ich habe noch nie erlebt, daß Leute auf diese Art besoffen waren.

«Sie müssen ins Bett!» sagte ich endlich. «Sie müssen den Laden zumachen!»

«Das geht doch nicht.»

«Ja, kennen Sie denn niemanden, der Ihnen helfen könnte?» Er antwortete nicht, sondern starrte nur vor sich hin. «Sie können Ihre Gesundheit nicht ruinieren.» Ich wurde plötzlich wütend. «Das Geld darf keine Rolle spielen, hören Sie!»

«Aber das tut es ja doch», sagte er und guckte mich an, während ihm eine Träne die Wange herunterlief. Er trug einen grünen Kittel mit dem Slogan auf der Brust: «Der selbständige Kaufmann.»

Wozu Kinder kriegen?

Ich kenne einen Säufer, der hat einen Sohn.
«Er ist ein Problemkind», sagt er.
«Wieso?» frage ich.
«Weil er mein Bier versteckt.»

Man traut sich kaum zu fragen, ich weiß. Denn einerseits ist das Kinderkriegen ja Privatsache, und außerdem ist es wohl ganz natürlich, mit einem Kind zur Erhaltung der Menschheit beitragen zu wollen. Woher man den Mut nimmt, diesen Riesenschritt zu machen, ist kaum zu beantworten. Nur Leute, die keine Kinder bekommen haben, haben eine Antwort parat. Denn es ist nur natürlich, von denjenigen, die nicht das Natürliche tun, eine Erklärung zu verlangen. Diejenigen andererseits, die das Natürliche tun, können es nicht richtig erklären: «Es war nicht mit Absicht», »es passierte halt», «um Verbundenheit zu spüren», «um nicht einsam zu sein», «es lag irgendwie in der Luft», «um das Gefühl des Erwachsenseins zu haben», «um etwas von ihm zu bekommen», «um alles mal auszuprobieren – auch die Mutterrolle» ... Diese Antworten erhielt ich bei einem Damenkaffeeklatsch.

Würden die Leute anfangen zu denken, kämen keine kleinen Kinder auf die Welt. Aber Kinder werden immer wieder geboren, weil das Kinderkriegen niemals durch spitzfindiges Argumentieren in Frage gestellt wurde. Kinder zu gebären ist die schönste Sache der Welt, unser aller Lebensinhalt, insbesondere der der Frauen, und wenn man für eine ganz natürliche Angelegenheit plötzlich eine stichhaltige Rechtfertigung bringen müßte ... Ich bitte Sie! –

Das Problem ist nur, daß die Kinder keinen Platz in der Welt finden, und mir schwant, daß das Überleben der Menschheit – auf jeden Fall in unserem Teil der Welt – durch die bloße Möglichkeit der Fragestellung: Kinderkriegen oder nicht? zu einer fragwürdigen Sache geworden ist. Aber nicht die Fragestellung ist Wahnsinn, sondern die Situation.

Jedermann müßte in Dreiteufelsnamen das Recht – wenn nicht sogar die Pflicht – haben, Kinder in die Welt zu setzen. Ich fürchte jedoch, daß uns da gerade der Teufel reitet, weil das Natürliche nicht mehr natürlich ist.

Erstens ist die Empfängnis zum Willensakt geworden und nicht länger die selbstverständliche Folge der geschlechtlichen Paarung. Zweitens haben demographische Analysen und die moderne Waffentechnologie die wichtige Frage aufgeworfen, wie viele Menschen – wenn überhaupt – die Erde aufnehmen kann. Drittens sind die Kinder die Produkte einer Krise, nämlich die der Monogamie, die die Kernfamilie getroffen hat. Und die wiederum kann ihnen im besten Fall nichts anderes als Liebe anbieten. Und schließlich – ein sehr schwerwiegender Grund: Kinder haben in der Gesellschaft keine natürliche Funktion mehr. Und angenommen, die Gesellschaft funktioniert, dann jedoch immer nur trotz der Kinder. Der gesellschaftliche Ablauf würde kein bißchen knirschen, gäbe es überhaupt keine Kinder. Und diese Tatsache ist wohl das schwerste Geschütz, das man auf kurz oder lang gegen eine Gesellschaft auffahren kann. Denn ein Kriterium für die Lebensfähigkeit einer Gesellschaft muß die Frage sein, was diese Gesellschaft ihren Kindern zu bieten hat. – Ob es überhaupt möglich ist, die Kinder in die Lebensfunktion zu integrieren.

Der verstorbene amerikanische Anthropologe Jules Henry beschreibt in seiner Familienstudie «Pathways to Madness» eingehend den Alltag fünf normaler amerikanischer Familien, Familien, denen nur eins gemein ist, nämlich ein psychotisches oder autistisches Kind:

«In der Entwicklungsgeschichte ist zu verfolgen, daß nur die Kulturen eine Überlebenschance hatten, in denen die Mutter oder der Mutterersatz für die Kinder genügend erreichbar war. Gesellschaften, die den Leuten keine Zeit für ein Zusammensein mit den Kindern lassen, um aus ihnen Menschen zu machen, müssen zugrunde gehen. So haben auch nur die Kulturen, die eine vernünftige Balance schaffen konnten, bisher überlebt.»[12]

Als die Missionare um 1700 die Mabaya-Indianer in Paraguay besuchten, konnten sie feststellen, daß der Stamm sich hauptsächlich durch Adoption von Kindern am Leben hielt, weil das Zusammenleben zwischen Männern und Frauen zu einer solchen Hölle geworden war, daß Kinder weder geboren werden noch in ausreichender Menge überleben konnten.

«Es ist einleuchtend», fährt Jules Henry fort, «daß eine Zivilisation ausreichend sozialen Kontakt mit ihren Kindern pflegen muß, damit diese sprechen und soziales Verhalten lernen. Die von einer Gesellschaft an das Individuum gestellten Ansprüche, die darüber hinaus gehen, variieren jedoch von Kultur zu Kultur. Unsere Kultur verlangt von den Kindern nur ein soziales Verhalten, das akzeptiert werden kann, und diese Aufgabe haben wir allein der Liebe überlassen.»[13]

Kulturen, die auf solche Familienverhältnisse aufgebaut sind, die eigentlich das sind, was wir unter einer ganz normalen Familie verstehen, würden oder werden nach Jules Henry zugrunde gehen. Die Kinder würden nicht vor Hunger sterben, sondern wahnsinnig werden. Die Art und Weise des Heranwachsens, die unsere Kultur den Kindern bietet, wo sie vom allgemeinen Leben wie von allen Prozessen, die eine Gesellschaft lebensfähig machen, ausgeschlossen sind, beruht voll und ganz auf der Liebe. Daher bleibt die immer wiederkehrende Frage: Wozu heutzutage Kinder kriegen? Aus einem Überschuß an Liebe etwa?

Wir wissen, daß es bestimmte sensible Punkte gibt, die jede Diskussion in Sekunden unmöglich machen, wenn man an sie rührt. Dank der empirisch-analytischen Wissenschaft kann die Frage «Menschheit oder Nicht-Menschheit» ohne weiteres von jedem gestellt werden, ohne daß er dumm angeguckt würde. Wogegen aber die Frage Kinder kriegen – ja oder nein? deshalb eine überflüssige Abstraktion zu sein scheint, weil die rein private Angelegenheit des Zeugens als etwas Instinktives angesehen wird.

Und es ist ein ungeheuer wichtiger Instinkt, falls es das wirklich ist. Über den Vaterinstinkt können wir schnell hinweggehen, die Anthropologie hat schon längst festgestellt, daß es ihn nicht gibt. Vater zu werden scheint eine mehr oder weniger wichtige Funktion zu haben; kein Mann jedoch stirbt davon, wenn er nicht Vater wird. Nichts deutet darauf hin, daß Männern psychische Störungen drohen, wenn sie ihr ganzes Leben ohne Kinder bleiben.

Der Mutterinstinkt ist eine ganz andere und rätselhaftere Geschichte. Den gibt es. Aber der Instinkt meldet sich erst dann, wenn das Kind in den Armen der Mutter liegt, und manchmal meldet er sich nicht, und das ist dann eine sehr schlimme Sache. Ist der «Mutterinstinkt» tatsächlich ein Instinkt, dann auf jeden Fall ein sehr seltsamer, weil die Mutter ihn jederzeit befriedigen – oder es auch lassen kann. Der Instinkt müßte jedoch – wenigstens nach seiner Definition – mit dem ersten Eisprung einsetzen.

Aber heutzutage machen viele Frauen eine Ausbildung und verschieben die Kinderproduktion bis nach dem Examen, bis sie in Katmandu waren und bis sie «gelebt» haben. Viele bekommen erst Kinder mit fünfundzwanzig, dreißig oder fünfunddreißig Jahren, zu einem Zeitpunkt also, wo sie bis zu zwanzig Jahren mit befruchtungsfähigen Eiern herumgelaufen sind – ohne daß ihnen deswegen schlecht oder unwohl geworden wäre. Der «Mutterinstinkt» ist also eine Eigenschaft oder Disposition, die man aus der Schublade holen kann, wenn man nicht weiß, was einen sonst noch kleidet, wenn die ökonomischen Verhältnisse in Ordnung sind, wenn eine Frau versorgt werden möchte oder aus anderen Gründen ihren «Mutterinstinkt» braucht. Nun ja! Werden Frauen vom

Nichtgebären wirklich «krank» oder «komisch», dann deshalb, weil sie nämlich die Mutterrolle nicht nur als eine Möglichkeit unter anderen, sondern als ihre Bestimmung erleben. Denn der «Mutterinstinkt» ist insofern sozial bedingt, wie er bisher als die einzige eigentliche «Reifeprüfung» der Frau galt. Eine kinderlose Frau ist keine richtige Frau, sie ist «kalt» und irgendwie ein bißchen «maskulin».

Kindergebären dient auch der Erfüllung des Daseins. Ich habe gelesen, daß Françoise, Picassos ehemalige Frau, jedesmal, wenn sie aggressiv wurde und anfing, über den Zusammenhang des Daseins nachzudenken, von Picasso zu hören bekam: «Du brauchst ein Kind, meine Liebe.» Und recht hatte er, es half jedesmal, schnell schoß ein Mutterinstinkt aus dem Schoß und schob alles andere in den Hintergrund. So mußte im Laufe der Zeit der Mutterinstinkt für vieles herhalten – unter anderem dazu, die Frauen mehr oder weniger freiwillig in den Hintergrund zu drängen. Daher der Mythos von der «geheimnisvollen» Macht – die Macht ohne direktes Ventil, die die Frauen dazu brachte, Geschmack an der Intrige zu finden. Ein Vorwand wiederum, die Frauen – diese widerlichen Weiber – noch weiter weg von Entscheidungen und wirklichen Machtpositionen zu halten.

Kinder zu gebären ist in der ganzen Welt die natürlichste Sache. Das Christentum jedoch erhebt sich über die anderen großen Religionen dadurch, daß es den Mythos von der weiblichen Macht in der Gestalt einer Mutter präsentiert. Die berühmteste Frau in unserer Kultur, Maria, hat nichts anderes vollbracht, als Jesus zu gebären. Sie ist keine Göttin, sie besitzt keine selbständige Kraft, ihre Göttlichkeit gehört nicht ihr, sondern liegt in der Mutterschaft verborgen. Kinder zu gebären und aufzuziehen wurde seit Urzeiten als eine sehr bedeutungsvolle, ja vielleicht als die wichtigste Aufgabe der Welt angesehen. Die meisten Frauen betrachten immer noch die Fortpflanzung als eine Lebensaufgabe, der sie zwei Jahrzehnte lang ihre ganze Aufmerksamkeit widmen. Aber heute liegt das Durchschnittsalter der Frau bei mehr als Siebzig, und deswegen ist Kinderaufzucht plötzlich zu einer merkwürdigen Lebensaufgabe geworden, die ganz abrupt mitten im Leben aufhört.

Die Tatsache aber, daß die Mutterrolle heute den Charakter einer phantastischen *tour de force* angenommen hat, läßt sich am deutlichsten durch die Isolation der Frau und der Kleinfamilie von den Aufgaben der Gesellschaft – oder von der Außenwelt – erklären.

In unserer Gesellschaft – und in jeder anderen auch – werden die Frauen nicht als Mütter ausgebildet. Aber in anderen und «primitiveren» Kulturen leben die Familien weniger isoliert voneinander, so daß die Kindererziehung größtenteils offen und öffentlich vor sich geht und so den Müttern die Möglichkeit gibt, einige Tricks zu erlernen – oder, wie es die Psychologen formulieren würden, einen Bezugsrahmen zu finden.

Weil die Gesellschaft die Menschen sonst formal für fast alle Berufe ausbildet, erscheint die Mutterrolle besonders archaisch und atypisch, während das Lernen der Mütter immer noch dem Mit-der-Stange-im-Nebel-Suchen gleicht. Von einer frischgebackenen Mutter wird erwartet, daß sie instinktiv handelt, und diese Erwartung steckt die Frauen in eine bestimmte Kategorie. Diese vom Instinkt geleitete Mutterfunktion bedeutet eben, daß diese Frauen auf einer wenn nicht niedrigeren, dann doch *primitiveren* Ebene operieren. Die Ebene des Kinderzimmers ist nicht die normale.

Die Mutterrolle ist deswegen geradezu kafkaesk: «Versage ich gerade dort, wo alle anderen Frauen sich natürlich benehmen?» «Welche Sorte Kinder soll man machen, und zu welcher Sorte von Erwachsenen sollen sie werden?» Diese Fragen verlangen eine Antwort von der Welt als Gesamtheit – von der Welt, die der Mutter meist verschlossen bleibt. Das ist doch, aufs Ganze gesehen, auch nur gut so, höre ich sagen. Aber über kurz oder lang wird sich eine Isolation der Frauen und Kinder von den Machtzentren, den Beschlußgremien und der Produktion als fatal entpuppen.

Die häuslichen Beschäftigungen und die Sachen, die eine Frau zu Hause produziert (Plätzchen, Strickjacke usw.), haben im öffentlichen Leben ihren ökonomischen Wert verloren. Sie können persönlich befriedigend sein, ihr Sinn und ihre Bedeutung haben sich jedoch geändert. Folglich ist es für viele schwierig, diese Produktionen in einem Vakuum zu genießen.

Hausfrauen können die Frucht ihrer Arbeit und den Sinn ihres Lebens nur von persönlichen, emotionellen Kriterien aus beurteilen, was an sich kein Unglück sein muß. Aber wie Elizabeth Janeway schreibt: «Wenn man von der Außenwelt völlig ausgeschlossen ist, fehlen einem bestimmte Werte, an denen man sich messen kann. Für den abgesonderten Menschen besteht das Risiko, in einer bestimmten Situation unpassend, sogar grotesk zu reagieren. Manche Kinder kommen verrückt zur Welt, andere werden es erst durch den Mangel an Kontakt mit der Wirklichkeit.»[14]

Die Frauen müssen ihre Kinder einer Gesellschaft anpassen, gegenüber deren Normen und Idealen sie sich oft selbst unsicher fühlen, die nicht moralisch zu rechtfertigen sind und die sie emotional nicht befriedigen. Diese Anpassung der Kinder an die Außenwelt soll per Instinkt vor sich gehen, unabhängig von allen anderen sozialen und ökonomischen Prozessen. Die Mutter muß die Kunst beherrschen, die Balance zwischen der Sicherung der gefühlsmäßigen Kontaktbindungen und der Möglichkeit des Lösens gerade dieser Bindungen herzustellen, damit das Kind in eine Welt hinauswachsen kann, zu der die Kernfamilie in gar keinem Verhältnis steht. Das soll alles der Instinkt schaffen. Ob man diese übernatürliche Gabe, die der Mutterrolle scheinbar anhaftet, besitzt oder nicht, man gebärt auf jedenfall gern ein Kind oder zwei, im Durchschnitt 1,8. Man macht es, weil man sich dazu entschließt, weil es meist eine Freude ist und weil es etwas Greifbares ist, etwas, das sich anfassen läßt, was einem zur Abwechslung einmal sehr gut tut. Es kann für den Mann auch eine große Freude sein, der Frau ein Kind zu schenken, einen Lebensinhalt, einen Blumenstrauß ... Ein Kind ist *auch* etwas, das man sich zur Versöhnung schenken kann. Ja, so kann man ein Kind zu den verschiedensten Dingen verwenden ... Das Kind hat seine fundamentale Gesellschaftsfunktion verloren und ist zur Privatsache geworden.

Im Mittelalter gab es rein vom Begriff her keine «Kindheit», schreibt Shulamith Firestone in dem Kapitel «Nieder mit der Kindheit» aus «Frauenbefreiung und sexuelle Revolution».[15] Es gab kein Kinderspielzeug, keine Kinderkleider oder Kindersprache. Diese «Abnormitäten» entstanden kurz vor der Renaissance in Verbindung mit der Entstehung der Kernfamilie. Früher waren Kinder von Anfang an «Erwachsene» – nur ein bißchen kleiner. Sie waren Diener und Lehrlinge, weil sie ja nicht ganz so viel konnten wie die Erwachsenen und daher eine Menge zu lernen hatten. Aber sie waren von Anfang an voll in die gesellschaftliche Produktion integriert. Das Kind gehörte zwar zum Haushalt, war aber für den emotionalen Haushalt der Eltern nicht lebensnotwendig. Es wurde manchmal von einer Amme («einer Fremden») gestillt, und später, mit sieben bis vierzehn Jahren, kam es als Lehrling in andere Haushalte. Indem man so die Kinder anderer Leute aufzog, wurden Kinder allgemein nicht zur Privatsache. Es war keine Rede von einem alleinigen Abhängigkeitsverhältnis von den Eltern, die nur für das rein physische Wohlergehen des Kindes verantwortlich waren. Ausschlaggebend war jedoch, daß die Eltern ihre Kinder nicht *brauchten*. Diese wußten einfach von Anfang an, daß *die Welt sie brauchte*, daß sie lebenswichtige Funktionen ausübten – und das macht eben einen Unterschied.

Heute ist es genau umgekehrt. Die Eltern brauchen den Spaß, Kinder zu besitzen, aber die Kinder werden in der Außenwelt nicht gebraucht. Wir halten es für einen Fortschritt, daß es in der Arbeitswelt keinen Bedarf an Kindern mehr gibt, daß wir die Kinderarbeit abgeschafft haben und die Kleinen vor den Fabriken, Kohlenminen und der Fließbandarbeit verschonen. Jetzt fehlt nur noch, die Erwachsenen davor zu verschonen.

Aber solange das nicht geschieht und solange die Kinder nicht in die Welt der Erwachsenen integriert werden, hat diese Welt sich selbst verurteilt. Solange der «Fortschritt» auf Arbeitsprozessen und Transaktionen aufbaut, an denen teilzunehmen Kinder nicht die geringste Möglichkeit haben – und sie verstehen sie überhaupt nicht –, dient der Fortschritt auf längere Sicht nicht mehr den Menschen. Wie der liebe alte Charles Fourier schrieb: «Der Prüfstein muß sein, ob die Arbeit für die Kinder anziehend ist, die eine viel größere Abneigung als ihre Eltern gegen all das empfinden, was gegen die Anregungen der Natur verstößt!»[16] Aber heutzutage sind Kinder überflüssig. Heute werden Kinder geboren, weil die Eltern ein methaphysisches, existentielles Bedürfnis befriedigen müssen. Wäre ich heute Kind, ich würde lieber in eine Kohlenmine gehen, als irgend jemandem seine existentielle Leere auszufüllen. Da dreht man nur durch, und das ist schlimmer, als müde zu werden.

Aber man kann es sich natürlich nicht aussuchen. Fast alle Kinder kommen als Krönung der Zweierbeziehung in der Kernfamilie zur Welt. Das Kind ist oft eine notwendige Voraussetzung dafür, daß ein Verhältnis zwischen zwei Erwachsenen funktioniert. Es schafft das, was – fälschlicherweise – eine Familie genannt wird. Wie zwei junge Leute, die zusammenziehen, eine Menge *Sachen* kaufen, weil die Sachen die intakte Familie symbolisieren, wie sie eine Waschmaschine kaufen, so machen sie auch ein Kind. Das Kind symbolisiert eine Gemeinschaft, eine intakte Familie. Das Kind ist die Existenzberechtigung der Zweierbeziehung, aber – um die Illusion der Familie aufrechtzuerhalten – zugleich deren Geißel. Weder 2,8 noch 3,8 Personen können jemals eine Familie bilden. Das Kind wird einer Idee geopfert, einer Idee, die besagt, daß die Welt sich nicht verändert hat und daß das Familienmuster bis in alle Ewigkeit unveränderlich bleibt. Das Kind soll ein Verhältnis stabilisieren oder ihm neue Bedeutung verleihen. Es breitet den Schleier des Vergessens über die Monotonie der Zweierbeziehung – über die Langeweile. Das Kind wird gemacht, um ein (glückliches) Ereignis herbeizuführen. Das ist einfach, bedarf keiner großen Schöpferkraft. Aber das Ereignis kann das größte im Menschenleben sein. Jetzt fehlen nur noch ein paar Handbücher für Kinder: «Wie überlebt man das Ereignis, ohne den Verstand zu verlieren?»

Das Kind ist – aus welchem Grund auch immer – geboren. Wir sind jetzt Vater und Mutter. Das Kind soll natürlich dort wohnen, wo wir alle wohnen, im Reihenhäuschen oder in der Dreizimmerwohnung mit Küche, Diele, Bad. Nach vierzehn Tagen weiß man schon, daß das Kind sein eignes Zimmer bekommt. Das ist schon vom rein geographischen Gesichtspunkt recht interessant. Papa und Mama werden nämlich – aneinandergeleimt – ungefähr die gleiche Fläche von Quadratmetern bewohnen wie das fünfzig Zentimeter große Kind. Ein Extrazimmer für den neuen Farbfernseher kommt noch dazu.

Von den ersten Tagen nach der Geburt an entsteht ein bemerkenswertes Verhältnis zwischen Eltern und Kind – wahrscheinlich, weil wir einmal eine Menge Leute waren, und jetzt sind wir zum erstenmal allein. Wir haben ein nettes Ereignis inszeniert, das uns von dem Trubel ablenken soll. Und wie merkwürdig ist es auch, die Eltern vor dem stummen Baby zu beobachten: da, da, da ... Zwei erwachsene Menschen ergreifen die nächstbeste Gelegenheit, um sich in die lallende Kindheit zurückzuversetzen, und sind überaus glücklich dabei. Denn es besteht gar kein Zweifel, daß das neue Spielzeug eine Bereicherung für beide darstellt, genau wie der neue Grill, den man berühren und anfassen muß. Eine wunderbare Bereicherung für das Heim. Den Eltern geht es ein bißchen besser. Das Kind hat als selbständiges Individuum keine Funktion, es bestitzt nur eine gewisse Identität und Existenzberechtigung kraft – oder mangels – des elterlichen Verhältnisses. Das Kind ist der Lückenbüßer, ist zu einer Sisyphosarbeit prädestiniert.

Dieses anbetende, voyeuristische Verhältnis von Eltern zu Kind ist nicht nur darauf zurückzuführen, daß sie mit dem Kind allein sind: Es rührt auch daher, daß man, von dem Moment an, wo man sich in Kernfamilien etabliert hatte und in die kapitalistische Produktion eingegangen war, über deren Arbeitsstrukturen es woanders reichlich Literatur gibt, die Kindheit in sich selber tötete. Dem Homo ludens wurde ein für allemal ein Ende gemacht. Ein Erwachsener, der aufgehört hat zu «spielen», erhebt unweigerlich das Kind in eine besonders ausgesuchte, märchenhafte Elfensphäre. Alle Erwachsenen möchten ihrem Kind eine unvergeßlich glückliche Kindheit verpassen, in die sie sich immer wieder zurückziehen können – was die meisten auch tun. Aber jeder Versuch, dem Kind so ein künstliches Paradies zu schaffen, gründet auf die höllisch miese Erfahrung der Eltern mit dem Erwachsensein. Das Kind möchte am allerliebsten erwachsen sein und sich so schnell wie möglich nützlich machen, wenn es nicht schon so neurotisch geworden und zu dem Ergebnis gekommen ist, daß Verstand zu haben sich nicht lohnt. Die Eltern haben dagegen das Bedürfnis, das Kind in sich nostalgisch wiederzuerwecken und damit die ganze unschuldige Kinderzeit, wo die Brust immer in der Nähe war und die gebratenen Tauben einem ins Maul flogen. Aber wie Shulamith Firestone schreibt: «Dieser Mythos von der glücklichen Kindheit befriedigt selbstverständlich nicht so sehr die Kinder wie die Erwachsenen.»[17] Die Kinder ersticken in Spielzeug, Küssen und falscher Rücksichtnahme, «weil sie doch so süß sind». Es läuft nach dem Prinzip der getarnten Unterdrückung oder repressiven Toleranz, wie auch die Frauen es erleben. *Respekt* vor Kindern (und Frauen) ist ein seltsames Phänomen. Es entstand ungefähr zur Zeit der Renaissance. Da brauchte man es auf einmal. Frauen und Kinder hatten nicht länger ganz selbstverständliche Funktionen im öffentlichen Leben, sondern bildeten nach und nach eine gesonderte Gruppe, die von den Aktivitäten der Gesellschaft ausgeschlossen war. So taucht die erste «Kinderkleidung» Ende des 16. Jahrhunderts auf, Spielzeug Ende des 17. Jahrhunderts, und die Kindersprache: «Baby», «da, da», «kille-kille», «tatü, tata», «Wauwau», «Muhkuh», «Quack-Ente» usw. entsteht auf diese Weise mit dem zunehmenden Einfluß der Bourgeoisie. Vor der Bourgeoisie gab es keine Quack-Enten, Wauwaus oder Muhkühe, sondern Enten, Hunde und Kühe – für alle Leute ohne Ausnahme.

«Die Kindheit» wurde zur Ideologie erhoben. Danach unterscheiden Kinder sich nun von Erwachsenen nicht nur altersmäßig, sondern als «Art». Getrennt von den Aufgaben des Lebens, schienen Frauen und Kinder irgendwie «reiner» als die Männer. Sie wurden auf einen Sockel gehoben, von wo aus sie Anspruch auf äußersten Respekt erheben konnten. Auch heute noch werden »Frauen und Kinder» in Verbindung mit Unfällen und Kriegshandlungen in der Presse als eine besonders unschuldige Rasse gesondert erwähnt, die man von den Realitäten dieser Welt fernhalten muß. Das Massaker von My Lai hätte niemals eine so weltweite Resonanz gefunden, wenn es nicht um «Frauen und Kinder» gegangen wäre.

Diese Kindheitsideologie oder Unschuldsphilosophie schrieb den Kindern (diesen kleinen Engeln) allein wegen ihres zarten Alters eine besondere priviligierte Gottesnähe zu. Dies war in Wirklichkeit ein Ausdruck dafür, daß in der Welt der Erwachsenen die Kinder keine konkreten Aufgaben mehr hatten und daß deshalb ihrer bloßen Existenz eine metaphysische Bedeutung beigemessen werden mußte. Dieses Kopfstreicheln hielt die Kinder auf drei Meter Abstand vom Leben, was natürlich auch hieß, daß die Kinderrasse aus asexuellen Wesen bestehen sollte – genauso wie den Frauen die Sexualität fremd zu sein hatte. Denn das Bejahen der kindlichen Sexualität hätte ihren Eintritt in die Erwachsenenwelt beschleunigt, und dieser Übergang mußte um jeden Preis hinausgeschoben werden, da man nicht wußte und immer noch nicht weiß, wozu man die Kinder in der Gesellschaft verwenden sollte. Sie üben weder besondere Funktionen aus, noch besitzen sie juristische Rechte. Und natürlich kommen immer wieder Erwachsene wegen Mißbrauches von Minderjährigen hinter Gitter. Man weigert sich, in den unschuldigen Kindern die Verführer zu sehen, die ohne weiteres aus verschiedenen pervertierten Verhältnissen unbeschadet herauskämen, wenn nur nicht andauernd die panische Angst der Eltern sie traumatisierte. Die Erwachsenen sind es, die die «Reinheit» und «Unschuld» der Kinder brauchen, weil sie selber die Gabe verloren haben, sich mit irgend etwas außerhalb ihrer eigenen Welt zu identifizieren.

Über diese Unschuldsnostalgie unserer Kultur schreibt Jules Henry: «Kinder, oder vielmehr die Idee von Kindern, gehören zu den Wünschen und Hoffnungen der Zivilisation, in denen jede Metaphysik letztlich wurzelt. Hilflosigkeit, Verletzbarkeit, Unschuld, Unverständnis und die Tatsache, unbändigen Wünschen unterworfen zu sein, scheinen in der kindlichen Psyche eingebaut zu sein. (Ungefähr die gleichen Eigenschaften hat die Geschichte den Frauen in unserer Kultur untergeschoben.)

Deswegen brauchen natürlich nicht alle uns selbstverständlich erscheinenden Eigenschaften von allen Leuten anerkannt zu werden.»[18]

Es gibt zum Beispiel Kulturen, die Säuglinge für die reinsten Teufel mit kannibalistischen Neigungen halten. Dort gehört es nicht zum guten Ton, die Kinder zu beschützen. Im Gegenteil geht es darum, diesen widerlichen Monstern die bösen Geister auszutreiben!

Die Auffassung der Erwachsenen von dem Säugling bestimmt automatisch die Entwicklung des Kindes, bis es erwachsen ist. Und das «Unverständnis» des Kindes ist ein ganz fundamentaler Bestandteil unserer Kultur. Das Kind versteht nichts, und diese infantile Stupidität beinhaltet, daß ein Kind niemals etwas Böses tut. Wir trauen dem Säugling auch nicht zu, unsere Motive zu kennen. Und aus dieser Konfrontation mit den Erwachsenen macht der Säugling sich sein Bild von unserer Kultur. So ist die Kindheit nicht nur ein biologisches Stadium, in dem der Organismus sich entwickelt, sondern zugleich auch ein biosoziales Verhältnis, das gewissen Erziehungsprinzipien unterworfen ist. Diese werden von uns nichtsahnend absorbiert, zwingen jedoch das Kind zu einer bestimmten Auffassung von den Erwachsenen. Werden diese Prinzipien außer acht gelassen, sind wir außer uns. Eine Mutter, die ihr Kind in der Argumentation ernst nimmt, bereitet uns Unbehagen: «Was ist denn los mit ihr, sie spricht ja mit ihrem Kind, als ob es alles verstehen würde ...»

Diese Unschuldsmetaphysik ist zur Basis unserer ganzen Ethik geworden. Mit ihrer Hilfe definieren wir auch das Verhältnis zwischen Menschen und Nationen. Begriffe wie «Aggression», «kleine, hilflose Nationen» und «Hilfe für die Entwicklungsländer» sind auf die Unschuldsmetaphysik zurückzuführen. Jahrhundertelang haben wir «die Kleinen» ausgeraubt – «Sie verstehen doch nicht, daß wir ihnen das Gold klauen», oder auch: «Sie können doch nicht damit umgehen». Jetzt aber haben die Großen und Starken Angst, die «kleinen, hilflosen Nationen» würden Atombomben anschaffen, weil man ja nie weiß, ob sie sie auch ordentlich *verwalten* können ...? Versteht sich von selbst, daß «wir ja erwachsen genug sind, um zu wissen, wozu es Atombomben gibt»?

Die Mutter bekommt eine ganz besondere Macht über das Kind, das wiederum von einem Menschen, der normalerweise von der übrigen Welt abgeschnitten ist, total abhängig wird. Kinder erfahren ja etwas über ihren «Platz» im Universum von den Menschen, die sie am Anfang betreuen. Das ist das Fundament für die spätere Entwicklung. Eine Mutter, deren Autorität sich auf das Kinderzimmer beschränkt, wird jedem Ereignis in diesem Kinderzimmer größeren, gefühlsmäßigen Wert beimessen als eine Frau, die auch berufstätig ist, oder als eine Frau, die früher Knechte und Hausangestellte unter sich hatte und damit anerkannte, produktive Prozesse beeinflußte. Die Macht der Mutter besteht unter anderem darin, daß sie ihre Kinder enttäuschen kann, was eher vorkommt als umgekehrt. Sie kann sie manipulieren, kann sie einschüchtern und kann sie schließlich in größerem Maße verändern, als sie sich selber ändern müßte. Hier liegt die Essenz aller Macht. Und vielen Frauen ist die Macht um so anziehender, als sie «geheim» ist.

Aber Macht ist zu gefährlich, als daß man sie den Mächtigen überlassen dürfte. Die traditionelle Mutterrolle soll hier nicht angegriffen werden. Nur kann man heute gar nicht mehr von einer solchen reden, weil die Mutterrolle von anderen sozialen Rollen isoliert worden ist und die Bindung an die Kinder jetzt auf Kosten der Bindungen nach außen geht. Shulamith Firestone schreibt: «Eine Mutter, die ihr Kind töten möchte wegen all dem, was sie für das Kind hat opfern müssen, kann es erst lieben, wenn sie entdeckt, daß es genauso hilflos ist wie sie selber, genauso unterdrückt. Beide von demselben Unterdrücker. Dann kehrt sich ihr Haß nach außen, und die ‹Mutterliebe› entsteht.»[19]

Außerdem ist «die Macht, die das Kind seitens der Mutter erlebt, merkwürdig, weil diese sich aus einer Mischung von Autorität und Hilflosigkeit zusammensetzt. Das Kind kann zum Vater rennen, wenn es von der Mutter ungerecht behandelt wurde. Schlägt aber der Vater das Kind, kann die Mutter ihm nur noch Tee und Sympathie anbieten.»[20]

Die sozial kastrierte Mutter manipuliert das Kind, weil sie das Bedürfnis hat, nicht nur durch andere zu handeln, sondern auch durch andere zu *fühlen*. Dies darf jedoch nicht mit einem Zusammenleben von Menschen aus Neigung verwechselt werden.

Elizabeth Janeway schreibt: «Das Bedürfnis, andere Menschen als Werkzeuge für Handlungen oder Gefühle zu verwenden, wird in der isolierten Familie immer größer.»[21] Viele Frauen betrachten ihre Familie oder andere, an die sie gefühlsmäßig besonders stark gebunden sind, nicht als Menschen, sondern als «Werkzeuge, um rein egoistische Ziele zu erreichen, wozu sie auf ehrliche und direkte Weise außerstande sind. Sie können nämlich nicht mehr selber handeln oder fühlen. So erleben sie die Welt, und so lehren sie ihre Kinder, die Welt zu erleben.»[22]

Aber da ist, nicht zu vergessen, auch noch der Vater. Er kann ja der Misere abhelfen. Das heißt, wenn er gerade da ist. Die Arbeits- und Lebensbedingungen eines Mittelklasse-Kern-Familien-Vaters sind aber so, daß er nicht mehr viel wert ist, wenn er nach Hause kommt.

Während das Kind schon so etwas wie eine Mutter hat, scheint es geradezu *kämpfen* zu müssen, um die Nähe eines Vaters zu erleben. Ein Kampf, der in die unterschiedlichsten taktischen Manöver ausartet: von provokatorischen Protesten bis zu dem verschüchterten Versuch, sich unsichtbar zu machen, um den müden Vater nicht zu irritieren. Die Taktik der kleinen Mädchen besteht meist aus einer erotischen Charme-Offensive. Die Misere ist nur, daß viele Kinder nie lernen, wie sie es anstellen sollen, und dadurch ihren Vater verlieren. Und die Taktik ist nicht erlernbar, weil die Unzugänglichkeit des Vaters sie so rasend und verzweifelt macht. Und dies macht den Vater wiederum nur um so unerreichbarer. Der Mittelklassevater gleicht dem Alligator im Glaskäfig. Wir werfen ihm eine Münze hin in der verzweifelten Hoffnung, daß er reagiert. Und wenn auch nicht alle Kinder von Alligatoreneltern geistesgestört werden, zeigt doch Jules Henry in seinem Buch einen fast organischen Zusammenhang zwischen unzugänglichen, unerreichbaren Vätern und ihren autistischen Kindern auf. Der Vater repräsentiert die autistische Idee durch seine psychische Abwesenheit, und die Reaktion des Kindes ist – ein für allemal –, auch unerreichbar zu werden. Man kann dem Vater nichts vorwerfen, man kann nicht einmal behaupten, er hätte versagt. Die Frage ist nämlich, ob es in unserer Kultur überhaupt möglich ist, Vater zu sein.

Jules Henry formuliert es so: «Wie kann in unserer Kultur ein Mann aus der Mittelklasse ein Familienleben aufbauen? Steuert er nicht vielmehr eine tödliche Karriere an? Heißt Geschäft und Beruf nicht unwillkürlich Geld oder Leben – ein Kampf im Sterben? Niemals wird ein Mann darin geschult, Vater zu sein oder sein Familienleben zu bereichern. Geht es aber darum, ein Fiasko im Geschäftsleben zu vermeiden, erhält er feste Anweisungen. Ich frage mich, wie so ein Mann ein ordentliches Familienleben führen kann ... Da unsere Kultur anscheinend die Trennung des Mittelklassevaters von seinem Kind eher fördert als das Zusammensein, erstaunt mich das Verhältnis zwischen manchen dieser Väter und ihren Kindern. Und obwohl es viele ‹warmherzige, gute› Väter gibt, sind diese unwahrscheinlich.»[23]

So wie der Homo sapiens ein recht unwahrscheinliches Ergebnis aus all den chemischen Prozessen ist, die Leben auf der Erde erzeugten, sind auch all die Faktoren, die nötig sind, um einen *Vater* zu schaffen, eher so, daß ein guter Vater in unserer Kultur unwahrscheinlich erscheinen muß.

Nicht nur die Karriere, sondern genausosehr die «Ideologie» der Kernfamilie – wenn man überhaupt von einer Ideologie reden kann – verhindert das Entstehen guter Väter. Die Karriere und die Kernfamilie sind so eng miteinander verbunden, daß sie sich in den Schwanz beißen. Dieses «Für-die-Familie-Sorgen» wird nämlich für eine hieb- und stichfeste, dazu noch noble Entschuldigung gehalten, Geld an sich zu raffen. Gier ist vielleicht schon eine Sünde, und es macht auch keinen guten Eindruck mehr, wenn man andere Leute ausbeutet oder zu kräftige Ellenbogen hat. Aber wer kann einem Mann den Wunsch vorwerfen, «das Allerbeste für seine Kinder» tun zu wollen? Die Versorgung der Kleinfamilie dient so der Rechtfertigung, ja als Katalysator der psychischen Atomisierung des Mannes, was dann in äußerster Konsequenz jegliches Familienleben verhindert. Es ist erstaunlich, wie sehr materielle Verpflegung und Liebe in unserer Kultur zusammengekettet werden. Wer seine Familie nicht versorgen kann, kann sie auch nicht lieben. Es wird auch ab und zu eingestanden, daß die Familie von Faktoren zusammengehalten wird, die stärker sind als Gemeinsinn und Hingabe, nämlich von der ökonomischen Not – was jede Frau weiß. Begriffe wie «Familienzusammenhalt» und «Geborgenheit» sind Familienklischees, die mal hier, mal dort gebraucht werden. Die meisten Leute haben Schwierigkeiten, zwischen Liebe und Geld zu unterscheiden. Wenn wir jedoch durch das Gerede von der Sicherheit durchstoßen, erblicken wir meist ein fettes Bankkonto, zwei Autos in der Garage und ein Haus mit einem eingezäunten Garten. Unterhält man sich mit einem arbeitslosen Mann oder einer Frau aus einem Slum, sieht die Geborgenheit des Familienlebens schon ganz anders aus.

Ich will nicht behaupten, daß alle Väter und Mütter untauglich sind. Keiner ist gleich, und es gibt viele nette Leute. Nur unterliegen sie alle den gleichen gesellschaftlichen Bedingungen. Und weder die Isolation der Mutter noch der Beruf des Vaters fördern die Liebe, die jetzt zur einzigen Basis für das Heranwachsen der Jugend geworden ist. Und was schlimmer ist: Die Liebe taugt nicht mehr, sie hat sich in ein pädagogi-

sches Programm verwandelt. Jeden Tag bekommen wir in einer Werbe-
sprache zu hören, daß «ein Kind Liebe braucht, um sich geborgen zu
fühlen», oder daß ein anderes Kind «von den Eltern nicht genug Liebe
erhielt» und daraufhin Bankräuber, lesbisch oder schizophren wurde. –
Man ist fast versucht zu sagen: Jude. Liebe und Zärtlichkeit haben die
gleiche Funktion bekommen wie Vitamine, eine Anleitung in Säuglings-
pflege, die passende Universitätsausbildung oder der neueste Film, den
man konsumieren muß. Wenn wir nur reichlich mit Geborgenheit, Wissen und Liebe gefüttert werden, sind wir glücklich – und das Leben ist
risikolos. Wenn das so ist, dann befreit euch von der Liebe. Dann wäre
es mir lieber, ich bekäme eins über den Schädel.

Aber Gott sei Dank kriegen nicht so furchtbar viele Kinder diese Liebe. Denn die Erwachsenen sind durch die Konfrontation mit der Technokratie so machtlos geworden, daß sie nur noch im Umgang mit den
Kindern jemanden erleben, der schwächer ist als sie selbst. Deswegen ist
es ganz normal, daß Eltern ihre Kinder bekämpfen – ohne Absicht natürlich, sondern aus Verzweiflung darüber, daß sie ihren eigentlichen
Unterdrücker nie bekämpfen konnten. Die direkte elterliche Grausamkeit auszumalen, habe ich keinen Anlaß: Mütter, die ihre Kinder in ko-
chendem Wasser baden oder sie mit Kartoffelpüree halb erwürgen usw.
Die Feststellung genügt, daß es in einer Kultur, die dermaßen auf Grausamkeit und Unterdrückung baut und die aus Gründen der reinen Vernunft Soldaten und Jagdpiloten ausbildet, doch reiner Zufall wäre, wenn
Grausamkeit nicht auch innerhalb der eigenen vier Wände der Familie
existierte.

Nicht die Grausamkeit an sich ist das Problem, sondern die Tatsache,
daß sie in Konflikt mit unseren Idealen steht und mit dem Gebot, daß
Eltern ihre Kinder lieben. Der Konflikt trifft besonders die Mittelklasse
und führt zur Heuchelei. Denn die wenigsten Mittelklasseeltern möchten eingestehen, daß sie ihre Kinder nicht lieben. Ich habe Arbeiterel-
tern Steine nach ihren Kindern werfen sehen, aber ich glaube nicht, daß
diese dewegen so viel leiden müssen wie die Mittelklassekinder, die
ständig der Heuchelei ausgesetzt sind. Jules Henry schreibt: «Wenn Eltern ihre Kinder nicht lieben und das durch Vortäuschen von Liebe vertuschen, werden ideale Voraussetzungen für Geisteskrankheit geschaffen ... Will man durch das Leben gehen, ohne zuviel zu leiden, muß
man zu jeder Zeit heucheln können. Das ist der charakteristische We-
senszug der Mittelklasse.»

«Heuchelei», so fährt er fort, «ist der konkrete Ausdruck für verfremdete Verletzbarkeit zwischen Menschen, die nicht auseinander können.
Die Entfremdung in ihrer schmerzhaftesten Form entsteht in dem sozia-

len System der Familie. Zum Beispiel wenn man sich Befriedigung wünscht, aber nicht erreicht, wenn – wie in der Familie – Versöhnung notwendig, die Trennung aber eine Realität ist ... Die Entfremdung setzt sich aus dem Gefühl von Trennung, Machtlosigkeit und Verletzbarkeit zusammen: Man fühlt sich betrogen und weiß, daß man selber betrügt; man fühlt sich verachtet und verachtet wiederum auch selbst. Die Feindseligkeit wird durch Heuchelei überspielt. Heuchelei ist die Fassade der Entfremdung ... Eine Kultur wie die unsere, in der die Fähigkeit zu heucheln dermaßen belohnt wird, muß gezwungenermaßen eine ‹Pathologie der Heuchelei› entwickeln. Deren Symptome sind die Ängste vor der Maske des Nachbarn: ‹Man weiß ja nie, was Frau Meier darüber denkt›. – Das geht bis zur Schizophrenie. Dazwischen befinden sich alle Varianten von elenden Menschen, die nicht wissen, wer oder was sie sind.»[24]

Dies ist, grob gesagt, das psychische Klima in der Kernfamilie, die Ausgangsbasis des Kindes. Wir wissen nicht, was wir mit den Kindern anfangen sollen, aber das ist auch nicht unsere Aufgabe, denn zum Glück verkünden die Pädagogen, daß das Kind frei sein und selbst über sein Leben bestimmen soll. Dann sind wir die Sorge los. Das Kind von heute wechselt von der Phase des lallenden Ereignisses, in der es den Eltern als Abwechslung und Spielzeug dient, direkt in eine Phase über, in der es heißt: «Das mußt du selber wissen, jetzt wo du groß geworden bist.»

Die alte bäuerliche Sippe, von der wir nun bald nichts mehr hören mögen, konnte dem Kind Kontakt anbieten, achtzehn bis zwanzig Menschen, große Flächen zum Bewegen und eine Arbeit, sobald das Kind die ersten Anstalten machte, seine Kräfte auszuprobieren. Die Fähigkeiten des Kindes wurden von Anfang an in den Dienst der Gemeinschaft gestellt, so daß das Kind wenigstens eine Vorstellung davon bekam, wofür es lebte. Sein Schicksal war von der Familie von vornherein bestimmt. Im Laufe der Geschichte haben sich natürlich viele für dieses Schicksal bedankt. Dies führte unter anderem zur Industrialisierung und zur Ausbeutung der Klasse der Lohnabhängigen und reduzierte die Familie zu einem sechzig Quadratmeter großen Schlachtfeld für 3,8 Personen, aber ohne eine zentrale Wertvorstellung.

Das Kind ist ohne Ziel und Zweck geboren, ohne Gemeinschaft, ohne Bewegungsfreiheit oder festes Schicksal. Es stimmt schon, dem Kind werden in der heutigen Gesellschaft so viele Dinge angeboten wie nie zuvor: Kino, interessante Straßen und später die Wissenschaft und Technik. Das Kind hat auch theoretisch die Möglichkeit zu lernen, was seine oder ihre Welt ist. Aber wer er oder sie selbst ist, wird in der Familie gelernt. Die Erfahrung mit der Welt draußen scheint in der Praxis problematisch zu sein, weil die Kinder sie nicht direkt beobachten können. Sie sind auf die Erklärung der Mütter angewiesen, die selbst nicht sehr gut Bescheid wissen. Auch wenn die Väter mithelfen, können die Kinder immer noch nicht auf selbstverständliche Art und Weise etwas über die Arbeitswelt erfahren – über die Welt, in die der Vater jeden Morgen hinausgeschleust wird. Früher spielte sich die ganze Arbeit in der Öffentlichkeit ab: Eine Schmiede, eine Schiffswerft, ein Hof usw. waren die Orte, an denen die Arbeit sowohl ausgeführt als auch demonstriert wurde. Jetzt geschieht die meiste Arbeit «heimlich» – man kann als Kind nicht einfach zu IBM rennen und sich in die technischen Finessen einführen lassen. (Vielleicht weil die Maschinen zu gefährlich sind, aber dann dürfte man sie auch nicht den Erwachsenen überlassen.) Selbst wenn Vater einen für einen Tag mit ins Büro nimmt, bleibt das Erlebnis der Arbeitswelt recht abstrakt. Das Kind ist nicht nur *von* einer Welt, sondern auch *in* einer anderen isoliert. Alle Aufgaben, die einem Kind gestellt werden, beziehen sich ausschließlich auf das Elternhaus: Zimmer aufräumen, Spielzeuge aufheben, spülen, Mülleimer runterbringen usw.

Aber zu einem bestimmten Zeitpunkt wird die Schule aktuell – welch ein Segen. Da freuen sich natürlich die Eltern. Denn wo sollten die Kinder sonst hin? Die Schule von heute entstand gleichzeitig mit der Erfindung der Kindheit und entwickelte sich zu der Institution, die den Kindern ihre Trennung von der Welt der Erwachsenen klarmachen sollte, weil sie ja eine besondere Rasse darstellen. Die Schulen im Mittelalter unterrichteten individuell. Nach dem Lehrlingsprinzip unterrichteten sie in den Fächern, die die Leute brauchten. Und sie waren für Leute aller Altersstufen zugänglich. Die Einrichtung unserer heutigen modernen Schule bedeutet eine systematische Abwertung der Fähigkeiten des Kindes.

Aber auch wenn die Lehrer heutzutage gewaltig schlau sein sollten, und auch wenn die Schulen für viele Kinder dadurch eine positive Funktion haben, daß sie den Kindern die Möglichkeit geben, von zu Hause wegzukommen, so wissen wir ja doch, daß die wichtigste Lernperiode des Kindes in die ersten fünf Jahre fällt. Und in der Zeit ist das Kind meist auf die Kernfamilie angewiesen. Das Kind kann sich das Wissen über die Außenwelt später selbst aneignen, aber wer es selber *ist,* erfährt es innerhalb des intimen Rahmens der Kleinfamilie. Konkretes wird da nicht geboten, weder Arbeit noch Wertvorstellungen. Dafür gibt's emotionelle Bindungen, die ausschließlich und absolut sind – auch wenn sie nicht befriedigt werden können. Die Haltung des Kindes zur phantastischen Außenwelt steht und fällt mit dem Angebot an Aufregung. Die Familie aber weiß meist nur zu erzählen, daß das Bruttosozialprodukt im Laufe von Null Komma nichts auf 2,4 Prozent gestiegen ist. Und davon kann man ja nicht leben. Schließlich und endlich geht es bei der Frage, wozu man da ist, um ein gewisses Glücksgefühl, und hier hat die Kernfamilie nur sich selbst als Modell anzubieten. Dann wundern sich die Mittelklasseeltern, daß das Kind mit dem ganzen Quatsch bricht und vorzieht, Drogen zu nehmen. (Gerade weil wir die Kinder als Lämmer betrachten, weigern wir uns zu glauben, daß Kinder absichtlich rauschgiftsüchtig werden – wiederum eine Unterschätzung der Einsicht und des Verstandes der Kinder.)

Aber war denn die Kindheit in der Kernfamilie wirklich *so* schlimm? Kinder von zwölf Jahren können diese Frage möglicherweise nicht beantworten, weil sie keine anderen Formen der Kindheit kennen und auch keinen anderen Lebensstil. Die Antwort derjenigen, die auf dem 3,8-Personen-Schlachtfeld aufgewachsen sind, ahnen wir erst, wenn sie später die Tür zuknallen und verschwinden.

Dies nennt man Jugendprotest und Generationskonflikt. Aber das stimmt nicht. Die meisten Helden der Jugend sind alt: Marx, Mao, Buddha, Jesus ... Nicht die Alten werden abgelehnt, sondern alle diejenigen, die sich nicht selber die grundlegende Frage ihrer Zeit gestellt haben. Es ist kein Generationskonflikt, sondern Ohnmacht. Inkompetenz und Verdammung einer bestimmten Generation: die der bürgerlichen Mittelklasse. Nicht diejenigen, die abhauten, verursachten den Aufruhr, sondern all die Eltern, die nicht auf ihre eigene Zeit reagierten, die sich alles nur im Fernsehen anschauten. Die Zeit scheint in hohem Grade eher von dumpfen Menschen und deren fehlendem Gefühl für alles, was vor sich geht, als von Aufständischen geprägt zu sein. Genauso waren es vielleicht nicht so sehr die Bürger und Bolschewisten, die die Französische und Russische Revolution auslösten, wie der König und der Zar, die am Revolutionstag in ihre Tagebücher notierten: «Heute ist nichts passiert.» Man nennt es gesellschaftlichen Umsturz. Aber es stimmt nicht. Wenn die jungen Leute zur Tür hinausgehen, kennen sie nicht die Gesellschaft. Sie kennen nur die Kernfamilie. Alle ihren emotionalen und intimen Erlebnisse wurzeln in dieser Minifamilie.

Man wundert sich, daß die Aggressionen auf die Gesellschaft projiziert werden. Aber so haben es die Kinder von ihren Mittelklasseeltern gelernt, die immer die letzten waren, ihre eigene Lebensform in Frage zu stellen. Statt dessen haben sie der Gesellschaft Lebenshilfen abverlangt wie Traubenzuckerinfusionen. Statt auf die Gesellschaft und die Lebensbedingungen, durch die sie verdummt wurden und ihre Kinder verraten haben, zu reagieren, verlangen sie von derselben Gesellschaft verbraucherfreundliche Kinderwagen und Windeln, kinderfreundliche Spielplätze und Pädagogen. Sie haben von der Gesellschaft kinderfreundliches Glück verlangt. *Dabei ist die Kernfamilie an sich die kinderfeindlichste Institution, die eine Zivilisation je hervorgebracht hat.*

Mit dieser Familie hat das Kind gebrochen. Und dieser Bruch und die Feindschaft können sehr weit gehen. In den meisten westlichen Ländern heißt es Krieg. In den USA schießt die Polizei auf Jugendliche. Manchen reicht das nicht einmal. In Europa zeigen die Eltern ihre Kinder bei der Polizei oder in den Krankenhäusern an, wenn sie Drogen finden oder Hasch riechen: «Mein Sohn raucht Haschisch bei dem und dem. Schicken Sie bitte schnell ein paar Leute hin» ... Millionen von Beispielen, Demonstrationen, Barrikaden, vierzehnjährige chronische Alkoholiker. Der Krieg erscheint jeden Tag auf dem Titelblatt der Zeitungen:

«Politiken», 4. März 1973
Treffen mit der Kinderbefreiungsfront: «Die Erwachsenen sind Arschlöcher» ... «Das einzige, was wir den Erwachsenen empfehlen können, ist aufzuhören zu glauben, daß sie die Kinder besitzen, die sie zufälligerweise, einige würden sagen unglücklicherweise produziert haben.»

«Die Erwachsenen bestimmen, wann die Kinder müde sind, wann sie Hunger haben, wann sie schlafen müssen usw. Sie müssen zu bestimmten Zeiten zu Hause sein, so daß sie aus lauter Langeweile völlig ausflippen. Die schlechtesten Jobs gibt es zu Hause: Mülleimer runtertragen, spülen, Kartoffeln schälen.»

«Es ist ja Wahnsinn, erwachsen zu sein. Ausgewachsen. Da kann man ja nicht mehr wachsen. Darüber sind die Erwachsenen sauer, bitter. Welche Zukunftsperspektive» ... Hier spricht die Kinderbefreiungsfront. «Mehr Macht den Kindern!» Frank, Bent, Janne, Michael, Kim und all die anderen Acht- bis Siebzehnjährigen, die ihr Maulwurfdasein unter der Erde führen – ewig auf der Flucht vor der Polizeistreife, den Eltern und der Fürsorge.

Das Ganze gleicht einem Krieg zwischen zwei Welten, zwei Ideologien. Aber die Eltern haben letzten Endes keine Ideologie, und die Kinder wohl auch nicht, selbst wenn es für die Eltern so aussieht. In Wirklichkeit ist alles nur ein Krieg zwischen zwei Personen, dem Lohnempfänger und seinem Kind. Und der einzige Ort, an dem sie sich kennenlernten, war – die Familie.

Der Generationskonflikt ist so alt wie Methusalem und Turgenjew. Aber alle bisherigen Jugendprotestbewegungen der Geschichte waren von dem Willen gekennzeichnet, die Gesellschaft *von innen* zu verändern. Den Alten die Macht abnehmen, na gut, aber Papi und Mami von außen anschießen – das wäre doch absurd. Diese Absurdität ist jetzt erreicht. Heute schlägt das Kind die Tür hinter sich zu und zieht los, um Vater und Mutter zu bekämpfen. Ein apartes Phänomen trotz allem . . .Das Kind greift auf Narkotika, Gewalt, fliegende Teller zurück. Die Form spielt dabei gar keine Rolle. Denn wie sehr das Kind sich auch «danebenbenimmt», es sind alles eindeutige Symptome für das Unvermögen der Kernfamilie, Kinder zu erziehen.

Ich bin schon dafür, Kinder in die Welt zu setzen. Nur ist die Kernfamilie nicht imstande, ihre Kinder mit der Welt vertraut zu machen, weil die ihr selber fremd ist.

Die Kinder der Lohnempfänger sind heute von ihrem ursprünglichen Los, das ihnen eine bäuerliche Gesellschaft auferlegte, befreit worden und haben statt dessen «Freiheit» erhalten. Eine Freiheit jedoch, die nur zu realisieren wäre, wenn wir jeder für sich in kleinen, luftdichten Plastikkabinen wohnen würden. Das Problem ist, daß wir immer noch – mehr oder weniger – zusammen leben. Und die Realität hinter dem Freiheitsbegriff sieht so aus: *anonyme Autoritäten und Mangel an jeglicher Individualität.* Ein Zitat aus dem Brief einer modernen Pädagogin an eine Mutter: «Ole kommt gut zurecht in der Schule. In vielen Fächern steht er gut, aber mit dem Sozialverhalten klappt es nicht so, wie es sein müßte: Er spielt ab und zu mit einem oder zwei Freunden – und ab und zu genießt er es, allein zu sein . . .»

Die meisten Kinder werden sich natürlich nach den Bedingungen der Mittelklasse im Leben zurechtfinden: mit der Heuchelei, der Fassade der Entfremdung, als Schutz. Aber mit einem großen Teil, den besten Leuten, die sich gern öffnen würden, kommt man nicht zurecht. Die sind die «sozialen Verlierer», die sich weigern, auf diese Art und Weise zurechtzukommen. Sie wollten sich nicht anpassen.

Viele Kinder liegen heute ringsherum in den Krankenhäusern im Sterben oder gehen anders zugrunde. Das ist nur der Ausschuß der Kernfamilie, sagt man. So vermeidet man, von Blut zu sprechen, weil sich das ja doch so unheimlich anhört.

Da eine Gesellschaft funktionieren muß – und das soll sie ja wohl –, meine ich, daß man es genausogut lassen könnte, Kinder in die Welt zu setzen. Da die westliche Welt keine Verwendung für ihre Kinder hat, finde ich, sollte man konsequent sein und sie ein für allemal ganz abschaffen. Es wäre auf längere Sicht auch viel billiger . . .

Vergewaltigung

Ich saß mit ein paar Freunden in einer Kneipe. Eigentlich waren wir auf dem Heimweg, aber wir konnten uns nicht richtig dazu aufraffen, nach Hause zu gehen. Der Stuhl neben mir war frei, und ein schwarzhaariger Typ kam zu mir und fragte, ob er sich hinsetzen könne. «Ja, bitte.» Wir fingen an zu plaudern, er und ich, und zehn Minuten später stand ich auf und sagte: «Na, wir müssen weiter …» Erst da merkte der fremde Typ, daß ich nicht allein war, und als er mich mit meinen Freunden hinausgehen sah, trat er wütend nach dem Tischbein und brummte: «Das hättest du ja gleich sagen können!»

Seine Wut war so spontan und sein Treten für mich so verblüffend, daß ich seitdem immer wieder überlegen mußte, was ich bloß «hätte sagen sollen», als er zu mir kam und fragte, ob der Stuhl noch frei war. Auf jeden Fall fühlte er sich ganz sicher betrogen, hintergangen und zum Narren gehalten, weil es so ausgesehen hatte, als sei ich allein gewesen. Aber was hätte ich nur sagen müssen, um dem armen Mann eine solche Niederlage zu ersparen? Etwa: «Der Stuhl ist zwar frei, aber ich habe nicht die Absicht, mit Ihnen zu schlafen?» Er hätte mich doch für total verrückt gehalten: «Diese hysterischen Weiber! Man braucht bloß nach einem freien Platz zu fragen, und sofort bilden sie sich ein, daß …»

Und das stimmt auch. Die Frauen fangen allmählich an, sich etwas einzubilden. Sie reden miteinander, analysieren ihre Beziehungen zu den Männern und vergleichen Erfahrungen, sie fangen an zu verstehen, daß viele von ihren Enttäuschungen und Niederlagen nicht unmittelbar auf die eigene Unzulänglichkeit oder Anatomie zurückzuführen sind. Die Frauen fangen an, daran zu glauben, daß es einige recht grundlegende – wenn auch ungreifbare – Muster in der Verhaltensproblematik der Geschlechter gibt, die auf Vorurteile zurückgehen, und daß es im Moment darum geht, diese zu entmystifizieren, auch wenn es schwierig ist.

Was wir brauchen, das sind die Antworten auf einige ganz einfache Fragen, wie sie zum Beispiel Germaine Greer gestellt hat. Sie beschreibt etwa folgende Situation: Auf einem Fest beklagt sich ein Mann, kein Zimmer für die Nacht zu haben. Eine Frau bietet ihm bei sich ein Extrazimmer mit Bett, Handtuch und Schlafanzug an. Der Mann schleicht sich aber im Laufe der Nacht in ihr Zimmer und dringt gegen ihren Willen in sie ein. Und nach dem Urteil der Öffentlichkeit war diese Frau doch nur darauf aus gewesen.

Das unantastbare Recht der Männer, den Frauen ihr Recht auf Selbstbestimmung abzunehmen, hängt natürlich damit zusammen, daß die Frauen jahrhundertelang davor zurückgeschreckt sind, ihre eigenen Wünsche zu formulieren. Deshalb sind die Männer nie daraus schlau geworden, was die Frauen eigentlich dachten oder träumten. «Was wollen die Frauen?» Freud fand nie eine Antwort auf diese seine berühmte Frage, weil sie nur dazu diente, die weibliche «Natur» noch zusätzlich zu mystifizieren.

Für mich ist die Sache ziemlich einfach. Ich will nur über mein Leben selbst bestimmen und nicht zuletzt darüber, mit wem ich schlafen möchte.

In einem Artikel im Playboy «Seduction is a four-letter word» («Verführung ist ein obszönes Wort», Anm. d. Übers.) definiert Germaine Greer die «Kunst der Verführung» als die legitime Form der verschleierten Vergewaltigung. Falsche Versprechungen, falsche Zärtlichkeit, alles ist erlaubt, wenn es darum geht, ihn reinzukriegen. Auch wenn die Frau keine Lust hat, sie wird sie verdammt noch mal schon kriegen. Dafür wird er schon sorgen.

Das ist die allgemein verbreitete Vorstellung der Männer. Das Wesentliche an der Vergewaltigung liegt meines Erachtens nicht im Grad der angewendeten geistig-physischen Gewalt beim erzwungenen Geschlechtsakt (was das auch sein mag), sondern in dem *Bild von der Frau,* das sich die Männer machen und das Vergewaltigung überhaupt ermöglicht. Eine Frau muß schon tot oder blutig zugerichtet sein, ehe man ihr glaubt, daß sie einer Gewalttat zum Opfer gefallen ist.

Selbst wenn der Fall ganz klar ist, wird man in Amerika einer vergewaltigten Frau davon abraten zu klagen, falls sie ohne psychischen Schaden davonkommen will. Und warum? Nun, weil sie ja vermutlich selbst schuld war. Und hat sie auch noch das Pech, für ihre «erotische Veranlagung» bekannt zu sein, sieht es für sie ganz schwarz aus. Denn dann «kann sie ja nicht so viel dagegen gehabt haben». Lebt die Frau allein ohne Mann, hat sie «aufzupassen». Sollte sie trotzdem belästigt oder vergewaltigt werden, war sie bestimmt leichtsinnig. Sie hätte es ja lassen können, den dunklen Weg allein zu gehen. Sie hätte ja einfach ein Extraschloß an die Tür machen lassen können. Sie hätte es eben lassen müssen, große provozierende Brüste zu haben oder ohne BH zu gehen. Sie hätte es lassen können, über Sexualität offen und verständig zu reden. Sie hätte es lassen können, mit einem Mann essen zu gehen und für sein Geld teure Gerichte auszusuchen. Sie hätte es lassen können, einen Schlafzimmerblick zu haben. Kurz, sie hätte es doch einfach lassen können, Frau zu sein, denn Frauen werden vergewaltigt, wenn sie nicht aufpassen, und wenn sie nicht gerade dabei umkommen, sind sie es selber schuld gewesen.

Es ist eine merkwürdige Angst, mit der Frauen leben müssen; merkwürdig, weil sie unfaßbar ist und weil unsere Kultur so genital fixiert ist, daß die verschleierten Vergewaltigungen gar nicht mitgezählt werden. Nur der sexuelle Aspekt der Sache regt die Leute auf. Die Entfremdung hat nämlich zur Folge, daß das Ich-Gefühl der meisten Menschen so zerrüttet ist, daß sie sich gar nicht mehr über die Menschenverachtung, den Frauenhaß und den Hohn auf das Selbstbestimmungsrecht empören, dem ein vergewaltigter Mensch ausschließlich wegen seines weiblichen Geschlechts ausgesetzt ist. Es ist nicht besonders sensationell, vergewaltigt zu werden, es ist nur peinlich.

Eine regnerische Nacht in Amsterdam. Ich finde nicht den Weg nach Hause und traue mich nicht stehenzubleiben, um auf die Karte zu gukken. Denn sonst kommt sofort ein Mann angeschlichen, um zu helfen. Erzähle ich ihm dann, wo ich hin muß, dann war ich selber schuld ... Schuld daran, daß er mir folgt, und schuld an den weiteren Folgen. Und deswegen gehe ich einfach in irgendeine Richtung weiter, ich weiß nicht, wohin, denn ich bin gezwungen, mit gesenktem oder weit in die Ferne gerichtetem Blick zu gehen. Denn wenn ich, um mich zu orientieren, konzentriert geradeaus gucke und ein Mann kommt in mein Blickfeld, war ich selber schuld. «Hallo, Liebling» ... Nun, davon wird man schon nicht sterben, aber der erniedrigende und höhnische Ton bedeutet in Wirklichkeit: «Kann man nicht so einen netten Käfer wie dich kriegen?» Und wenn ich nicht antworte, heißt es im gleichen Atemzug: «So ein zickiges Weib.» Ich bin wirklich nicht herausfordernd angezogen: Ein langes Kleid wie ein Zelt und ein Tuch um den Kopf. Aber ich laufe nachts allein herum, und dann bin ich an den Aggressionen selber schuld. Die Aggressionen sind «natürlich». «Unnatürlich» ist es, nachts allein durch den Regen zu gehen. Wenn die Dame nicht angesprochen werden möchte, soll sie doch zu Hause bleiben.

Natürlich habe ich Verfolgungsangst. Aber wenn ich mich entspanne und mir's scheißegal ist und die Leute im Vorbeigehen normal anschaue, kommen die Obszönitäten. Mir geschieht recht. Meine Schuhe schlappen in den Regenpfützen, weil die Riemen runtergerutscht sind, aber ich traue mich nicht, stehenzubleiben und mich zu bücken, um sie wieder in Ordnung zu bringen, weil es als eine Einladung aufgefaßt würde. Als ich am Kanal die Straße überquere, laufe ich direkt vor ein Auto, weil ich nicht zurückzuschauen wage. Denn ich habe Schritte vernommen. Ich habe Angst, der Mann könnte in mein Blickfeld kommen, weil dann ...

Es liegt mir gar nicht, mich verfolgt zu fühlen. Aber ich fühle auch, daß ich nachts auf der Straße nicht ich selbst bin. Ich gehe als Geschlecht und nicht als Person – und als ein Geschlecht, das, wenn es Unannehmlichkeiten vermeiden möchte, dort nicht gehen sollte. Mein Geschlecht gehört einer niedrigen Kaste an, das spüre ich ganz deutlich. In Indien ist es – oder war es – so, daß, wenn der Schatten einer Person aus einer niedrigeren Kaste auf den einer Person aus einer höheren Kaste fiel, die Person aus der höheren Kaste das Recht bekam, den anderen hinzurichten. Denn die Person aus der niedrigeren Kaste war ja selber schuld, genau wie ich selber schuld bin, wenn ein Mann in mein Blickfeld kommt.

Vor lauter Müdigkeit und weil ich nicht stehenzubleiben wage, um mich zu orientieren, ob ich nach rechts oder links muß, verlaufe ich mich und fange an zu weinen. Und ich weine auch aus Wut über die Regeln des Geschlechterspiels, denen ich mich, um grobe Belästigungen zu vermeiden, unterwerfen muß. Die zivilisierte Männergesellschaft hält sich folgendes zugute: Eine Frau, die den von der Männergesellschaft erstellten Regeln folgt, wird gleichsam zur Belohnung nicht belästigt oder vergewaltigt werden. Die Kehrseite: Wird sie belästigt, ist das die Strafe dafür, daß sie sich nicht ordentlich benommen hat.

Sagt ein Fremder zu mir: «Tag, schreckliches Wetter heute abend», ist es für mich nur natürlich, ihm auch einen «guten Abend» zu wünschen. Selbstverständlich würde ich mich aber nicht im Traum ebenso natürlich nachts auf Amsterdams Straßen verhalten. Ich laufe, wie es sich gehört, gesenkten Blickes, um nicht angesprochen zu werden.

«Nun, bleib mal auf dem Teppich, Puppe! Was ist denn daran so gefährlich, angesprochen zu werden? Bist du etwa aus Porzellan?»

Das «Gefährliche» ist, daß es mir unnatürlich erscheint, nicht zu antworten. Tue ich es aber, lade ich zu einem «Dialog» ein, der sich ganz und gar nach seinen Bedingungen entwickelt. Das heißt, daß ich sie entweder akzeptieren (also mit ihm gehen) oder offen aggressiv werden muß, um seinen versteckten Angriffen Paroli zu bieten: «Na, gehst du auf den Strich, Kleine, und sogar umsonst, dann kann verdammt noch mal nicht sehr viel an dir dran sein.» Aber dieser Männerjargon gefällt mir nicht. Außerdem bin ich ein freundlicher Mensch, und das möchte ich auch bleiben. Wenn ich statt dessen antworte: «Ja, es ist wirklich ein unfreundlicher Abend», dann heißt das (in den klassischen Situationen), daß *ich* gezwungen bin, *ihm* eine Erklärung dafür zu geben, warum ich nicht mit ihm *schlafen* möchte. Er hat die Situation herbeigeführt und indirekt seine Bedingungen klargemacht, die mein weiteres Benehmen und meine Reaktionen diktieren. Ich kann nur *reagieren*. Deshalb muß ich nun eine Erklärung bringen, die *er* akzeptieren kann. Eine Erklärung dafür, warum ich nicht bumsen möchte, wenn ich schon guten Tag oder «der Stuhl ist noch frei» gesagt habe.

Das ist so, wie wenn man dir die Uhr stiehlt und dich dann zwingt, die Uhrzeit genau auf die Minute zu sagen.

Ich sehe keinen Sinn mehr darin. Es ist jedoch die öffentliche Meinung, und die ungeschriebenen, aber öffentlich anerkannten Gesetze diktieren unser Verhalten viel mehr als die Gesetzbücher. Schriftlich haben wir: «Du sollst nicht begehren deines Nächsten Weib.» Das ungeschriebene, viel wirksamere Gesetz richtet sich jedoch an die Frau: «Es ist *deine* Aufgabe, dafür zu sorgen, von deinem Nachbarn nicht begehrt zu werden.» (Sonst wirst du die Liebe zu spüren bekommen, und das möchtest du sicher nicht.)

Wenn man nun aber das verschlüsselte: «Tag, schreckliches Wetter heute abend» zu entmystifizieren und zu entziffern versucht und wenn man nicht verschlüsselt, sondern im Klartext antwortet, nämlich: «Ja, es ist ein häßlicher Abend, aber ich möchte nicht mit Ihnen schlafen», dann hört es sich so verrückt an, daß man selber verrückt werden könnte. Eine Frau aber, die nicht «guten Abend» sagen kann, ohne ihre Freiheit zu riskieren, ist nicht frei. Ein Mann, der nicht «guten Abend» sagen kann, ohne seine Genitalien im Sinn zu haben, übrigens auch nicht.

Während ich so durch den Regen lief und gegen die ungeschriebenen Gesetze wetterte, fuhr ein Auto von hinten ganz nah an mich heran. Ein Mann steckte den Kopf zum Fenster heraus und meldete, daß es regne (und bot mir einen Lift an), worauf ich jetzt mutig antwortete: «Ja, Sie haben vollkommen recht, es regnet.» Dann richtete ich meinen Blick hochmütig in die Ferne und raste weiter. Der Mann ließ jedoch nicht locker und fuhr immer hinter mir her und rief: «Es regnet.» Sein Wetterbericht sagte mir nichts Neues, ich war ja völlig durchnäßt. Ich war wütend, das ungeschriebene Gesetz akzeptieren zu müssen, nach dem man sich nachts nicht in das Auto eines fremden Mannes setzen kann. Es sei denn, man nimmt seine Bedingungen in Kauf oder riskiert, ihn treten, schlagen oder ihm ins Gesicht spucken zu müssen. Keine sehr verlockenden Alternativen. Emmanuelles Geschichte spukte in meinem Kopf herum – die Geschichte, die in der Zeitschrift «Partisans» erschien:

Eines Abends gegen acht ging Emmanuelle auf der Rue du Four zur Metro. Sie war auf dem Weg nach Hause. Als sie die Straße überquert, erblickt sie auf der anderen Seite der Straße einen Mann (bürgerlich angezogen, vom Typ her Jurastudent, mit Goldrandbrille), der sie mit den Augen mißt, auf sie wartet und sie abfängt: «Entschuldigen Sie, Fräulein, schönes Wetter heute abend, wie wäre es mit einer Tasse Kaffee?

Vorsicht, Fräulein, wenn Sie so schnell gehen, fallen Sie nur hin» usw. Er folgt ihr ...

Es wäre gar kein Problem, auf der Straße angesprochen zu werden, wenn die Beziehungen zwischen den Geschlechtern anders wären. Aber im Moment ist Straßenkontakt nicht «eine Form wie jede andere», Bekanntschaften zu machen, sondern eine Form, die Frauen a priori zum Objekt macht. Den meisten Männern, die nach einer Frau grapschen, ist es vollkommen egal, ob sie auch nur irgendwie zu erkennen gegeben hat, mit ihm sprechen zu wollen – oder ob sie ihn überhaupt *wahrgenommen* hat. Oft spricht ein Mann eine Frau an, ohne überhaupt ihr Gesicht gesehen zu haben, indem er ihr von *hinten* zuruft, um mit ihrem Arsch ins Gespräch zu kommen.

Der Mann (sein Name ist Marc – das nur als Warnung) besteht darauf, mit ihr einen Kaffee zu trinken. Die Stärke seiner Überredungskünste trifft sich mit ihrem Gefühl der Einsamkeit. So nimmt sie zuletzt das Angebot an. Sie merkt plötzlich, daß sie im Grunde Lust dazu hat, mit irgend jemandem zu quatschen, ja mit jedermann. Aber jetzt hilft kein Bitten mehr, wer A sagt ... Er kennt ein Café «etwas weiter weg», und am Ende stehen sie doch vor seinem Auto. Er öffnet «galant» die Autotür, ohne zu fragen, ob sie mitkommen möchte. Sie *braucht* sich ja theoretisch nicht in das Auto zu setzen, aber Frauen sind diese kleinen Pressionen so gewöhnt, daß sie gar nicht darüber nachdenken. Indem er die Autotür öffnet und automatisch von ihr erwartet, daß sie sich hineinsetzt, ohne sie zuerst gefragt zu haben, tastet er ihr Recht auf Selbstbestimmung an. Es ist eine Geste, die sich nicht *wesentlich,* sondern nur graduell von der Vergewaltigung unterscheidet. Man kann tatsächlich nicht behaupten, daß sie sich frei entscheiden könne. Denn wenn sie sich nicht traut, sein Angebot abzulehnen, heißt das nur, daß die Ablehnung für sie ein Risiko bedeutet. Nämlich das Risiko, daß er ihre Ablehnung nicht akzeptiert, also auch nicht ihre freie Wahl, sich ihre Begleitung auszusuchen. Also auch nicht ihre Freiheit. Tatsächlich ist sie nicht frei.

Zuerst protestiert sie: «Nein, lassen Sie uns ein Café hier in der Nähe suchen, das ist einfacher» usw. Sie gibt vor, daß das Auto in der gegebenen Situation nur unpraktisch ist. Dadurch aber, daß sie nicht den eigentlichen Grund erwähnt, akzeptiert sie ganz spontan gewisse soziale Spielregeln. Wenn sie das Auto für «unpraktisch» erklärt, greift sie in Wirklichkeit auf eine verschlüsselte Sprache, einen Code zurück, die der Mann sehr gut versteht. Und er antwortet: «Sie werden doch wohl nicht behaupten, daß Sie Angst haben; meinen Sie vielleicht, ich habe vor, Sie aufzufressen?»

Durch die Rekonstruktion der Vergewaltigung wird aber ganz klar,

90

daß der Mann, von dem Moment an, wo er sie abfing, an nichts anderes gedacht hat, als sie «aufzufressen». Aber auch er bedient sich des Codes, der offenbar ein Antasten ihrer Freiheit ausschließt, im Grunde jedoch ihre Vergewaltigung prophezeit. Emmanunelle hat Angst davor – und das mit gutem Grund –, daß ihr Einsteigen ins Auto als eine sexuelle Einladung gedeutet wird oder vielmehr daß er *so tut,* als wäre es eine Einladung, um leichter eine eventuelle sexuelle Aggression rechtfertigen oder ableugnen zu können. Ihre Furcht basiert auf der sozialen Übereinkunft, die Frauen nie als Opfer, sondern als Mitschuldige zu betrachten. Diese Übereinkunft bestreitet, daß Frauen per Definition sexuelle Objekte sind. Umgekehrt benutzen die Männer oft die Illusion von der Freiheit der Frau zu weiteren Erpressungen, um sie bei der Stange zu halten. In Emmanuelles Fall sieht das so aus: Der Jurastudent macht ihre Furcht davor, als Sexualobjekt angesehen zu werden, lächerlich. «Ich fresse Sie doch nicht», das heißt: «Nur kleine Mädchen haben Angst. Du bist doch, als freie und reife Frau, zu groß, um an den ‹guten Onkel› zu glauben. Wenn du nicht in das Auto steigst, vergewaltigst du deine eigene Freiheit, indem du dich von überholten, stupiden Tabus beeinflussen läßt» usw.

Emmanuelle ist, wie andere Frauen in der gleichen Situation, «die Schuldige»: Wehrt sie sich dagegen, eine zufällige Verbindung einzugehen, ist sie «kleinbürgerlich und spießig», wird sie Opfer einer zufälligen Verbindung, ist sie schuldig: Sie hätte ja aufpassen können. Also greift der Jurastudent Emmanuelles Naivität zweimal an: vor der Vergewaltigung, weil sie zögert, mit ihm zu fahren. Und nach der Vergewaltigung, weil sie es hätte lassen sollen.

Es gibt kaum einen schlimmeren Rassismus als den Sexismus, weil er die Hälfte der Bevölkerung betrifft, die erniedrigt, terrorisiert und erpreßt wird und der wegen ihrer «Farbe» ihr elementares Recht auf Selbstbestimmung vorenthalten wird. Und der Sexismus ist besonders empörend, weil er sich durch eine verschlüsselte Sprache ausdrückt und dadurch stillschweigend vorausgesetzte Spielregeln zwischen den Geschlechtern, die nur durch ihre Übertretung entmystifiziert werden können.

Emmanuelle stieg ins Auto, weil sie einsam war, aber sicher auch deshalb, weil sie frei sein *wollte* oder so tun als ob. In dem Moment entschloß sie sich, die soziale Übereinkunft zu mißachten, die es einem verbietet, sich mit der Aussicht auf eine Tasse Kaffee in das Auto eines fremden Mannes hineinzusetzen.

Plötzlich biegt er auf die Autobahn ein.

«Was in aller Welt . . .?»

Er kennt «ein Café in der Nähe ...»

Er stellt ihr verschiedene Fragen sexueller Art. Am Anfang stört es sie nicht, aber dann geht er zu direkten Sauereien über. – Wieder eine sexuelle Aggression, die sich im Wesen nicht von der Vergewaltigung unterscheidet und die Emmanuelle zwingt, eine für ihn akzeptable Erklärung abzugeben, warum sie seine Fragen nicht beantworten möchte.

Sie möchte aussteigen. Es ist zu spät, sagt er. «Wir sind gleich da.»

Emmanuelle weiß jetzt, daß er nicht vorhat, sie in Ruhe zu lassen. Aber an eine direkte Vergewaltigung denkt sie noch nicht.

Endlich hält er vor einem ziemlich einsam gelegenen Haus. Sie folgt ihm ins Haus und bittet ihn, sie zurückzubringen. (Wie naiv von der kleinen Emmanuelle! Sie hat verdient, was sie erwartet ...) Er legt eine Platte auf, gießt Whisky ein und legt – geradezu klassisch – die Hand auf ihr Knie.

Sie – genauso klassisch – schiebt sie wieder weg.

«Warum willst du nicht?» fragt der Typ. «Magst du denn nicht flirten?» fragt dieses Exemplar.

«Nee, das hatte ich nicht vor», antwortete sie «blöde», weil natürlich sofort die klassische Antwort kommt: «Ja, aber dann hättest du doch nicht mitzukommen brauchen.»

Emmanuelle kriegt einen Wutanfall, und der Jurastudent entfernt für einen Moment die Pranken und versucht, sie zu beruhigen: «Ja, aber deswegen können wir es uns doch trotzdem gemütlich machen. Komm, setz dich hier auf das Bett.»

Emmanuelle setzt sich demonstrativ auf das Bett. Sie weiß, daß es dumm ist, aber ich verstehe sie. Es ist wie eine magische Handlung, wie um dem Schicksal zu trotzen. Vielleicht rechnet sie auch damit, sein Machtgefühl dämpfen zu können, wenn sie ihre Angst versteckt.

Aber er hat sich doch längst zu seinem Vorhaben entschlossen, und in Wirklichkeit ist alles, was sie von nun an denkt, fühlt oder tut, völlig unwichtig.

In dem Moment, wo sie auf dem Bett sitzt, fällt er über sie her und versucht mit aller Gewalt seinen Mund auf ihren zu pressen. Er will sie nämlich küssen. Das ist natürlich eine wahnsinnig groteske Geste, aber der Mann ist sich wahrscheinlich gar nicht bewußt, wie sehr er Frauen verachtet. Emmanuelle versucht, sich loszureißen. Da er sie aber mit Gewalt festhält und immer noch versucht, sie zu küssen, beißt sie ihm in den Daumen. Der Mann steht wütend und gekränkt auf und starrt auf seinen blutenden Daumen.

«Du kleines Biest, was ist denn mit dir los?»

Sie erklärt (!) ihm, daß sie nur versucht hat, sich zu verteidigen. Ein weiteres Beispiel für den Code, der dem Aggressor das Recht zugesteht, eine Erklärung dafür zu verlangen, warum die Aggression nicht zu akzeptieren ist.

«Dazu hast du doch kein Recht!» antwortet er. «Ich habe dir doch nichts getan, schließlich habe ich dir nicht weh getan . . .»

Er sitzt da, jammert über seinen Daumen und lutscht ein bißchen daran, während er mit der anderen Hand anfängt, sie auf den Kopf zu hauen: «So, mein Püppchen, bloß keinen Widerstand, sonst wirst du die Liebe zu spüren kriegen, denn hier bestimmt der Papi.»

Demonstrativ untermauert er seine Persönlichkeit mit einem Kinnhaken: «Jetzt tue, was ich dir sage, denn ich könnte dir ohne weiteres mit dieser Zigarette die Wange durchbrennen oder dir ein Schlafmittel verpassen, ich bin nämlich hier der Stärkere.»

Emmanuelle fängt an zu weinen.

Der Jurastudent macht ihr klar, daß Heulen hier nichts nützt. Emmanuelle nimmt sich zusammen und versucht, ihm in ihrer Verzweiflung moralisch zuzureden, um ihm zu erklären, daß es kein Genuß ist, sich mit einer Frau auf diese Weise «zu lieben». (Man merke sich das interessante Phänomen, daß die Frau sich so weit bringen läßt, sich sogar bemüht, die Vergewaltigung aus der Sicht *des Mannes* zu betrachten und *seine* Interessen abzuwägen, um ihn von der Vergewaltigung abzubringen.)

Das hilft aber alles nichts, denn unser junger Jurastudent hatte sich doch von Anfang an dazu entschlossen, sie zu kriegen. Und da Emmanuelle keine Lust hat, voller blauer Flecke oder mit anderen Souvenirs eines Kampfes nach Hause zu kommen, und da sie aus Angst nicht riskiert, ihn noch weiter zu reizen, gibt sie nach (das kleine liederliche Luder).

Das Anliegen des Jurastudenten dauert dreißig Sekunden.

Emmanuelle hat die Geschichte erzählt und niedergeschrieben, und viele Männer haben sie allen Ernstes gefragt, ob sie dabei einen Orgasmus erlebt hat. Offensichtlich können die meisten Männer nicht zwischen Vergewaltigung und Liebe unterscheiden. Und dies gilt für all die Männer, die bei einer Frau, die keine Lust hat, eine Erektion erleben, und für all die Männer, die sich über frigide Ehefrauen beklagen und ihnen gleichzeitig den Respekt für die «eheliche Pflicht» abpressen. Alle Frauen, die um des Hausfriedens Willen Geschlechtsverkehr dulden, sind Opfer der Vergewaltigung.

Und alle unsere Großmütter, die es einfach «mit sich geschehen ließen», sind im Grunde ihr ganzes Leben lang mit Gewalt genommen worden.

Diese Tatsache wird dadurch bestätigt, daß wir jetzt ein paar Generationen von Männern haben, die sich des Gewaltsyndroms bewußt geworden sind. Sie kompensieren, indem sie die ganze Zeit *fragen,* wie es die Frau gern hätte. Dies ist eine sehr aparte Rücksichtnahme, die aber zu verstehen ist. Sie rührt daher, daß die meisten Männer von der Frau und ihrem eigenen Feminismus – das heißt von sich selbst und ihrem eigenen Geschlechtstrieb überhaupt – entfremdet sind, daß sie (mit den besten Intentionen) die ganze Zeit fragen müssen, wie sie es nun am besten anstellen sollen. Als ob es darum ging, das Geheimnis irgendeiner chinesischen Schachtel herauszufinden. Sie brauchen dauernd die Bestätigung dafür, daß «die Ausführung zufriedenstellend» ist. Aber Erotik ist keine Sache von Glauben, sondern von Wissen. Nicht von Können, sondern von Sein. Die erotischen Folgen der patriarchalischen Kultur haben beide Geschlechter voneinander und von ihrem Geschlechtstrieb (das heißt von sich selber) dermaßen entfremdet, daß sie sich das Leben lang gegenseitig fragen müssen, ob es wohl auch so gut ist. Hier wäre die einzige logische Antwort: «Das wirst du doch wohl selbst am besten wissen.»

Die nicht entfremdete Erotik braucht keine «Stellung». Sie existiert vielmehr in der freien Beweglichkeit und Gewichtslosigkeit im Raume, die zur vollkommenen Einsicht ineinander führt. – Das ist ja gerade das Gute daran. Und man braucht einander nicht fünf Jahre lang zu kennen. Fünf Minuten reichen und können phantastisch sein. Deswegen wurde die Erotik ja überhaupt erfunden. Aber alles andere – von der Vergewaltigung bis zum pädagogischen Sex – ist entfremdete Erotik. Die Motive der Sexpädagogen – das Beste aus der schlimmstmöglichen Kultur zu machen – verdienen jedoch noch mehr Vertrauen als die miserable Theorie, daß wir einander töten müssen, um zu lieben. Trotzdem liegt es auf der Hand, daß wir uns nicht die Wiedervereinigung mit uns selbst und mit dem Geschlechtstrieb anlesen können – mit einem Geschlechtstrieb, der sich doch hoffentlich irgendwo in der Erossphäre befindet und zitternd darauf wartet, daß wir ihn eines Tages entdecken.

Aber zurück zu unserem Heldenepos: Nach dem Höhepunkt der Vergewaltigung ist der Jurastudent traurig und enttäuscht, weil er nach mehreren interessanten Nachfragen erfährt, daß es nicht der *allerbeste* Beischlaf war, den das Opfer je erlebt hat. – «Fandst du es wirklich nicht schön?» staunt Marc. Und er besitzt die große Frechheit, sie auch noch zu fragen, ob sie keine Lust habe, bei ihm zu schlafen, nachdem sie vorsichtig den Wunsch geäußert hat, zu gehen. – Wieder einmal so ein Code, der die Vergewaltigung verleugnen soll.

Emmanuelle hat natürlich die größte Lust, auf ihn loszugehen und ihm ins Gesicht zu spucken, aber als Opfer des Gesetzes des Stärkeren unterdrückt sie ihre Aggressionen.

Auf dem Heimweg lobt der Jurastudent sich selbst: Er sei auf jeden Fall anständig genug, sie nach Hause zu fahren. Niemand könne von ihm behaupten, er sei kein Gentleman. Er beklagt allerhöflichst die Tatsache, daß sie nicht mit dem Verlauf der Dinge zufrieden gewesen sei. Denn alle seine früheren Begegnungen mit Frauen, die auf die gleiche Weise zustande kamen, seien zu voller Zufriedenheit verlaufen. Die meisten Frauen würden seine «Art» akzeptieren, ja, «sie mögen es», berichtet er.

Als Emmanuelle aus dem Auto steigt, ist sie so gelähmt, daß sie nicht einmal mehr die Tür zuknallen kann.

In Usbekistan traf ich einen schönen Mann, eine Kreuzung zwischen einem persischen Prinzen und einem Boxer. Ihm verdankte ich verschiedene Kontakte für Interviews. Eines Tages schenkte er mir mitten auf dem Karl-Marx-Prospekt eine Apfelsine, und ich setzte mich mit ihm auf eine Bank und fraß sie auf. Er hatte die allerblausten blauen Augen. Man konnte fast in sie hineinschwimmen, was ich auch sofort machte – mit dem Resultat, daß ich ganz schön ins Schwimmen kam.

Ich weiß nicht, ob es Gottes Absicht ist, daß die Erniedrigten auch vergewaltigt werden sollen, die sozialen Verlierer mit jedem Schritt noch mehr verlieren und diejenigen mit der langweiligsten Arbeit den kleinsten Lohn bekommen. Dagegen kommt Geld zu Geld. Wenn aber Gott uns so auslacht, dann ist es nur gerecht, wenn wir hin und wieder ein bißchen zurücklachen.

Meine eigene Vergewaltigungsgeschichte, die einen Titel wie «Der Dornenweg der Erniedrigung» verdient hätte, hat den Charakter eines moralischen Lehrstückes in zehn Akten.

I. Akt

Das erste Gebot ist ganz einfach und lautet: Du sollst nicht in Sowjetasien allein reisen und die Apfelsine eines fremden Mannes essen, wenn du nicht vergewaltigt werden möchtest.

II. Akt

Der junge Mann mit den blauen Augen, der Prinz, lädt mich zum Mittagessen in einer Kantine ein und sagt, daß er mir ein Gute-Nacht-Küßchen geben möchte. Das freut mich. Er möchte aber nicht mit auf mein Hotelzimmer, denn dort sitzt auf jeder Etage eine Babuschka und hält Volkszählung, was ihn nervös macht (wegen seiner Karriere). Er hat

Angst, «entdeckt» zu werden. Na ja. Als Ausländerin, meine ich, muß ich in einer solchen Situation auf seine Karriere Rücksicht nehmen. Er schlägt einen Spaziergang vor und kauft mir eine Rose hinten an der Ekke. Vor Taschkents Parteigebäude aus Zement mit braunen Ölporträts von den berühmten Persönlichkeiten des Landes ist ein Park voller Leninstatuen. Lenin, der eine Katze streichelt, Lenin, der einem Jungen einen Apfel reicht (nach der Revolution sind die Äpfel viel größer geworden) usw. Es wird allmählich dunkel, und ich entdecke, daß es hinter den Büschen raschelt und rumort. Die Leute krabbeln raus und rein und bürsten die Blätter von den Kleidern. Nun, stelle ich fest, in Taschkent geht es also hier vor sich.

Ihre Wohnungen sind zu klein und überfüllt, und deswegen legt man so viele Parks an. Die Reklamebroschüren über Taschkent werben mit den meisten Volksparks in der ganzen Welt, und es ist doch anzunehmen, daß vernünftige Köpfe sie als Kompensation für die engen Wohnverhältnisse eingerichtet haben. Die Leute gehen in den Park, um zusammenzusein. Und das tue ich auch. (Kleines naives Luder.)

Merke: Du sollst nicht mit einem Mann in einen Park gehen, wenn du nicht vergewaltigt werden möchtest.

III. Akt
Unter einem Busch im Dunkeln liege ich auf dem Bauch des Mannes mit den blauen Augen und lasse seine Männlichkeit in meinen Mund gleiten. Zwischendurch flüstere ich «moj golubtjik», weil es das einzige Kosewort ist, das mir einfällt. Es gefällt ihm aber gut, «mein kleines Täubchen» zu sein, ja ich muß gestehen, daß wir überhaupt so ziemlich in den Wolken schweben.

Merke: Du sollst nicht in den Wolken schweben, wenn du nicht vergewaltigt werden möchtest.

IV. Akt
Denn plötzlich sind wir von Stiefeln umstellt, und in den Stiefeln sind Männer, die laut rufen und die mit kleinen Trillerpfeifen noch mehr Männer mit Stiefeln und Trillerpfeifen herbeilocken. Ich glaube, sie fragen, was wir hier machen. Aber ich weigere mich, dumme Fragen zu beantworten, und bleibe wie der Vogel Strauß mit geschlossenen Augen liegen und verstecke mich in seinem Bauch. Ich behalte natürlich sein Geschlecht in meinem Mund, weil es sich meiner Meinung nach nicht ziemt, seine Blöße für Außenstehende zur Schau zu stellen, oder vielmehr weil ich nicht weiß, was ich machen soll. Und deshalb bleibe ich in derselben Stellung liegen.

Die Polizisten treten uns, so daß wir gezwungen sind, aufzustehen.

Ich schmeiße meine Strumpfhose in einen Baum, weil ich zu schamhaft bin, im Beisein von zehn Polizisten Hosen anzuziehen. Danach kommt es zu großem Palaver zwischen den zehn bis zwölf Polizisten und dem blauäugigen Mann. In usbekisch aber, einem türkischen Dialekt, den ich nicht verstehe. Ich giere nach einer Zigarette, aber dann fällt mir ein, wie oft ich zu hören bekommen habe, daß «ordentliche» Mädchen in diesem Land nicht rauchen. Und gerade jetzt werde ich mich doch wohl «ordentlich» benehmen müssen ... Ein ekelhafter, kleiner Polizist in Zivil, ein kleiner, dämlicher Typ, schwänzelt hinterhältig grinsend um mich herum und zieht mir an den Brustwarzen. Leider kann ich ja nicht die Polizei rufen. Ich stehe nur da und stelle fest, daß er an mir fummelt. Ich bin empört, ich koche, bin aber außerstande zu reagieren, da er so tut, als wäre es sein gutes Recht.

Merke: Wenn dir jemand an den Brustwarzen zieht, bist du selber schuld.

V. Akt

Der Mann mit den blauen Augen zieht mich zur Seite und flüstert mir zu, daß wir ins Gefängnis müssen und daß ich bloß nicht verraten darf, wer ich bin, wenn sie anfangen, mich auszufragen.

«Und wer bin ich denn?» frage ich neugierig.

«Sag, du wärst aus Riga.»

Seinem Eifer entnehme ich, wie wichtig es ist, daß ich mich nicht zu erkennen gebe, verstehe aber in der Verwirrung nicht, warum.

Denn jetzt gerate ich doch in Panik: «Denn wer bin ich, wenn ich nicht ich selber bin? Es reicht ja nicht einfach, aus Riga zu sein. Wie ist denn ein Mädchen aus Riga? Und was ist mit meiner Aussprache?»

Im Laufe des Verhörs wurde mir jedoch klar, daß das Mädchen aus Riga eine Nutte war (ich war ganz erleichtert), denn eine ordentliche sowjetische Arbeiterfrau liegt wohl kaum im Park und lutscht an einem Pimmel. Und: Ein ordentlicher Sowjetbürger hat zumindest immer seine Papiere bei sich. Das hatte ich nicht. Ich hatte nur Dollars und Presseausweis, die mein Heißgeliebter schnell aus meiner Tasche verschwinden ließ, damit die Polizei nicht Verdacht schöpfe. Sie fragten eine Menge belangloses Zeug, aber obwohl ich erleichtert war, eine Rolle bekommen zu haben, brachte ich keinen Brocken Russisch heraus. Der Mann mit den blauen Augen mußte mich die ganze Zeit zur Seite ziehen, um mir zu sagen, was ich antworten sollte.

Es war ein großer Fehler, daß ich so schnell meine ursprüngliche Identität aufgegeben hatte. Aber ich dachte zu keiner Sekunde daran, an ihr festzuhalten, da ich instinktiv vermutete, daß der Mann mit den blauen Augen sich in den lokalen Verhältnissen und Sitten besser auskannte als ich.

Aber es war naiv von mir, ihm zu trauen.

Merke: Ist man naiv, ist man selber schuld, vergewaltigt zu werden.

VI. Akt

Die Polizei erklärt uns für verhaftet.

Mir graut's vor der bevorstehenden Prozedur, teils, weil ich weiß, was von einer Bürokratie zu erwarten ist – nämlich Warten –, aber nicht zuletzt, weil ich Angst habe, noch mehr bestraft zu werden, wenn sie entdecken, daß ich gelogen habe und gar keine Nutte aus Riga bin. In meiner kapitalistischen Art flüstere ich dem Mann mit den blauen Augen zu, daß wir ihnen meine Dollars geben könnten. Das habe er aber schon angeboten, vertraut er mir an. Ich bin für eine Sekunde erschüttert, daß er ihnen, ohne mich zu fragen, mein Geld angeboten hat, nun ja.

«Glaubst du wirklich, daß wir ins Gefängnis müssen?»

«Ja doch», antwortete er, «da ist nichts daran zu ändern.»

Seine blauen Augen sind schwarz geworden.

«Aber!»

«Wir können wirklich nichts machen», wiederholt er.

«Wenn du aber dem Typ dort einen Kuß gibst, lassen sie uns gehen ...» Er zeigt auf den kleinen Schleicher, der mir die ganze Zeit an den Brustwarzen gezogen hat.

«Das ist doch nicht dein Ernst?»

Ich wäre natürlich lieber zur Polizeiwache gegangen, um den Sachverhalt zu klären, aber sie stehen alle herum und plappern in einem fort auf usbekisch. Ich überschaue die Situation nicht, weil ich keine Ahnung habe, was es heißt, festgenommen zu werden. «Sibirien!» fährt es mir durch den Kopf. Gleichzeitig bin ich sowohl überwältigt als auch entrüstet über ein so «exotisches» Angebot! Sich durch einen Kuß freizukaufen – wie im Märchen! Auf jeden Fall ist es besser als Sibirien, obwohl es einfach ein zu starkes Stück ist. Denn wie kann ein Mann, der mich seine Verachtung so deutlich hat spüren lassen, einen Kuß von mir wollen? Aber da bin ich wieder einmal naiv. Man muß es endlich einmal lernen: Verachtung und Sexualität gehören zusammen. Stellt man sich unwissend gegenüber einer so fundamentalen Sache wie der «eigentlichen Natur» des Mannes, hat man nichts Besseres als Vergewaltigung verdient. Ein «Kuß» wurde verlangt, und für mich ist ein Kuß ein Kuß. Aber:

Merke: Es lohnt sich nicht, die Unschuld zu spielen, mein lieber Freund.

VII. Akt

Allmählich war ich darauf eingestellt, die Angelegenheit auf diese aben-
teuerliche Weise in Ordnung zu bringen, um so schnell wie möglich der
Höhle des Löwen zu entrinnen. Ich ging mit dem unangenehmen Typ
ein bißchen abseits zu einer Bank, setzte mich hin und machte meine
Lippen klar zum Kuß: Na mach schon, Genosse. Der Junge aber grinste,
zog mich von der Bank hoch, stieß mich ins Gebüsch und einen tiefen
Lehmhang hinunter – in ein stockdüsteres, nasses, moosartiges Gelän-
de. Ein Geheimtip der Polizei vermutlich.

Der Junge öffnet seine Hose:

«Mach das gleiche mit mir wie mit ihm!»

Ich bin sprachlos, so sprachlos, daß ich fast hätte lachen können,
wenn ich nicht gleichzeitig wütend gewesen wäre. Und Angst gehabt
hätte. Ich habe keine Wahl, ich kann nicht weg, und ich werde nicht mit
einem Mann in einem dunklen Moor (oder was es wohl sein mag) einen
Kampf anfangen. Vielleicht ist es ein Sumpfloch. Ich versichere mich,
ob ich auch wirklich hinterher gehen kann.

Der Junge nickt ungeduldig.

Ich verlange sein *Ehrenwort*. Ja, das tue ich (naiver geht's nicht
mehr), und er gibt mir eifrig sein Ehrenwort. Ich hätte ihn fast auch
noch auf irgendeine Floskel aus Prawda verpflichtet: daß er den Kommunismus und das freundliche sowjetische Volk repräsentiere. Aber auf
so etwas wäre wohl eine Nutte aus Riga kaum gekommen.

In Wahrheit empfinde ich die Erektion in meinem Hals als das kleine-
re Übel, und der Mann ist komisch und erbärmlich. Mit der genitalen
Manipulation bin ich wenigstens vertraut. Sie ist sogar eine richtige «Erleichterung» im Vergleich zu der ganz fundamentalen Situation, in der
man mich meiner Identität und meines Rechtes auf Selbstbestimmung
beraubt und mich in einer Sprache, die ich nicht verstehe, zum Gegenstand von Transaktionen macht. Das macht mich wiederum wütend und
erfüllt mich mit so viel Verachtung, daß ich am ganzen Leibe zittere und
Schwierigkeiten habe, mein Vorhaben auszuführen.

Mir ist so, als ob ich gezwungen worden wäre, Hitler den Rücken zu
kratzen. Zehn Minuten für zehn Pfennig. Nicht daß der Rücken mir un-
sympathisch wäre oder der Preis zu niedrig, nur wenn «alles» zusam-
menkommt. Und der Junge will nicht kommen, so als ob er vorhat, es
eine Ewigkeit dauern zu lassen, als eine unausgesprochene Anklage gegen mich, daß ich mich nicht gut genug vergewaltigen lasse. Mein Mund
ist völlig gelähmt, als wäre er nicht mehr mein eigener. Ich versuche es
mit der Hand, aber da zieht er mich an den Haaren. Ich werde dazu gezwungen, mir Mühe zu geben und «Gefühle» an den Tag zu legen, damit

er kommt. Das ist am allerschlimmsten, weil es ein stillschweigendes «Einverständnis» mit der Situation ist. Als ich aber vorgebe, ihn zu mögen, kommt er endlich. Ich spucke den Samen einen Meter von mir in den Sumpf. Irgendwo hört's ja wohl auf. Zu meinem Erstaunen – vielleicht weil ich so ungezogen war? – wirft er sich über mich und versucht, in mich einzudringen. Weil aber das Manöver auf diesem steilen, glitschigen Abhang vor sich geht, gelingt es mir, ihn in den Sumpf zu stoßen.

Dann ertönt ein Pfeifen aus dem Park oben, und ein anderer Polizist kommt den Abhang hinuntergerutscht, den Pimmel aus der Hose und die Trillerpfeife im Mund: «Mach das gleiche mit mir wie mit ihm!»

Merke: Läßt man sich von Nummer eins vergewaltigen, hat man sicher nichts dagegen, sich auch von Nummer zwei vergewaltigen zu lassen.

VIII. Akt

Es war mein Fehler, daß ich es beim ersten gemacht hatte. Und deswegen war ich selber schuld, es beim zweiten auch tun zu müssen. Und jetzt beim dritten. Es waren insgesamt zehn bis zwölf Polizisten. Ich fing an zu weinen. Meinen Tränen schienen seine Geilheit jedoch nicht zu beeinträchtigen, er saß auf dem Abhang mit gespreizten Beinen und onanierte zu meinen Tränen:

«Komm jetzt, kleines Mädchen ...» Er war absolut nicht unfreundlich. Er war vielmehr bester Laune.

«Ich *kann* aber nicht, ich *habe* es gemacht, und man hat mir gesagt, ich wäre dann frei.» Ich wollte etwas von einem «Gentleman's Agreement» sagen, kam aber nicht auf die Vokabel. «Der andere Typ da ist kein Polizist, er ist erst achtzehn. Aber ich. Ich bin Polizeioberwachtmeister ...» Mit seiner glänzenden Mongolenvisage lächelte er mich süß an. Es war natürlich sehr naiv von mir, nicht zu wissen, daß die Polizei in Usbekistan keine Achtzehnjährigen in den Dienst aufnahm.

«Ich *will* nicht.»

«Warum denn nicht?» fragt er verständnislos. «Mit den anderen hast du es doch auch gemacht?»

Ich konnte nicht erklären, warum ich nicht wollte. Ich hatte kein stichhaltiges Argument. Er packte mich am Genick und preßte mich gegen seine Geschlechtsteile – wie eine Katze gegen einen Happen Fleisch. Er stank nach irgendeinem öligen Reisgericht. Ich habe natürlich überlegt, warum ich nicht zugebissen oder seine Eier mit den Zähnen zerfleischt habe. Aber das fiel mir gar nicht ein. Ich habe überhaupt keine physischen Aggressionen. Ich hatte schon immer Angst, von Jungen verprügelt oder mit Schnee gewaschen zu werden. Als kleines Mädchen habe ich lange Umwege gemacht, um nicht frechen Jungen zu begegnen. Ich hatte immer Angst vorm Turnen und vor dem Ballspiel und versteckte mich in der Umkleidekabine und heulte aus Wut, wenn ich entdeckt und zu irgendeinem Sprungkasten geholt wurde.

Merke: Wenn du nicht einmal Widerstand leistest, ist es kaum zu erwarten, daß sie dich nicht vergewaltigen.

IX. Akt

Nachdem der Polizist sich seines Wahnsinns entleert hatte – und ich ihn wahnsinnig mit meinem handgestickten Taschentuch abgewischt hatte (es war wohl nur so eine ästhetische Laune von mir), verschwand er in der Dunkelheit.

Ich hatte keine Ahnung, wie ich selbst wegkommen sollte, da ich, wie gesagt, keine athletische Begabung bin. Am Ende steckte ich, um nicht hinunterzurutschen, die Schuhe in die Schultertasche, die ich Gott sei Dank immer noch hatte, und grub Finger und Zehen in den Matsch. Ich kletterte hinauf, rutschte hinunter, kletterte wieder hinauf. An der Oberfläche tauchten Polizisten auf und zerrten mich an den Armen. Ich sei festgenommen, erklärten sie (und das kann man ihnen ja nicht übelnehmen, wenn man mein liederliches Benehmen bedenkt). Sie schleppten mich an den Armen fort, während einer mir den Mund zuhielt, weil ich angefangen hatte zu schreien. Ich wollte herausschreien, wer ich bin, aber sie schlugen mir ins Gesicht. Dann erblickte ich etwas weiter weg einen erleuchteten Pfad, wo der Mann mit den blauen Augen auftauchte. Die Bullen hauten ab.

Merke: Du sollst nicht erleichtert aufatmen, nur weil die Vergewaltigungsverbrecher weggerannt sind.

X. Akt

Er kam mir entgegengeschlendert, und als er merkte, wie verdreckt ich war, fragte er mich, was in aller Welt ich in der ganzen Zeit getrieben habe.

Ich referierte ihm meine dazwischenliegenden Aktivitäten. Staunend und voller Verachtung starrte er mich an: «Wie *konntest* du dich nur zu so einer Schweinerei hergeben?»

Er fing an zu heulen, als ob ich mit meinem Verhalten seinen Stolz gekränkt hätte. Daß «sein» Mädchen so etwas tun konnte ... das Mädchen, dem er ein Mittagessen spendiert hatte ... oder er hatte eine höllische Angst, ich könnte es weitererzählen.

Ich reichte ihm das nasse, handgestickte Taschentuch, damit er sich die Augen abwischte. Ich bin ganz sicher, daß die ganze Transaktion auf sein Konto ging. Er hatte seinen guten Namen und Ruf gerettet und mußte nicht als Hooligan, Rowdy oder Säufer auf dem öffentlichen Aushang erscheinen. Er beharrte jedoch darauf:

«Wie konntest du es nur tun?» – «Ich dachte, du wärest einfach zum Hotel zurückgerannt?»

Ich konnte ihm nicht erklären, «wie ich so etwas tun konnte». Ich sagte, ich sei müde und wolle schlafen.

«Aber so wie du aussiehst, kannst du dich nicht im Hotel zeigen.»

Ich ging barfuß von ihm weg.

Er lief mir nach. Er wollte sagen, daß es ihm leid täte, daß es in seinem Land passiert sei, in der usbekischen Sowjetrepublik. Und ich müsse versprechen, es niemandem weiterzuerzählen.

Merke: Gar nichts.

Früh am nächsten Morgen schlich ich mit Sonnenbrille hinunter zu Intourist und annullierte meine Reise nach Kasachstan, Tadschikistan und Kirgisien, setzte mich hinter eine Glasscheibe in die Abteilung für Ausländer und wartete auf die nächste Abfahrt nach Afghanistan. Ich trug meine kapitalistischen Blue jeans und T-Shirt und verschanzte mich hinter Kameras und einem westlichen Tonbandgerät.

Vor dem Glasfenster standen die Bullen aus dem Park und glotzten ...

Ich erkannte sie wieder, aber ich wußte nicht, ob sie die Nutte aus Riga wiedererkannten. Die glich ihr ja haargenau. Aber sie saß ja in der Abteilung für Ausländer, und eine Abteilung ist eine Abteilung, das steht fest. Ich fummelte mit meinen Kameras herum, damit sie merkten, daß es meine waren. Sie konnten doch nicht eine fremde Dame wegen irgendwelcher Zwischenfälle in einem Park festnehmen. Sie kamen auch nicht herein, sondern standen einfach in ihren braunen Uniformen vor dem Glasfenster und hielten mich mit ihren braunen Blicken fest, während die Zeit dahinschlich. Ich traute mich nicht von der Glasscheibe weg, um etwas zu essen. Ich saß und kritzelte ein ganzes Heft voll: «Ich habe solche Angst, ich habe solche Angst, ich habe solche Angst.»

Aus Afghanistan schickte ich eine Lügengeschichte an die Zeitung über die übrigen zentralistischen Republiken. Sie wären «uninteressant und keinen Besuch wert». Das schlimmste war ja fast, auf eine Arbeit von vornherein verzichten zu müssen. Aber ich fürchtete mich so davor, in der UdSSR zu bleiben, und ich konnte es ja nicht damit begründen, daß ich vergewaltigt worden sei. Nichts wäre peinlicher und lächerlicher als das. Denn jemand, der sich vergewaltigen läßt, ist fürs Ausland nicht qualifiziert, ist seiner Aufgabe nicht «gewachsen».

(Merke: Wer sich vergewaltigen läßt, ist kein guter Journalist.)

In den Jahren danach schrieb ich vielleicht acht verschiedene Fassungen dieser Geschichte, um rauszufinden, was eigentlich passiert war. Lange Zeit konnte ich den eigentlichen Verlauf nicht begreifen – das heißt, die Geschlechtsmechanismen, die die Vergewaltigung überhaupt ermöglichen.

Aber noch wichtiger war es, den sexuellen Aspekt zu entmystifizieren und ihn ins Komische zu rücken. Denn einerseits *ist* ein Mann komisch, der mit der Zunge aus der Hose und einer Trillerpfeife im Mund angerannt kommt, um dadurch seine Macht zu demonstrieren. Andererseits würde eine Frau genauso komisch aussehen, wenn sie mit um die Fersen baumelnden Hosen und auf einer Trillerpfeife blasend herbeigeeilt käme, um einen Mann zu kriegen. Und schließlich kann ich mich in meiner wildesten Phantasie nicht von Genitalien einschüchtern lassen. Umgekehrt fühle ich mich von den stillschweigend vorausgesetzten Codes und Mythen, die nicht nur die Vergewaltigung ermöglichen, sondern die meisten Männer erregen, im allerhöchsten Grade gelähmt. Der offensichtliche sexuelle Charakter des Codes war und ist für mich sekundär.

Fünf Jahre später veröffentlichte ich die Geschichte aus der Überzeugung heraus, daß Vergewaltigung keine Privatsache sein darf. Ich schickte sie der von Germaine Greer redigierten internationalen Untergrundzeitung «Suck», weil keine kommerzielle Zeitung eine Vergewaltigungsreportage zu meinen Bedingungen bringen wollte. Zur Illustration ließ ich mich nackt fotografieren, um meine eigene Angst und Verlegenheit zu überwinden. Hauptsächlich wollte ich aber zeigen, daß mich nicht das Sexuelle erschreckt, sondern die sexuelle Fixierung, die die Vergewaltigungskonzeption widerspiegelt und die als Legitimation für all die anderen Formen von Vergewaltigung dient, denen Frauen immer wieder ausgesetzt sind.

Gegen den genitalfixierten Wahnsinn der Männergesellschaft komme ich jedoch nicht an. Als ein Morgenblatt die Geschichte und die Fotos gegen meinen Willen und natürlich hinter meinem Rücken klaute, wurde sie dann auch als eine Zote von der guten alten Sorte präsentiert – was ja keine Überraschung ist. Es kam aber noch besser: Ich war vergewaltigt worden und «selber schuld gewesen» und außerdem schuld daran, daß die Geschichte geklaut und entstellt wurde. Denn ich war so «naiv» gewesen, sie überhaupt zu veröffentlichen (wenn man vergewaltigt wird, soll man nämlich den Mund halten). Deshalb sollte ich noch mehr erniedrigt werden, indem die ganze Gewalttat auf die Version: «Sie hat es verdammt noch mal genossen», «Sie mag es» getrimmt wurde.

Diese zusätzliche Ekelhaftigkeit widerfährt nämlich der Frau, die nicht die Männlichkeit fürchtet und vergöttert. Aber eine der grundlegenden Voraussetzungen für die Vergewaltigung überhaupt ist ja gerade die Furcht der Frauen vor den männlichen Geschlechtsteilen. Folgt man dann nicht den Spielregeln, indem man sagt: Nicht vor euren Schwänzen, sondern vor eurer Kultur fürchten wir uns, dann fällt Vaters Hammer. Die Männer möchten nämlich viel lieber den Respekt vor ihrem Geschlecht unbehelligt bewahren als den Respekt vor ihrer Kultur. Da scheißen sie drauf – schon eine ganze Zeitlang. (Sie kann zum Teufel gehen, und sie tut es ja gerade.)

Vielleicht ist es gehupft wie gesprungen, ob eine Gesellschaft männlich oder weiblich definiert ist, solange sie funktioniert. Jawohl, aber die männlich definierte Gesellschaft funktioniert nicht mehr. Ganz abgesehen von den Frauen haben die Männer die Erde vergewaltigt, haben die natürlichen Ressourcen ausgeplündert und damit ihre Freigebigkeit ausgenützt. Oben in der blauen Luft sind rücksichtslose phallische Wolkenkratzer errichtet worden, in denen weder Männer noch Frauen, noch Kinder leben können.

Man entmystifiziert nicht ungestraft das Vergewaltigungssyndrom. Vergewaltigung muß partout von der genitalen Seite her betrachtet werden, damit die übrigen Formen der Vergewaltigung weiterhin unbestraft bleiben können. Die männlichen Genitalien müssen partout das Zentrum der Weltordnung sein und haben Anspruch auf Furcht und/oder Vergötterung. Die Frauen müssen so entsetzt sein und so viel Angst vor ihnen haben, daß sie schreien und brüllen und sich in Panik strangulieren lassen. Wenn sie tot sind, wird die Gesellschaft sie mit Respekt und Bedauern belohnen, denn es war ja eine *schreckliche* Geschichte. Besitzt man jedoch die Frechheit, nicht vor Schreck zu sterben, dann muß man es ja genossen haben. Man kann ja bekanntlich nicht eine Frau vergewaltigen, «wenn sie es nicht selbst möchte». Wieder einmal eine Redewendung, die die Gewalt negieren und maskieren soll. Neutrale Einstellungen zu den männlichen Geschlechtsorganen werden von der genitalfixierten Männergesellschaft bestraft. Totale Angst oder totaler Genuß. Keiner kommt auf die Idee, daß einem die männlichen Geschlechtsteile als isoliertes Phänomen vollkommen egal sein können.

Hat man aber einmal ins Fettnäpfchen getreten und den fehlenden Respekt vor der «Weltordnung» demonstriert, bekommt man auch gleich Gelegenheit, seine Theorien, daß unsere Kultur Liederlichkeit mit Gewalt gleichstellt, praktisch bestätigt zu sehen.

Nachdem die Vergewaltigungsgeschichte rauskam, bekam ich nämlich unzählige Anrufe in der Art von: «Stimmt es, daß du all diese schmutzigen Dinge getan hast?» Haufenweise onanierende, stöhnende Männer, die an meiner Tür klingelten, weil sie die Geschichte als eine Einladung aufgefaßt hatten. Genau wie die usbekischen Bullen: «Wenn sie es bei anderen machen kann, kann sie es auch bei mir machen.» Ich erhielt Briefe im folgenden Stil: «Auf Ihre Anzeige hin ...»

Eine Tageszeitung verhängte über mich die Zensur. Denn eine Frau, «die so etwas tut» hat sich als Schriftstellerin disqualifiziert.

Es wäre aber müßig, dies bösartige Geschwür der Männergesellschaft in all seinen hoffnungslosen Details zu diagnostizieren. Eines Tages wird uns mehr an der Frage liegen: «Was ist das Charakteristische am weiblichen Geschlecht, daß es unbedingt vergewaltigt werden muß? Liegt es an der besonderen Anatomie der Frau? Oder hängt die Vergewaltigung eher mit dem Männermythos und der patriarchalischen Kultur zusammen (und folglich mit der *Psyche* der Frau)?» Die Bestätigung hierfür erhalten wir durch die Frage: «Warum werden *Männer* nicht vergewaltigt?»

Die meisten Frauen werden auf diese Frage die Achseln zucken. Die meisten Männer jedoch werden nach meiner Erfahrung wollüstig grinsen. Denn es ist ganz eindeutig: Sie würden liebend gern vergewaltigt werden. Gewalt und Enthumanisierung sind nämlich so fest und leidenschaftlich mit ihrer Kultur verquickt, daß sie überhaupt nichts dagegen hätten, vergewaltigt zu werden – und das ist fast das Grauenerregendste an der Sache.

Vergewaltigung hat nicht a priori etwas mit Anatomie oder Biologie zu tun – wie es die meisten Männer gern hätten. Wird ein Geschlecht vergewaltigt und ein anderes nicht, hängt es mit den Mythen und Vorstellungen zusammen, die wir an das maskuline beziehungsweise feminine Geschlecht knüpfen. Wenn die Männer in ewiger Angst davor lebten, würden sie auch vergewaltigt werden. In einer Frauengesellschaft, in der Frauen Macht, Ehre und Geld (auf Männerart) besäßen, würden die Männer auch vergewaltigt werden. Sie würden sich nicht gegen die Machthaber wehren können und selber daran schuld sein, wenn sie vergewaltigt würden, ganz einfach, weil sie nun einmal Männer sind.

Malinowski beschreibt die Vergewaltigung eines melanesischen Mannes so:

«Der Mann ist für die Frauen das unmittelbare Objekt sexueller Gewalt, obszöner Grobheit und brutaler Behandlung. Zuerst reißen sie ihm sein Schamblatt weg – den Schutz seiner Tugend und für den Eingeborenen das Symbol seiner männlichen Würde. Danach versuchen sie durch masturbatorische Manipulationen und Exhibitionismus eine Erektion beim Opfer hervorzurufen. Wenn das Manöver den erwünschten Effekt erreicht hat, setzt sich eine auf ihn und führt seinen Penis in die Vagina ein. Nach der ersten Ejakulation benutzt ihn die nächste auf die gleiche Weise. Aber es wird noch schlimmer. Einige Frauen fangen an, ihn mit Kot und Urin zu beschmutzen und zu beschmieren, wobei sie sich besonders auf sein Gesicht konzentrieren, welches sie so gründlich wie nur möglich besudeln.»[25]

Ein erstes Zeichen dafür, daß mit der Geschlechtsauffassung unserer eigenen Kultur irgend etwas im Wandel ist, sind die «Groupies». Obwohl das Phänomen dieser Fans, die nach dem Konzert die Kabine ihres Pop-Idols stürmen, für sich allein gesehen noch schwer zu analysieren ist. Aber wie sie ihr Idol überfallen. Wenn das nicht in vielen Fällen Vergewaltigung ist! Denn daß der Popsänger, nachdem sich die Groupies genügend an ihm gerieben und ihm an den Hosenschlitz gefaßt haben, am Ende eine Erektion produziert, heißt nicht, daß er unbedingt Lust dazu gehabt hat. In vielen Fällen werden seine Passivität und seine nachlässig-mechanische Sexualreaktion ein Ausdruck dafür sein, daß er in Wirklichkeit seine Seele an seine Fans verkauft hat und daß seine Identität mit der Popularitätskurve bei den Mädchen steht und fällt. Ob Erektion oder nicht, er *ist* vergewaltigt, wenn er die Bestätigung seines Ichs außerhalb seiner selbst – bei den Fans – suchen muß.

Hier ist wieder nicht der genitale Charakter der Vergewaltigung entscheidend, sondern die Gewalt gegen das Ich und die Würde eines Menschen. Eine Gewalt, der die meisten Frauen tagtäglich unterworfen sind, die aber weiter wüten darf, weil sie in dem Mythos von der sexuellen Unterlegenheit der Frau fest verankert ist.

Werden Vergewaltigungen vor Gericht verhandelt, sind die Frauen weiteren Erniedrigungen ausgesetzt. Das Opfer der Gewalttat wird nämlich zum Opfer des Vorurteils, daß «man eine Frau überall nehmen kann, nur nicht beim Wort.» «Eine Frau sagt nie, was sie meint», und von einer anständigen Frau wird erwartet, daß sie «nein» sagt, wenn sie zuinnerst «ja» meint, und daß sie unter keinen Umständen sofort «ja» sagt, auch wenn sie «ja» meint. So fällt es den Richtern oft schwer, zwischen dem Geschlechtsakt im gegenseitigen Einverständnis und dem, bei dem der Mann sich die Gunst des «Partners» erzwungen hat, zu unterscheiden. Die Frauen haben aber wohl kaum diese ausgebufften Lebensregeln nur aus Lust an der Finte erfunden. Ganz im Gegenteil, diese Lebensregeln passen genau in die Männerkultur, die die Frau mystifiziert hat, um sie besser in Schach zu halten. In Westeuropas berühmtestem erotischen Werk schreibt Ovid ganz schamlos: «Und wenn ich dich bitte ‹ja› zu sagen, dann sage ‹nein› ... Laß mich vor deiner geschlossenen Tür liegen ... So wächst sich die Liebe stark.»

Schon möglich, daß sie wächst, die Liebe, aber seit Ovid ist es dem einen oder anderen aufgegangen, daß der aparte Ausdruck von Liebe, auf den Ovid hinweist – und es ist bei Gott fleißig Reklame dafür gemacht worden –, sich auf jedes Liebesverhältnis tödlich auswirkt, weil er auf der Mystifikation der Frau gründet, deren Forderungen sie nie erfüllen kann. Und könnte sie es, wäre es auch nicht gut – im Gegenteil.

Es wird allgemein angenommen, daß Gewaltverbrecher mehr oder weniger vorübergehend geistesgestört sind, ein Glaube, der alle anderen Formen legitimer Vergewaltigung vertuschen soll, der sich aber wissenschaftlich nicht belegen läßt. Nach Menachem Amirs Studie von 646 Vergewaltigungen in Philadelphia sind Männer, die Frauen ganz brutal vergewaltigen, keine psychischen Abweichler oder sonst irgendwie anomal: «Nach der Untersuchung machen Sexualverbrecher weder einen einzigartigen psychopathischen Typus aus, noch sind sie als Gruppe betrachtet mental stärker gestört als die Kontrollgruppen, mit denen sie verglichen wurden.»[26]

Daß die Gewaltverbrecher also ganz normale Männer sind, könnte uns auf die Spur eines weiteren Männermythos bringen: daß nämlich, wenn die sozialen Schranken nicht wären, alle Männer herumrennen und jede beliebige Person vergewaltigen würden. Vergewaltigung als «natürlicher» Trieb: Der Steinzeitmann schleppt seine Beute an den Haaren in die nächste Höhle wie in den Witzzeichnungen.

Nicht zu vergewaltigen muß gelernt sein ...

Dies ist jedoch eine modifizierte und keinesfalls universelle Wahrheit (es verhält sich eher umgekehrt: die Vergewaltigung muß *gelernt* sein). Die Gesetzwidrigkeit der Vergewaltigung beweist noch nicht, daß unsere Kultur sie nicht fördert. In «Geschlecht und Temperament in primitiven Gesellschaften» beschreibt Margaret Mead eine Gesellschaft, die nicht unsere Auffassung teilt: «Die Arapesch ... besitzen keine begrifflichen Vorstellungen von der Männerkultur, die Vergewaltigung rechtfertigen würden.» Professor Amirs Studien über Vergewaltigung zeigen weiter, daß dabei von impulsivem, spontanem Verhalten keine Rede ist, sondern daß die meisten Vergewaltigungen geplant werden, ein Mythos also, die Geschichte vom Gewaltverbrecher als einem sexuell besonders aufgeregten Mann, den plötzlich die Gelüste überwältigen. Ein Märchen, daß er seine Lust, die ihm die Gesellschaft nicht gönnt, nicht auf andere Weise befriedigen kann.

Sex kann nicht von der übrigen Kultur isoliert werden, und es ist bemerkenswert und beunruhigend zugleich, feststellen zu müssen, wie sehr die männliche Sexualität zur *Macht* geworden ist. Macht in allen Variationen: von der unsichtbaren, verborgenen, bis zur ausgeprägten rohen Gewalt, von der hammelhaften patriarchalischen Autorität bis zu den spektakulären Nuancen der Gewalt. Von der Kernfamilie zur Kernwaffe.

Obwohl die Fähigkeit, mit Maschinenpistolen zu schießen, und die Fähigkeit zu lieben nicht unmittelbar zusammenhängen, so ist doch etwas verdächtig Feminines am Pazifismus. Nach Malraux erlebt die Frau bei ihrer Niederkunft die gleiche Erleuchtung, wie wenn man dem Tod von Angesicht zu Angesicht begegnet.

In einer Untersuchung über den Zusammenhang zwischen Sexualverbrechen und der Freigabe der Pornographie in Dänemark schreibt Berl Kutschinsky, daß «Unzucht mit kleinen Mädchen» seit der Aufhebung der Bildzensur um 60 Prozent gesunken ist. Dagegen blieb die Zahl der Vergewaltigungen von der Pornoliberalisierung anscheinend unberührt. «Unzucht» ist ein Zeichen von Angst und Ohnmacht, und die kleinen Mädchen sind nur Ersatzobjekte, weil «der gute Onkel» sich nicht traut, bei Gleichaltrigen seine sexuelle Befriedigung zu suchen. Dieser Ersatz läßt sich aber wiederum durch etwas Drittes ersetzen, wie zum Beispiel durch die passive Pornographie.

Das gewalttätige Sexualverbrechen scheint dagegen nicht ersetzbar. Weder durch die friedliche Lektüre von Pornos noch durch irgend etwas anderes. Und das bedeutet doch wohl, daß ein Mann, der durch die Vergewaltigung einer Frau befriedigt wird, die Gewalt und seine eigene Macht womöglich noch mehr genießt als die einfachen Freuden des Fleisches. Der Koitus ist ja nichts Isoliertes, vollzieht sich nicht im luftleeren Raum. Wind und Wetter, der Alkohol- und Zuckergehalt des Blutes und nicht zuletzt Vorstellungen, Phantasien und Ideen – das heißt der Zustand unserer Welt – bedingen die Fähigkeit eines Mannes, einen Orgasmus zu bekommen. Und die der Frau übrigens auch. Aber wenn ein Mann ejakulieren kann, nachdem er den Gegenstand seiner Leidenschaft terrorisiert und erniedrigt, ja sogar vielleicht verletzt hat, dann liegt doch die Vermutung nahe, daß es ihm guttut, weh zu tun. Wenn ein Mann eine Erektion zustande bringt und bei einer Frau ejakulieren kann, die kein bißchen Lust gezeigt hat, muß man annehmen, daß er total entfremdet ist – nicht nur von der Frau, sondern von sich selbst und von dem tatsächlichen Dasein.

Der Begriff der Ritterlichkeit wurde erfunden, um dem Mann einen zivilisierten Anstrich zu geben, in Wirklichkeit aber, um die Frau gegen «alle anderen Gewaltverbrecher» zu beschützen. Praktisch ist die Ritterlichkeit jedoch nur eine weitere Erpressung der Frau, weil sie von ihr verlangt, nun auch dem erhöhenden – oder erniedrigenden – Ideal der Weiblichkeit nachzueifern. Mit der Ritterlichkeit geriet der Mann in die sexuelle Schizophrenie. Er mußte zur Gewalt fähig sein, um ein richtiger Mann zu sein, und zugleich mußte er den Gentleman gegenüber der Frau abgeben, die ja verurteilt ist, von den anderen vergewaltigt zu werden, wenn niemand aufpaßt. Den ritterlichen Schutz des Mannes dankt die Frau also nicht ihren blauen Augen. Die klassische Sexualpolitik hat von ihr Zurückhaltung im eigenen Verhalten und die Unterdrückung ihrer Sexualität verlangt, damit sie den Schutz auch verdient. Mit anderen Worten: Der Preis für die allgemeine Höflichkeit waren Keuschheit und Monogamie.

In den USA ist es heute so, daß eine Frau, von der man weiß, daß sie ihrem Mann einmal untreu gewesen ist, einen Liebhaber hat oder eine «Rabenmutter» ist, bei einer Klage gegen einen Sexualverbrecher keine reelle Chance hat, den Prozeß zu gewinnen. Denn erstens kann ein «loses» Weib nicht vergewaltigt werden (da sie ja einen liederlichen Charakter haben muß), und zweitens hat eine Frau, die die ungeschriebenen Gesetze bricht, kein Recht auf Schutz. Da liegt der nicht unbegründete Verdacht nahe, daß die Gesellschaft mehr daran interessiert ist, das Verhalten der Frau als das des Mannes zu kontrollieren.

An den Begriff des Femininen knüpfen sich gewisse Bedingungen, die die Frauen erfüllen müssen, wenn sie Ritterlichkeit (das heißt: nicht vergewaltigt zu werden) oder allgemeine Höflichkeit erwarten. Gleichzeitig aber ist das Feminine ein ungeschriebenes Gesetz, das aus den Frauen die vollendeten Opfer sexueller Aggressionen macht. Feminin sein heißt Schuhe tragen, die einen am schnellen Laufen hindern. Röcke, die die Bewegungsfreiheit einschränken, und Unterwäsche, die die Blutzirkulation hemmt. Die Männer finden nicht aus purem Zufall gerade die Kleider am schönsten, die den Frauen Schwierigkeiten bereiten, sich gegen Aggressionen zu wehren.

Vielleicht haben die Frauen, denen man auf der Straße begegnet, deswegen kalte Augen und harte Gesichter. Sie haben ihre früheren polygamen Fähigkeiten verloren. Ein Mädchen von zehn oder zwölf Jahren weiß schon, daß es die Augen von den Männern lassen soll, wenn es in Ruhe gelassen werden möchte. Es weiß, daß es sich anders verhalten soll als der Mann, nämlich weiblich, und so beginnt es, an seiner eigenen Sinnlichkeit zu zweifeln (und auch an seinem Verstand). Es lernt, seine eigenen Gefühle zu verleugnen, und hört auf, danach zu handeln. Es fürchtet sich selbst. Dies ist das Wesentliche an der Passivität einer Frau, und ihre Passivität beschränkt sich nicht ausschließlich auf die Sexualität, sondern ist eine unbewußte Grundeinstellung, die sie davon abhält, sich in sämtlichen Prozessen des Lebens zu artikulieren.

Die meisten Frauen befinden sich ständig in der Defensive und in einer ewigen Angst, an die sie sich gewöhnt haben. Wenn sie sich auch nicht gerade vor Gewalt mit eklatantem sexuellem Charakter fürchten, dann doch vor allen Formen der Pression und des Eingriffes in ihre Freiheit, mit denen sie konfrontiert werden. Darüber wird verdächtig wenig berichtet. Man könnte fast eine Verschwörung der Männer vermuten. Denn obwohl die wenigsten Männer Gewaltverbrecher sind, akzeptieren die meisten von ihnen doch zweifelsohne das Phänomen der Vergewaltigung, weil es ihre eigene Potenz indirekt bestätigt. Die meisten Männer identifizieren sich in dieser Sache mit dem Gewaltverbrecher – und nicht mit dem Opfer. Die Medien und die Presse zielen mit ihren detaillierten Beschreibungen der Vergewaltigung gerade auf diese «Sofa-Gewalttäter».

In einem Film wie «Frenzy» von Hitchcock, in dem die Frauen reihenweise vergewaltigt und mit unterschiedlich gemusterten Krawatten erwürgt werden, wird der Verbrecher zuletzt festgenommen. Der zu erwartende Schluß ist jedoch nichts anderes als die pseudomoralische Hollywood-Konvention, die uns auf die alte Weise belehren soll, daß sich das Verbrechen, hier die Vergewaltigung, nicht lohnt. Denn alle nicht identifizierten Gewaltverbrecher im Publikum, alle Westentaschencasanovas, wissen ganz genau, daß sich Vergewaltigung sehr wohl lohnt, weil sie einen Teil – und einen nicht wenig aufregenden Teil des Daseins ausmacht. Die *eigentliche* Moral des Films ist deshalb auch eine ganz andere: Eine Frau braucht einen Mann, der sie beschützt. Bist du allein, Frau, dann schließ dich ein. Tu eine Extrakette vor die Tür. Halte dich weg. Fall nicht auf. Denn eine alleinstehende Frau ist eine Einladung.

In den arabischen Ländern hat die Frau keine autonome Existenz. Ihre Identität hängt ganz und gar von der eines Mannes ab. Sie ist «Schwester von Bechir», «Tochter von Mustafa» oder «Mutter von Ahmed». Eine Frau ohne diese familiären Bindungen ist ausgestoßen und hat theoretisch überhaupt keine Identität – sie gehört keinem, was praktisch heißt: Sie gehört jedem.

Es würde mich nicht wundern, wenn auch dort die meisten Frauen heiraten, weil die Ehe der einzige Schutz oder die einzige «Finger-weg-Spielregel» ist, die alle anderen Gewaltverbrecher einigermaßen respektieren. Eine verheiratete Frau belästigt man nicht genauso wie eine alleinstehende – oder vielmehr läßt sich die Grobheit ihr gegenüber schwerer rechtfertigen. Obwohl ein ehrlicher Gewaltverbrecher auch da schon danebenhauen kann. Kleidet sich eine verheiratete Frau ein bißchen provozierend, glaubt man gleich, daß sie alleinstehend sei. Denn welcher Mann würde seiner Frau erlauben, sich auf diese Weise zur Schau zu stellen. Eine verheiratete Frau kann also mit vollem Mund pfeifen, was mir immer als ein sehr zweifelhaftes Glück erschien. Sie kann herumlaufen und die Männer aufregen, aber gleichzeitig verbotene Frucht sein: «Da irren Sie sich, junger Mann, ich *bin* verheiratet», und das heißt: Mein Körper gehört einem anderen.

Trotzdem sollte man nicht die herausfordernde Kleidung der Frauen als eine Finte abtun. Es ist ungeheuer wichtig, sich herausfordernd anzuziehen, nicht um die Potenz der Männer, sondern um ihre Kultur zu provozieren. Hierüber schreibt Broby Johansen:

«Die Kleidung ist Rüstung, eine eng geschlossene Tracht, durch eine Gasmaske vervollständigt. Aber die dicke, enganliegende Kleidung ist auch die Kriegstracht. Man friert, wenn man Angst hat. Die Friedenstracht öffnet sich. Die Frauentracht, wie sie sich in der Zeit der Frauenbewegung entwickelt hat, stellt in ihrer ausgesprochenen Tendenz zur Nacktheit eine Alternative dar. Eine Alternative – und das ist genau der Punkt – der entschlossenen Vorbereitung unserer männerregierten zivilisierten Welt auf den heroischen Selbstmord der gesamten Menschheit in einer weltumfassenden Götterdämmerung ... Dorthin hat uns nämlich die Männerherrschaft mit all ihren kindischen Idealen gebracht.»

Ich halte es für wichtig, daß die Frauen standhaft bleiben und weder psychisch noch physisch den männlichen Mummenschanz mitmachen, obwohl es verlockend ist, das «Anders-Sein», a priori Gegenstand für Gewalt und Belästigung, zu neutralisieren. Übernimmt man aber die Männerkleidung mit allen Konsequenzen, hat man sich der Männerkultur übergeben und jede Hoffnung aufgegeben.

Wenn die Frauen nicht sexuelles Bewußtsein erlangen, werden sie weiterhin vergewaltigt werden. Und auch dann werden die Männer sie noch in den Hintern kneifen. Deswegen müssen die Frauen sich einfach zusammentun und mit allen Mitteln alle «privaten» Situationen, jede Form von Vergewaltigung und Erpressung «veröffentlichen».

Germaine Greer warnt in dem Playboy-Artikel: «Was würdet ihr sagen, wenn ein Videoband mit eurem letzten Fick im Kino der Frauen-Guerilla abgespielt würde?»

Erotik ist auch Politik. Deswegen ist es nicht länger Privatsache, erniedrigt zu werden – auch wenn man sich daran gewöhnt hat.

20. Februar

Im Imperial läuft der Film «Blaubart» mit Richard Burton: «Ein lustiger Horrorfilm über den berühmten Frauenmörder und seine Opfer» ... So die Kinoreklame. Und so die Filmkritik:

«Der Regisseur Edward Dmytryk hat nicht gerade eine leichte Hand, und trotzdem hat er sich an einen lustigen barock-ironischen Reißer von zwei Stunden gemacht. Er handelt von einem Mann, der sechs Frauen ermordet: Die er erschießt, ertränkt, aufhängt, mit einem Stoßzahn durchbohrt, lebend begräbt, von einem Jagdfalken überfallen läßt. – Ja, es ist zum Totlachen.»

Der allerletzte Tango
Totentanz der Liebe

Der Tango lief um die Welt vor ausverkauften Häusern, wenn es auch der letzte Tango in Paris ist. Man kann ihn schon fast nicht mehr tanzen, obwohl es auch für den Totentanz gewisse Regeln gibt. «Er ist eine Zeremonie», sagt der Yankee Marlon Brando. Die Tänzer kennen die Schritte, sehen jedoch nie das Gesicht des Partners. Er ist ein mechanisches Ritual gleich der romantischen individualistischen Liebe, die andere Menschen ausschließt. «Wir haben die Geborgenheit ritualisiert», sagt Marianne zu Johan in einer der Eheszenen Bergmans: «Es war ein Fehler, daß wir nicht von Anfang an ausbrachen und irgend etwas auf unsere eigenen Bedingungen aufbauten ...»

Was wurde aus Marianne und Johan? Was aus der *amerikanischen Familie* wurde, wissen wir ja, wenn auch nicht in allen Details, aber die zeigt uns das Fernsehen sicher noch. Jetzt haben wir nicht nur eine, sondern sogar zwei Versionen eben derselben Nora, die die Tür zu eben demselben Puppenheim zuknallt. Würde eine denn nicht reichen? Zur Zeit nicht. Es liegt etwas in der Zeit, das nicht ganz tragbar ist, und selbst wenn es erträglich wäre, ertragen wir es nicht immer. Die Problematik ist nicht neu, was Ibsen ja auch ganz klarmacht, sie ist jedoch auch nicht «ewig-menschlich». Das Eheproblem entstand zu dem Zeitpunkt, als die Liebe anfing, in die Familie einzudringen, wo sie gar nicht hingehört. Daher die Misere ...

Es hat die unterschiedlichsten Aufstände gegen die Familie als «repressive Institution» gegeben – durch die französischen Surrealisten, durch Ibsen, durch Freud, durch Wilhelm Reich und so weiter. Aber sie haben sich alle wieder gefangen – erst im Ersten Weltkrieg und dann im Zweiten Weltkrieg und dann im kalten Krieg. Vielleicht muß ein Atomkrieg her, um die desperaten Gemüter auf bessere Gedanken zu bringen und um dem ewigen Infragestellen von Kern und Fundament der Gesellschaft ein Ende zu machen. Manche sähen lieber die Menschheit ausgerottet als die Familie. Nicht etwa Sadisten, sondern Leute, die im Widerspruch zur Antrhopologie rein emotional den Menschen mit der Familie gleichsetzen und diese als Zelle der Geborgenheit betrachten – in einer Welt, wie man so sagt, in der die Mentalität «kollektiviert» wird. Manche behaupten, die ganze Problematik gehöre in die Privatsphäre und gehe sonst keinen etwas an. Andere wiederum meinen, das Privatleben sei zur Konvention erstarrt, sei Deckmantel für die galoppierende Anonymität und für den schreienden Mangel an Authentizität im Leben – kurz: Mangel an Liebe. «Es gibt keine Liebe in der Ehe», sagt Frau Jacoby zu Marianne in einer der Eheszenen Bergmans. Wir wissen, daß Marianne sehr wohl weiß, was Frau Jacoby damit meint. Unser guter Pastor Krarup* weiß es nicht. Für ihn reicht es, daß es so sein müßte – wenn die Leute nur anders wären und ihr Leben nicht gleichgültig verspielten. Søren Krarup hat sich zwar nicht zu Frau Jacobys Ehe geäußert, aber vor einigen Monaten schrieb er über so viele andere Ehen in einem Artikel mit der Überschrift «Über die Ehe», wo er behauptet, daß die Ehe als Institution zwar sinnvoll, aber heutzutage der größte Unsinn sei, wenn die Leute sich ohne Schmerz trennen und sich wieder über einer Tasse Kaffee treffen und dabei gemütlich von alten Tagen quatschen könnten – so, wie die «moderne Toleranz» jetzt in den Illustrierten dargestellt werde. «Die Liebe zweier Menschen kann man nicht in eine inhaltslose Klammer setzen, ohne gleichzeitig alles inhaltslos zu machen», schreibt er und erwähnt danach – als Gegenstück zum allgemeinen Zerfall der heutigen Zeit – ein Verhältnis (auch bekannt aus der Presse), in dem ein junger Mann aus einem Dorf in Jütland seine Frau aus Eifersucht ermordete. «Es war klar», schreibt Krarup, «daß er eher seine geliebte Frau umbringen wollte, als sie in den Armen eines anderen zu sehen ... Für ihn war das alles nicht nur Quatsch. Für ihn hatte es alles Sinn und Form.» Für diesen Mann war die Liebe – der Tod.

Es ist eigentlich nicht sehr konsequent von einem Priester, den Leuten ihre Verzweiflung und zerrütteten Ehen vorzuwerfen, die sie guten Willens versuchen zu flicken oder zu glätten oder unter den Teppich zu kehren, um irgendwie weiterleben zu können. Wäre unser Priester konsequent, sollte er lieber den Leuten ihre Gottlosigkeit vorwerfen. Es ist ja so, daß nicht die Leute plötzlich von Sinnen sind, sonden die Ehen sind unsinnig, nämlich in dem Augenblick, wo sie nicht länger vor und wegen Gott konstituiert werden. Wenn der König nicht mehr Gott auf Erden vertritt, hat er auch keine Funktion mehr, und das gilt auch für die Ehe: Sobald sie zu einer Privatsache je nach Belieben wird, ist sie sinnlos, dann ist «Treue» nichts als Quatsch und Qual. Dann sind Königtum und Ehe beide tote Institutionen, wenn sie auch beide immer noch die Men-

---

* Pastor Søren Krarup ist ein evangelischer Pfarrer in Dänemark. Seit Anfang der siebziger Jahre bekannt für seine polemischen Zeitungsbeiträge, insbesondere zur Frauenemanzipation und Kindererziehung. In progressiven Kreisen gelten seine Ansichten als reaktionär. (Anm. d. Übers.)

schen in ihrem archaischen Griff haben. Die Ehe als Institution sollte Lückenbüßer für den «unendlichen Wesensunterschied zwischen Gott und den Menschen» sein und als solche die sonst unmögliche Vereinigung mit Gott symbolisieren – sonst ist sie tatsächlich überflüssig. Weiterhin ist die Ehe dazu bestimmt (durch dick und dünn), ein Leben lang zu dauern. Und das tut sie laut Scheidungsstatistiken nicht und ist somit sinnlos. Und wenn das Leben erst sinnlos geworden ist, können die Leute ebensogut versuchen, sich andere Lebensformen auszudenken. Das tun sie scheinbar auch schon längst – wenn auch die Versuche sich meist als Aus- und Aufbrüche manifestieren. Aber es hat keinen Zweck, daß der Priester Liebe in der Ehe predigt, das muß man schon den Leuten selbst überlassen. Dann soll er lieber andere Aspekte der Ehe hervorheben, die wichtiger sind als die Liebe, aber der Priester soll uns nicht ein Bild der Liebe vorgaukeln.

Wenn wir nicht länger in Zweierbeziehungen leben, weil es so «richtig» sei, sondern damit es uns «gutgeht», dann heißt es geschichtlich, daß eine ganz neue Denkweise in der Arena des Zusammenlebens vorgestellt wird. Inwieweit die neue Moral gut oder schlecht ist, kann ich nicht entscheiden – ob sie Ausdruck einer teuflischen Vergnügungssucht oder ob sie die Voraussetzung für die allgemeine Verwirklichung des neuen Phänomens – also der Liebe – ist, weiß ich nicht. Jedenfalls hat sie nichts mit dem Sinn der Ehe zu tun.

Wie jedermann weiß, basiert die Ehe nicht auf Liebe. Die Liebe ist in die Familie eingedrungen zu einem Zeitpunkt, als diese sowieso in Auflösung war. Die Liebesehe ist höchstens hundert Jahre zurückzuverfolgen, und erst in diesem Jahrhundert hat sie sich in allen Gesellschaftsschichten breitgemacht. Ob die Ehe als Liebesträger von vornherein zum Scheitern verurteilt ist, kann niemand wissen. Dazu ist die Liebesehe noch zu neu. Es ist möglicherweise des Teufels Werk, der Liebe so viel Wert beizumessen, aber auch in dem Fall kann man nur feststellen, daß die Menschen völlig besessen sind – jetzt, wo sie einmal Blut gerochen haben ... Es wäre vielleicht vernünftiger gewesen, wenn die Liebe auch weiterhin nur Fürsten, Hofschranzen und Romanautoren vorbehalten wäre, aber jetzt ist das Unglück halt passiert, Herr Pastor.

Das Kassenstück «Der letzte Tango in Paris» ist nur eins der tausend Zeichen von Verzweiflung. Bertolucci gibt uns keine Chance, zusammenzusein – weder innerhalb der Ehe, die sich zu «pop» entwickelt hat, noch außerhalb in dem romantischen, individualistischen Leidenschaftsverhältnis des beziehungslosen Eros. Vielleicht ist die Pleite darauf zurückzuführen, daß diese Liebe nicht transzendental ist – daß sie alles und alle und außerdem den «verdammten Gott» heraushält. Diese Liebe soll vergessen machen – sie ist wie der Todestrieb. Es ist die *Ekstase*: all das, was jenseits von Beständigkeit passiert, dort wo die Zeit aufhört: «Verweile doch, du bist so schön» und der ganze Kram. Der Tod ist der einzige Ort, wo europäische Liebende sich in befriedigender Weise vereinen können. Ob es unmoralisch ist, vor anderen Leuten zu fliehen, weiß ich nicht. Ich weiß nur, daß es tödlich ist. Mit gekappten Antennen fahren sie mechanisch durch das traditionelle sado-masochistische Ritual der Demütigung, indem sie sich nie zur selben Zeit lieben und sich so nie treffen (unter anderem weil es keine Gegenseitigkeit gibt und zwischen den Geschlechtern auch nie eine gegeben hat). Das nimmt normalerweise ein tödliches Ende. Diese Liebe kann man wohl «des Fleiches Verdammnis» nennen. Und die Ehe ist nicht sehr viel lebensbejahender.

«Wie siehst du die Ehe?» fragt der zukünftige Ehemann der Heldin im Film.

«Ich sehe sie überall, an den Mauern, an den Fassaden, auf den Plakaten», antwortet sie. Die Ehe ist *pop,* ein kleines Unternehmen mit zwei reibungslos funktionierenden Funktionären. Geht das Unternehmen kaputt, repariert man es wieder.

Ihr Zukünftiger filmt sie von morgens bis abends, und das wird er so weitermachen, obwohl sie protestiert. «Es ist ein Liebesfilm», vertraut er ihr an. Das eheliche Zusammenleben ist eine Illusion und eine Konvention, er vermag sie nur durch eine Linse zu sehen und ist ununterbrochen mit seinen optischen Betrügereien und mit der Suche nach neuen Perspektiven der Unwirklichkeit beschäftigt.

Der Yankee ist es, der die Heldin mal gründlich über die «Scheißfamilie» aufklärt: «Ich werde dir von der Familie erzählen, der heiligen Institution, die die Wilden bezähmt, von der Kirche der guten Bürger, in der die Kinder gepeinigt werden, bis sie gelernt haben, ihre erste Lüge zu sagen, in der der Wille durch Unterdrückung zerschmettert und die Freiheit durch Egoismus geknechtet wird, die Scheißfamilie, oh, Gott, Jesus», weint er.

Ihr zukünftiger Ehemann sagt, sie seien erwachsen.

Aber was machen Erwachsene?

«Wir müssen neue Verhaltensweisen, neue Wörter erfinden», sagt sie. Und das ist bestimmt eine gute Idee, denn sonst sieht es für sie alle ziemlich böse aus.

Als der Yankee sie schließlich doch kennenlernen will und sagt, daß er sie liebt, da wird es für ihn tödlich. Und das hätten wir uns gleich denken können, denn Liebe ohne Tod und Schmerz ist für Europäer wie Yin und Yang für andere Leute. Die Assoziation Tod – Liebe ist in unserer Kultur so sicher wie das Amen in der Kirche – oder wie die Authentizität der europäischen Geschichte, in der mit ziemlicher Genauigkeit der zeitliche und örtliche Ursprung der romantisch-leidenschaftlichen Liebe festgestellt werden kann – mit Betonung auf Leiden.

Die Sprache und Mechanik der westlichen Liebe scheint Anfang des 12. Jahrhunderts als Teil eines politisch-ketzerischen Kampfes in der Provence entstanden zu sein – in der «Guerillabewegung» der Katharer gegen die größte politische Partei Europas, die römische Kirche, die ganz Europa überrollte und dem Volk die Ehedoktrin aufzwang. Man sagt, Mystik sei sublimierte Erotik. Aber hier war es genau umgekehrt. Die Katharer, jene «Reinen», tarnten ihren Glauben an die «Kirche der Liebe» als die Liebe zu einem Menschen – eine Burgfrau – (verheiratet und unerreichbar), und die ketzerische Botschaft wurde durch die Guerillatätigkeit der Troubadours, nämlich die Dichtung, von Burg zu Burg verbreitet, so, daß die römische Kirche nicht davon Wind bekam, daß sich hier in Wirklichkeit ein Aufstand gegen das Establishment verbarg. So besetzt die leidenschaftliche Liebe die Psyche der europäischen Elite, die gerade erst zum Christentum bekehrt wurde und unter der neuen Ehedoktrin leidet.

Über die Kirche der Katharer «Die Kirche der Liebe» schreibt Denis de Rougemont in dem klassischen Werk «Die Liebe und das Abendland»:

«Die Kirche der Liebe erzeugt unzählige mehr oder weniger geheimnisvolle, mehr oder weniger revolutionäre Sekten, deren Züge von einem gemeinsamen Ursprung zeugen, einer stur beibehaltenen Tradition. Charakteristisch für alle diese Sekten ist die Opposition zum Dogma von der Dreieinigkeit (auf jeden Fall in ihrer orthodoxen Form); ihr exaltierter Spiritualismus; ihre Doktrin von der ‹strahlenden Freude›; ihre Verleugnung von Sakrament und Ehe; ihre absolute Verurteilung jeglicher Art der Kriegsbeteiligung; ihr Antiklerikalismus; ihre Vorliebe für Armut und Askese Vegetarismus; und schließlich ihr Gleichheitsgeist, der manchmal bis zum totalen Kommunismus gegangen ist.»[27]

Nun, während einer der großen Kreuzzüge wurden die Katharer alle miteinander ausgerottet. Aber die leidenschaftliche Liebesdoktrin blieb bestehen. Und besteht noch. Daher ist es wichtig zu betonen, daß ihr Ursprung unehelich ist, daß sie ein westliches Phänomen ist und in ihrer volkstümlichen Verbreitung ein realtiv neues. Die gängige Auffassung von der Liebe als einem universellen, ewig gültigen, allgemein menschlichen Anliegen, einem Rätsel, das wir Menschen nun einmal akzeptieren oder auch verwerfen müssen je nach Begabung, ist ein totales Mißverständnis. Die Liebe ist nur aus politischen Gründen zum Rätsel gemacht worden. «Sobald der Verstand versucht, das Verliebtsein zu erklären oder in Gedanken zu fassen, zeigt sich die Lächerlichkeit, und das heißt eigentlich, daß der Verstand lächerlich wird», sagt Kierkegaard. Und wenn die Leute verletzt und wütend jede Diskussion über die Liebe als reinen Zeitverlust ablehnen, weil man nicht über das «Unaussprechliche» reden kann oder weil «es nichts nützt, die Kehle der Nachtigall zu öffnen, um das Geheimnis ihres Trällerns zu enthüllen», dann ist dies nur eine ganz symptomatische Reaktion in Übereinstimmung mit der europäisch-mystischen Tradition.

Man kann schon behaupten, daß Gefühle wie Trauer, Freude und Verliebtsein überall in der Welt die gleichen sind. Aber die Bedeutung, die man diesen Gefühlen beimißt, unterscheidet sich sehr von Kultur zu Kultur. «Nur wenige würden sich verlieben, wenn sie nie von der Liebe gehört hätten», schreibt Larochefoucauld, und viele Völker würden sich entschieden bedanken, die westliche Version der Liebe in ihre Familien hineinzubekommen. Das, was es schon immer und überall gegeben hat, ist die gegenseitige Anziehung der Geschlechter, und was man außerhalb von Europa kultivierte, waren verschiedene Formen des Eros. Plato hätte unsere schmerzvolle Liebe tragikomisch und die alten Chinesen hätten sie unpassend gefunden. Natürlich ist es schon mal vorgekommen, daß ein Nichteuropäer sich verliebt hat, aber sobald die Familie oder der Stamm Wind von solchem Wahnsinn bekam, waren die Amor-Betroffenen Verdammte – und keine Helden wie in der europäischen Tradition. Rougemont schreibt: «Ich würde ohne weiteres den europäischen Romantiker als einen Mann definieren, dem der Schmerz, und insbesondere der Schmerz der Liebe, der vortrefflichste Weg zur Erkenntnis ist.» Die Haltung des Europäers, der sein Leben damit verbringt, sich immer wieder die Frage zu stellen: «Bin ich wirklich verliebt, oder bin ich in das Verliebtsein verliebt, oder bin ich nur in mich verliebt?» würde ein chinesischer Psychiater als ein Symptom des Wahnsinns betrachten. Wir kultivieren das Leiden und nehmen den Wahnsinn ernst. Das Erscheinen von «Die Leiden des jungen Werther» reichte, um eine Selbstmordlawine über Europa auszulösen. Daß «die Liebe blind» und «zwei und zwei vier» macht – beides stellen wir mit derselben Überzeugung fest und schreiben dem geliebten Objekt Eigenschaften zu, die sonst niemand sieht. Und ist die Liebe wieder vorbei, stellt man fest, daß das Ganze ein Irrtum war. Aber damit hat man den Irrtum nicht erklärt. Die Natur und die Instinkte irren sich nicht in der Weise. Wenn ein Irrtum vorliegt, dann nur als Ausdruck des Intellekts – eine fixe Idee.

Traditionsgemäß sind die Europäer eher in diese fixe Idee verliebt als in die Menschen. Das Geheimnis um die europäische Leidenschaft ist die Sehnsucht, vom Triumph der Liebe in die Pfanne gehauen zu werden – tot beim ersten Blick! Unser Liebesmythos enthält ein Alibi des Wahnsinns, nämlich den Zaubertrank oder den Giftbecher, der uns die Verantwortung abnehmen oder unseren Irrtum entschuldigen soll. «Wir können nichts dafür.» Die Liebe ist stärker als wir, «C'est plus fort que nous», lautete der Refrain in dem Liebesfilm «Ein Mann und eine Frau». Der Zaubertrank gehört zu den Hauptzutaten des Tristan-und-Isolde-Mythos, dessen Ursprung zeitlich mit der Troubadourdichtung zusammenfällt und die Handlungsgrundlage für die gesamte europäische Liebesliteratur bildet. Was wäre der Roman ohne die Liebe – das heißt ohne das Dreiecksdrama? In allen bürgerlichen Dreiecksdramen tauchen immer wieder Versionen des Tristan-Mythos auf. Isolde ist die vereinsamte, frustrierte «grüne Witwe», die Groschenromane liest – König Mark ist der Hahnrei und Tristan der junge Liebhaber. Dabei ist für alle diese Dramen entscheidend, daß die Leidenschaft der Liebenden nicht einmal eine Stunde dauern würde, gäbe es nicht diesen dritten Mann, den Betrogenen, der die Leidenschaften anstachelt. So muß auch die Schilderung der Liebe – um der Befriedigung willen – notwendigerweise auf das Unerlöste und Hoffnungslose bauen – sei es in Form von Trennung, Skandal, Unglück oder Selbstmord. Denn «über die glückliche Liebe gibt es keine Geschichten», behaupten wir und drücken somit aus, daß wir vielleicht nur Anfänger in Sachen Liebe sind – Analphabeten.

Bürgerlichkeit stellte keine Bedrohung für die Romantik dar – die beiden haben sich verlobt. Die «Happy-end»-Geschichten drücken nur das Bedürfnis aus, den Mythos zu genießen – ohne allzu viel dafür bezahlen zu müssen. Das romantische Bedürfnis, alles aufs Geratewohl treiben zu lassen. Das Gute an den «Happy-end»-Geschichten ist gerade, daß sie scheinbar das Bürgertum von seinen ihm innewohnenden Widersprüchen erlösen.

Die letzten 800 Jahre der Intimgeschichte Europas sind durch den Gegensatz zwischen Liebe und Ehe gekennzeichnet. Das heißt, daß die Misere der Europäer größtenteils auf den Begriff «Untreue» zurückzuführen ist. Aber wenn auch in all den Jahren die Phantasie von der Liebe besessen war, heißt das nicht, daß sie im sozialen Sinne besonders verbreitet gewesen ist. Nur langsam ist die Liebe in die Familien der Oberschicht gedrungen, dort, wo Romane gelesen wurden, aber nur solche mit dramatischen Konflikten, weil Liebe nicht Sinn des Familienlebens ist. Die Familie ist für die Kindererziehung da – die Ehe für Gott. Gehen diese Aufgaben verloren, sind die Institutionen gestorben. Jetzt, wo alle traditionellen Kriterien für Zeugung – Rang, Stand, Blut, Erde, Besitz und Mitgift – wegfallen, erscheint die Liebe als eine völlig neue Sinnfigur für soziales Verhalten aller Gesellschaftsschichten. Aber sie bleibt eine Negation der Ehe – möglicherweise der Zweierbeziehung überhaupt. Die Liebe ist zu neu, als daß man sehr viel über sie sagen könnte.

Wir haben die Pornographie freigegeben, um uns von ihr zu befreien. Die Sinnlichkeit ist von der Lebenssphäre ausgeschlossen worden – sie hat nur ökonomischen Wert als Ware. Die Liebe war schon immer eine anarchistische Kraft. Um sie zu zähmen, hat man den Menschen nach dem Teile-und-Herrsche-Prinzip in Geist und Fleisch, Körper und Seele, Vernunft und Sexualität aufgeteilt. Die heutige Tendenz reduziert den Menschen zum bloßen Geschlecht und scheint die traditionelle Abwehr des heidnischen Mannes gegen den Mythos von der unglücklichen Liebe zu sein. Vielleicht warten wir auf andere Mythen. Jedenfalls spürt man eine Sehnsucht, das Genie mit den Genitalien – die ja ursprünglich zusammengehörten – zu vereinen. Und nicht zuletzt spürt man die Sehnsucht, sich mit anderen zu vereinigen. Die privaten Krisen, die in Zukunft auf Leinwänden und Bildschirmen erscheinen werden, erzählen die schmerzlichsten Geschichten – eine Umwälzung in der Geschichte Europas, die meines Erachtens wichtiger ist als die EG – der Bankrott der individualistischen Liebe.

«Die Einsamkeit ist total, die Gemeinsamkeit ist reine Illusion», sagt Johan, oder war es Marianne – oder wer denn nun?

Dorotea

Ich habe ein Mädchen zu Dorotea auf den anderen Flur geschickt, um die Gedichte zu holen. Blaues Seidenpapier, in zartgrünes Wildleder gebunden. Sie waren ja sowieso nicht für sie. Die Botschaft, die das Mädchen überbringen sollte, lautete in ihrer herzzerreißenden Schlichtheit: «Suzanne fragt, ob sie die Gedichte wiederhaben kann. Du kannst sie zwar behalten, du mußt dir nur darüber klar sein, daß sie sowieso nicht für dich waren.» Ich kann mir aber genau vorstellen, wie sie zu ihr hereinlatscht und irgendeine lässige Bemerkung macht, wie zum Beispiel: «Suzanne braucht irgendwelche Gedichte, die sowieso nicht dir gehörten», oder so was Ähnliches. Vielleicht hätte ich doch besser den genauen Wortlaut aufschreiben sollen. – Nein, hätte ich eben nicht.

Ich hatte absichtlich auch gesagt, daß sie die Gedichte von Herzen gern behalten könne, wenn sie sich nur klarmache – mit Betonung auf *klar* – daß ich sie nicht für sie geschrieben habe. Das war so ungefähr das Boshafteste, was mir im Moment einfiel, und das lag nicht nur am Fieber, obwohl man als Kranker eben nicht mehr klar denkt und da besonders zu plumper List und boshaften Plänen neigt … Die Dunkelheit und der kalte Schweiß – ist das etwa nicht auch ihre Schuld, daß ich überhaupt krank bin? Vielleicht werde ich sogar sterben!

Der Gedanke wird wieder verworfen – weil ungeeignet für weitere Bosheiten. Das trifft nämlich nicht sie, sondern nur mich. Und für mich ist es ohnehin schon schlimm genug, einen ganzen Monat mit Fieber im Bett verbracht zu haben wegen so etwas Verrücktem, das man normalerweise Liebe nennt. Aber, me voilà! Der Arzt füttert mich täglich mit Penicillin und spricht von einem Virus. Von wegen! Die schäbige Welt ist schuld daran, daß ich nicht wieder gesund werde.

Dabei habe ich mir alles sehr schlau ausgedacht – meiner Meinung nach. Wenn ich ihr nämlich sagte, daß sie die Gedichte behalten könne (die ich mal vor hundert Jahren für sie geschrieben habe), sie sich aber nur klarmachen müsse, daß sie nicht für sie waren, dann würde ich sie vor eine Wahl stellen und sie in eine Identitätskrise hineinsteuern – wer sie denn überhaupt sei? Quatsch! Die Frage war, ob ich sie dazu bringen könnte, sich für die Person, der ich die Gedichte geschrieben hatte, oder für diejenige, die mich im Stich gelassen hatte, zu entscheiden. Für mich war das nicht ein und dieselbe Person. Sie hatte mir die einzige Art der Untreue gezeigt, die mich wirklich umhaut: Sie hatte das, was mich an ihr besonders fasziniert und was ich so sehr an ihr geliebt hatte, verraten und war ein anderer Mensch geworden. Aber das ist auch Quatsch, denn was ich besonders geliebt hatte – ihre Leichtfertigkeit –, war ja gerade der Grund dafür, daß sie mich so einfach verlassen hatte. Das war zwar sehr logisch, aber das hat es auch nicht einfacher gemacht.

Ich lag im Bett und versuchte mir vorzustellen, wie sie wohl reagieren würde. Hoffte im Grunde genommen, daß sie *selbst* zu mir herüberkäme – ohne Gedichte (es ist völlig egal, für wen sie sind) und ohne Worte –, daß sie einfach ihre Hand auf meine Stirn legte. Nicht, damit es wieder so wird wie früher, ich bin ja nicht von gestern, sondern einfach, um eine kühlende Hand auf mein Fieber zu legen. Möglich, daß wir uns dann angegrinst hätten, eine Sekunde lang. Möglich.

Wahl, Identitätskrise, ha! Dorotea und wählen, oder Dorotea und Identitätskrise – daß ich nicht lache! Nicht, daß diese Art von Begriffen in Verbindung mit Dorotea irrelevant wäre. O nein, im Gegenteil. Dorotea war eben nur nicht sehr bewußt, am wenigsten ihrer selbst, die Arme. Nun ja, das war wohl auch der Grund, weshalb man sie überhaupt hatte verführen können. Darum: Nur nicht jammern. Übrigens: Bin ich es überhaupt gewesen, die sie verführt hat, wenn ich fragen darf?

Nein, natürlich glaubte ich nicht, daß sie selbst kommen würde. Das Schlimmste war die Tatsache, daß ich eigentlich sehr wohl wußte, daß diese meine boshafte List, mein durchkonstruierter Satz: «Behalte sie ruhig, aber sie sind nicht für dich», auf sie überhaupt keine Wirkung haben würde. Egal, welche Gemeinheiten ich auszudenken vermochte – und wären sie noch so verschnörkelt –, sie gingen ja doch spurlos an ihr vorbei. Und wenn ich einfach handgreiflicher würde und sie mit etwas so Simplem wie einem Messer bedrohte, dann würde sie sicher nur weglaufen. Noch nicht einmal selbst rüberkommen und mich umarmen, die dumme Sau. Sie war so unkompliziert wie nur etwas, und mich hat sie einfach weggeworfen, sie hat mich weggeschnippt, so wie man eine Raupe vom Ärmel wegschnippt. Schluß, aus! Denn sie gab natürlich keine Erklärung. Jetzt konnte man also nicht einmal mehr diese letzten «wollüstigen» Phasen der Liebe, wo alle die «Wahrheiten» herausmüssen, durchleben. Und sie machte das schon ganz richtig, das Luder, sie war ja nicht dumm – oder besser gesagt, sie wußte instinktiv, daß sie in einer Diskussion den kürzeren ziehen würde. Ich hätte sie ganz sicher überzeugen können, daß sie mich über alles in der Welt liebe, sie es nur nicht wisse ... Uh. Ob ich sie zu sehr dominiert, zu viel von mir in sie hineingeflößt habe? Ich habe es jedenfalls nicht gewollt. Ich könnte ihr vielleicht einen Brief schreiben, einfach um ihr zu erzählen, wie sie *tatsächlich* ist, ich könnte sie ja mit ihrem «wahren Ich», an das ich nicht glauben konnte, konfrontieren, fünfundzwanzig Seiten lang, bitte schön! Dummes Stück! Aber das fehlte gerade noch, daß *sie* mir fünfundzwanzig Seiten entlockt, um sich schön darin spiegeln zu können! Um Himmels willen! Es war schon eleganter, einfach zu sagen: «Du kannst sie behalten, aber sie sind nicht für dich.» Kurz und bündig.

Ich wußte genau, daß ihre Reaktion bestenfalls eine leichte Verärgerung darüber wäre, die Gedichte wieder abgeben zu müssen. Selbst wenn man davon absieht, daß das Papier und das Leder besonders schön waren, ein Schmuckstück für jeden Tisch, so waren die Liebesgedichte schließlich für sie geschrieben – und Liebesgedichte kriegt man bekanntlich nie so viele, auch nicht die dumme D. Sie handeln zwar von Mnadsidiki und Bilitis, von Pamphylien, Mänaden und Najaden, jungen Kurtisanen in Tuniken und Sandalen, von Brüsten wie Vögelchen, in Milch gebadet, parfümierten Achselhöhlen und so weiter. Aber sie waren an Dorotea geschrieben, und da sie sentimental genug war, um verwelkte Rosen und Samtbänder zu verwahren, hätte sie sicher auch ganz gerne die Gedichte behalten – als Erinnerung. Igitt! Als Erinnerung an die Jugendzeit im Internat. Eine etwas verwirrende, bittersüße Zeit (bah!), in der man noch nicht (ach, was für nette Erinnerungen!) den Unterschied zwischen Arsch und Schnute kannte. Ich glaube zwar schon den Unterschied zu kennen, obwohl der Gott sei Dank nicht immer so wichtig ist.

Jedenfalls habe ich sie nicht deswegen geliebt, weil ich nichts Besseres kriegen konnte. Wenn ich auch jetzt dalag und versuchte mir einzureden, daß ich sie nicht *wirklich* liebte. Die Liebe zwischen zwei Frauen ist immer doppelt narzißtisch. Wen liebt man mehr, die andere oder sich selbst? Man kann sich gar nicht richtig auseinanderdividieren, und das ist einfach doppelt wundervoll. Ich holte einen alten Trostgedanken aus meinem Hinterkopf hervor: Es gibt unendlich viele Menschen auf der Welt – warum denn wegen eines einzigen so leiden – wegen eines kleinen Schulmädchens? Nicht das Schulmädchen ist lächerlich, sondern das Leiden als Kriterium für die Ernsthaftigkeit (der Liebe). Diese Liebe kann unmöglich natürlich sein. Nicht, daß ich besonders am «Natürlichen» interessiert wäre. Aber ich interessiere mich allgemein für die Liebe. Und da lag ich und erzählte mir immer wieder, daß eine eingesperrte Liebe immer verzerrt erscheinen muß. Das Fehlen eines Blickes bekommt wahnsinnige Dimensionen. Eingesperrt wird es plötzlich schwierig, überhaupt zu fühlen, was man empfindet, weil die Gefühle anderer in einen selbst hineingedichtet werden. Da lag ich aber und liebte Dorotea – oder haßte sie –, eine unwürdige Form der Liebe, auf die ich nicht näher eingehen möchte.

Einen Monat lang hat mich niemand besucht. Mit «niemand» meine ich die Mädchen, mit denen Dorotea und ich immer zusammen waren. Sie halten jetzt alle zu Dorotea – wie ich erfahren habe –, und vielleicht bilde ich mir das nur ein, aber ich spüre, wie sie triumphieren: «Dorotea bleibt nun vor weiteren Versuchungen bewahrt.» Jeder weiß doch, daß die Liebe zwischen zwei Mädchen notgedrungen ein böses Ende nehmen muß. Das Gegenteil zu beweisen liegt bei mir, und ich liege im Bett und hasse ...

Wenn ich sie zu verstehen versuche – warum soll ich nicht so großzügig sein? –, so glaube ich, daß sie darüber erleichtert sind, daß das girrende Liebespaar, Dorotea und ich, auseinander ist. Sie fanden uns unerträglich und provozierend, weil das Verhältnis zwar für sie verschlossen war, aber zugleich so viel Überschuß produzierte, daß wir sie lachend mit einbeziehen und ihnen ein bißchen von unserem Glanz abgeben konnten– wenn wir Lust dazu hatten. Sie fühlten sich zu uns hingezogen, aber sobald sie innerlich Anlauf nahmen, sperrten wir ihnen den Weg und schickten sie wieder zurück in die Dunkelheit. Kein Wunder, daß sie neugierig, entrüstet und neidisch waren. Ich bin überzeugt davon, daß sie das waren. Aber jetzt geht es ihnen sicher besser, jetzt ist die Welt wieder in Ordnung: Mädchen, die miteinander schlafen, sind pervers, und das muß ja ein böses Ende nehmen.

Nehmen wir zum Beispiel Else, die von Herzen gern egal wo und wie enden würde – auch ganz böse, wenn es sein müßte –, wenn sie nur mit von der Partie sein könnte. Schon bevor ich Dorotea näher kennengelernt hatte, versuchte Else mein Interesse zu wecken, indem sie sich auf eine recht eindeutige Weise an mir rieb. Ich habe mich sexuell noch nie besonders für Frauen interessiert, ich war aber auch nicht desinteressiert. Es war wohl eher ein ganz allgemeines Interesse. Wenn ich mich um Frauen nicht besonders gekümmert habe, liegt es hauptsächlich an dem Gefühl, eine unverhältnismäßig große Verantwortung dabei übernehmen zu müssen. Sie wollen getragen werden – oder besser gesagt: Sie lassen sich auf Händen und Füßen tragen. Und man muß sogar ihre Gewissensbisse und Katergefühle pflegen und am liebsten auch noch immer eine komplette Lebensanschauung parat halten. Eine Lebensanschauung, die darauf hinausläuft, daß sie nicht «gesündigt» haben, sondern so etwas wie eine Heldentat begangen haben, indem sie etwas Neues in sich entdeckt haben. Sie müssen immer Pioniere irgendeiner Sache sein, um sich überhaupt mit der eigenen Sexualität anfreunden zu können. Und das kann ermüdend werden. Während ich dalag, habe ich mir versprochen, von jetzt an nie mehr mit einer Frau zu schlafen – es sei denn, sie sagt selber, daß sie das will, oder gibt zumindest ein Zeichen.

Else hatte zwar mehr als das getan. Aber an Else konnte ich die Brüste nicht ausstehen. Milchige, fette Schlagsahnetitten. Solche Brüste mögen vielleicht an sich ganz geil machen, aber die *Art und Weise,* wie sie sie verwendete, konnte ich nicht vertragen. Sie trug sie durch das Leben, das heißt durch die Schule, als ob ihre ganze Person in diese Ballons hineingepumpt wäre, die nun sprungbereit auf jeden lauerten. Wenn sie über Karl XII. abgefragt wurde, lachte sie ihre immer bereitgehaltene «Frauenlache» und streckte dabei die Titten hervor, als könnten sie sprechen. Es gibt vielleicht Brüste, die das können. Ich möchte das nicht einfach so bestreiten. Aber ihre konnten es nicht, und deshalb habe ich mich geschämt. Nicht weil ich neidisch darauf war. Ich gebe es nicht gerne zu, aber ich hatte die ekelhaftesten Phantasien, daß ich die Titten mürbe knetete, sie mit den Händen wie Leberklumpen zermatschte, um sie durch die Finger quellen zu lassen. Oder ich schnürte sie mit einem dicken Verband kreuz und quer zusammen. Ob das vielleicht geradezu eine krankhafte Tendenz bei mir ist? Einmal haben einige von uns ein nacktes Mädchen mit nassen Handtüchern geschlagen, aber im Moment könnte ich nicht mehr sagen, ob es Else war. Ich erinnere mich nur an einen gebückten Körper mit dem Hintern nach oben und dem Gesicht zur Seite gedreht. Ich glaube aber nicht, daß es Else war.

Wirkte Else unappetitlich auf mich, war Dorotea um so ästhetischer. Nun, ich weiß sehr wohl, daß die Ästhetik nichts als Code und Mode ist, und ich bin dankbar, daß es Leute gibt, die sich damit beschäftigen herauszufinden, was das alles für ein kapitalistischer Schwindel ist. Bei Dorotea hatte ich einfach Lust, sie am ganzen Körper abzulecken, die Zähne in ihre Kurve zu setzen, da wo die Hüften sich zur Taille hochschmiegen, ihren strampelnden Körper mit der einen Hand am Kreuz festzuhalten, an ihrem Ohrläppchen zu nippen, die andere Hand um ihren Nacken zu legen und ihre Wimpern auf meiner Wange blinzeln zu lassen und dabei ihren Atem zu inhalieren.

Aber selbstverständlich durfte sie auch etwas dazu sagen, obwohl ich nicht mehr weiß, ob ich sie überhaupt um Erlaubnis gefragt habe. Es gibt Frauen, die «es einfach passieren lassen», wie man so sagt, und genau das tat Dorotea auch – zu meinem großen Entzücken! Aber solche Frauen möchte ich nie mehr haben. Mit denen, die es einfach passieren lassen, ist es dann aber auch plötzlich passé.

Sie hatte genau das, was ich liebe: schöne Schenkel und Hüften und eine wahnsinnig schmale Taille, schmieg- und biegsam, ja. Ihr Torso war so schön und glatt, die Brüste ganz klein – mit den Händen konnte man sie völlig flachdrücken, während sie dalag und ihre Miezekatze vorstreckte (wie wir sie nannten), die feucht, dicht, dreieckig und schwarz war – aber nicht zu naß. Mit ihrem schönen langen Unterleib, ihrer schmalen Taille und ihrem *Torso* war sie alles auf einmal. Voll und stramm. Genau wie einige der Mätressen Modiglianis. Dazu ihr schulterlanges, braunes Haar, blaue Augen, eine gerade Nase und schmale Lippen. Wie Bilitis oder Mnadsidiki? Ab und zu nannte ich sie Okapi wegen der Schenkel, und sie nannte mich Giraffe wegen eines hellen Muttermales auf meinem Bauch. Natürlich war es eine Traumwelt, obwohl ich nicht ertragen kann, daß man immer alles einen Traum nennt, nur weil es schön ist.

Bevor wir uns überhaupt geküßt hatten – ach, diese süße, spielende Zunge –, haben wir uns hauptsächlich über Männer unterhalten. Schwänze. Hin und zurück und rein und raus – monatelang. Wenn wir im Speisesaal saßen, jeder an einer der Schmalseiten des Tisches, und Dorotea mit ihrem Messer herumfuchtelte, während sie es mit den Fingerspitzen eindeutig streichelte, haben wir vor lauter Lachen richtig geheult. Ansonsten reichte eine Kerze, um uns in einen Lachkrampf zu versetzen.

Nun hatte ich damals zufällig das Glück, einen Liebhaber in Tokio zu haben, der mir gerade einen ziemlich ausgeklügelten Phallus in einer Schachtel aus rohem Zitronenholz zugeschickt hatte. In seinem trockenen eingeschrumpften Zustand sah er einfach aus wie ein heller Zweig, aber wenn man ihn zwei Minuten in lauwarmes Wasser legte, so wie es in der Gebrauchsanleitung (in den fünf Weltsprachen) angegeben war, quoll er auf. Natürlich war es ein bißchen ärgerlich, auf ein freies Waschbecken warten zu müssen, während die anderen Zähne putzten und Füße wuschen, aber Geduld ist bekanntlich eine Tugend.

War es denn hinterhältig, Dorotea von ihm zu erzählen? Ehrlich gesagt. Wir waren völlig nüchtern. An einem Sonntagabend saßen wir nämlich mit vierzig anderen Mädchen in der dunkelroten guten Stube und stickten, während der Direktor aus der «Lebenskunst ohne Philosophie» vorlas. Da habe ich Dorotea etwas von dem Phallus zugeflüstert, ohne Berechnung, wie ich meine. Ich habe ihn weiß Gott nicht besser gemacht, als er war. Dorotea hat gleich gefragt, ob sie ihn sehen könne, und ich habe gesagt, daß sie um zehn Uhr in mein Zimmer kommen könne, nachdem das Licht aus wäre. Das Licht sollte um zehn ausgemacht werden, aber wir haben immer eine Bettdecke vor die Tür gehängt, damit der Diensthabende keinen Verdacht schöpfte.

Ob es an mir oder an dem Phallus lag, daß sie kam, ist mir völlig egal. Um halb elf stand Dorotea in meinem Zimmer. Ich schlug die Decke zurück, und sie legte sich zu mir, still und gedankenlos, glaube ich. Es gibt nichts Einfacheres als Frauen. Wenn man erst Körper an Körper liegt – die Bürste ganz dicht aneinander und die Beine ineinandergeschlungen –, ist die Wollust grenzenlos. Man spürt sich selber, und dem kann keine Frau widerstehen – es sei denn, daß sie sich selber nicht mag.

Ihre Einstellung war so, daß sie sich genausogut in einen Mann mit 100 000 Kronen Jahreseinkommen und Tiefkühltruhe verknallen konnte.

Nicht daß sie ein besonderes Interesse an Geld oder Tiefkühltruhen hatte, aber sie war eben nicht ein Mensch, der irgendwo hinging, sondern der plötzlich irgendwo *war*. Jetzt war sie gerade bei mir. Sie hatte viele kleine Begabungen, unter anderem für Musik, aber meist war das gleichsam von außen aufgesetzt, meine ich jedenfalls, weil sie sich nichts zu eigen machte. Sie besaß eine leicht plumpe Anmut, in die ich mich sehr verliebt habe. Wenn sie sich zum Beispiel ins Bett legte, stellte sie sich erst mit beiden Füßen darauf, hockte sich hin und ließ sich mit einem kleinen Plumps fallen. Aber hauptsächlich strahlte sie wohl das Bedürfnis nach Fürsorge – kümmere dich um mich – aus. Und solange diese Unbeholfenheit an einem siebzehnjährigen Mädchen haftet und es dabei nicht unglücklich ist, findet sich immer jemand, der dieses Bedürfnis erfüllt.

Nun war ich es gerade.

Was ich an ihr liebte, war so eine Art Blumenqualität. Die Blumen suchen sich nie ihren Platz selbst aus. Ob sie nun von der Sonne oder aber dem Mond bestrahlt werden, sie blühen einfach. Genauso war Dorotea. Oder sollte man sie eher mit einem Blatt Papier vergleichen, auf das man Gedichte schreibt? Ja, denn da sie kaum etwas über sich selbst sagte, habe ich sie wohl definiert. Immer mehr – meine aber nicht, daß ich sie dominiert habe. Nach einigen Tagen sagte ich, daß sie ihre BHs wegschmeißen sollte. Aber das war doch nur zum besten für ihre eigenen Brüste, oder? Vielleicht habe ich sie auch mit einem Haufen Theorien vollgestopft, aber doch nur, weil sie mich beschäftigten. Niemand hat behauptet, das sie das alles als Evangelium auffassen sollte.

Ich erinnere mich nicht mehr daran, was Dorotea und ich in den folgenden anderthalb Jahren gemacht haben. Die meiste Zeit verging mit Schule und Aufgaben – und mit Nächten, die uns müde machten. Wir unternahmen Ausflüge in die Heide, aber hauptsächlich mit den anderen Mädchen, wenn sie Lust dazu hatten. Wir fühlten uns dementsprechend angehimmelt, aber unsere Liebe brauchte Zuschauer – in Grenzen, natürlich.

Ich kann mich nie daran erinnern, was Liebende miteinander machen, aber die Höhepunkte waren die stillen Samstag- und Sonntagnachmittage, wenn die Schule leer war, weil die Mädchen über das Wochenende nach Hause fuhren. Die Zurückgebliebenen durften Platten hören, ansonsten durften wir keinen Strom verbrauchen. Und wir spielten Mozart, Klarinetten- und Klavierkonzerte. Dorotea lag mit gespreizten Beinen, und ich rieb meine Wange an der Innenseite ihres Oberschenkels und zählte ihre Haare. Wir frisierten uns gegenseitig, cremten uns ein, kitzelten uns zwischen den Schenkeln mit einem Eau de Cologne-getränkten Wattebausch, den wir anhauchten, und tranken Weißwein und so weiter und so fort.

Aber auch dabei habe ich sie nicht dominiert. Sie saß oft auf mir und kratzte meinen Hals und die Körperseiten entlang und bumste mich ganz vergnügt mit dem, was sie gerade zur Hand hatte.

Ich hatte gewisse Vorstellungen – oder Träume –, daß die Liebe durch das «Teilen» nicht kleiner, sondern eher größer würde. Dorotea hätte ja einfach sagen können, daß es Quatsch wäre, aber das tat sie nicht. Im Gegenteil. Sie beharrte darauf, daß ich ihren Liebhaber mal allein besuchen sollte. Ja, der Gedanke daran machte sie sogar ganz heiter. Ich sollte ihn kennenlernen, sagte sie, das sei doch ganz selbstverständlich. Wenn ich gewußt hätte, daß es ihr so weh tun würde, hätte ich das nie gemacht, denn ich liebte sie mehr als alle meine Träume.

Sie sagte auch nichts, als ich nach den Osterferien zurückkam und ihr davon erzählte. Wir unterhielten uns nicht sehr viel darüber. Für mich war es einfach schön, daß wir zwei waren, dich zu lieben, Dorotea.

Die Sommerferien kamen, ich fuhr nach Osten, und Dorotea machte mit Verwandten Badeferien. Wir haben uns geschrieben. Lange Berichte über Okapis und Giraffen auf der Savanne. Ich schrieb die meisten Briefe, und irgendwann hörte sie ganz auf. Ich war außer mir vor Angst, sie könne krank sein, und konnte es gar nicht mehr abwarten, wieder zurück zur Schule zu fahren. Ich – Gefangene aller Gefängnisse.

Sie war nicht im Zug und auch nicht auf dem Bahnsteig. Als ich sie zum erstenmal wiedersah, lief sie gerade über den Schulhof. Ich stürzte zu ihr hinüber, mit den Armen zur Umarmung ausgebreitet. Sie steuerte genau um mich herum. Ich hätte ihr natürlich nachlaufen können und fragen, was denn los sei, aber ich konnte nicht. Ich konnte einfach nicht. Sie hatte das Gesicht von mir weggedreht, ihre Augen auf irgend etwas hinter mir fixiert, was sollte ich sie dann noch fragen?

Später kam Else und erzählte, daß Dorotea sich mit einem Rechtsanwalt verlobt habe. Ich sagte, das sei doch kein Grund, nicht mehr miteinander zu reden, obwohl mir eigentlich zum Kotzen zumute war. Nicht wegen Dorotea oder dem Rechtsanwalt, ich weiß einfach nicht, warum. «Was hat sie denn so verändert?» fragte ich. «Laß Dorotea in Ruhe. Außerdem war sie mit ihrem Onkel in den Ferien, und offensichtlich hat sie ihm von eurem ‹Verhältnis› erzählt. Er hat ihr nämlich erklärt, wie gefährlich Bisexualität ist. Er ist ja Arzt, und du kannst ihr, ehrlich gesagt, nichts vorwerfen. Du hast dich genug aufgedrängt.»

Ich habe mich zurückgezogen, ohne Fragen zu stellen. Ich habe nur nach den Gedichten gefragt. Das, was mich bei der ganzen Sache am meisten quält, ist das Gefühl, daß meine Liebe nach etwas zielt, das mit Dorotea gar nichts zu tun hat.

Ich habe die Gedichte wiederbekommen.

Etwas Weibliches
und etwas Männliches

Wer nicht über dreitausend Jahre Rechenschaft ablegen kann, lebt angeblich nur von der Hand in den Mund. Dies kann man jedoch keinesfalls von Karen Blixen* behaupten. Denn eine höhere Instanz hat ihr um die dreitausend Jahre ausgerechnet. Ganz grob. Dies relativ hohe Alter ist natürlich ein Vorteil für eine Person, die sich je nach Lust und Laune in der Zeit hin und her zu bewegen liebt, ohne sich dabei festzulegen. Von einem Mann, der das Gedächtnis verloren hat, sagt man, daß er nicht mehr wisse, wer er sei. Mich würde es nicht wundern, wenn dies auch für eine Frau zuträfe.

Die Frage nach dem Wesen der Frau ist gerade eins der Themen, das Karen Blixen in zwei Essays behandelt: «Daguerreotypien» und «Die Feuerrede». Und da die Frauenfrage immer wieder erneut aufgegriffen wird, kann es sehr nützlich sein, sich an eine dreitausendjährige, mit Erinnerung begabte Person zu wenden. Nicht um zurückzuschauen, sondern um nach vorn zu gehen, und zwar von den objektiven Gegebenheiten aus.

Daguerre hat die Fotografie erfunden. Sie sollte keine Kunst, sondern eine exakte Wiedergabe der Dinge sein. Und die *Dinge* sind auch dann noch interessant, wenn sie nur Zusammenhänge ahnen lassen. Zusammenhänge zwischen den Damenhüten und den Idealen, zwischen den Sofas und den Träumen eines bestimmten Zeitalters. Was Blixen dabei so modern erscheinen läßt, ist die Tatsache, daß sie die Frau nicht als eine natürliche Sache, sondern als eine Idee, als einen Begriff beschreibt. Einen Begriff, dem die Frauen bis zum Äußersten versucht haben, so gut wie möglich gerecht zu werden. Blixen schildert in ihren «Daguerreotypien», wie man – das heißt Männer und insbesondere *Gentlemen* – dachte und welch traumatische Kultur-

* Dänische Autorin (1885–1962), durch zahlreiche Übersetzungen ihrer Werke in verschiedene Sprachen in der ganzen Welt berühmt. Die gebürtige Baronin hat sich wiederholt zur damals aufkommenden Geschlechterdebatte geäußert. Wie ihre glühende Verehrerin Suzanne Brøgger sah Karen Blixen jedoch die Frauen und die Männer eher als vielschichtige Menschenwesen denn als zwei einander entgegengesetzte Geschlechter. Sogar die äußere Erscheinung Blixens hat es der jungen Brøgger angetan. Nicht selten trägt sie die für ihr Vorbild typische turbanartige Kopfbekleidung über stark geschminkten Augen. (Anm. d. Übers.)

revolution ausgelöst wurde, als die Damen anfingen, Fahrrad zu fahren:

«Meine erste Daguerreotypie begegnete mir in Form eines Ausspruches meines Onkels, des Bruders meines Vaters, des Kammerherrn Dinesen von Katholm, der mir um die Jahrhundertwende zu Ohren kam . .

Leute wie ihn gibt es gar nicht mehr. Ich könnte viele Geschichten über ihn erzählen. Sein ganzes Dasein war davon geprägt, daß er als junger Gardeoffizier mit zweiundzwanzig Jahren Prinzessin Dagmar, die dem Großfürst-Thronfolger, dem späteren Alexander III., vermählt werden sollte, als Kavalier nach Rußland begleiten durfte. Da mein Onkel weder viel Geld noch einen Titel besaß, ist anzunehmen, daß er für diese hohe Mission wegen seiner besonders ausgeprägten Schönheit auserwählt worden war. Mein Vater, sein jüngerer Bruder, erzählte von ihm, er sei der einzige vollkommen schöne Mann, den er je in seinem Leben gesehen habe.

Er war ein Poltergeist und Haustyrann, der sich von einer schönen Frau oder einem schlauen Diener um den Finger wickeln ließ. Ich könnte über sein gutes Herz genauso viele Geschichten erzählen wie über seine Vorurteile.

An diesem Sommerabend kam auf jeden Fall irgendwie die Rede auf Fahrräder, die wohl damals keine ganz neue Erfindung mehr waren, aber gerade in allen Kreisen sehr schnell in Mode kamen. Auch bei den Damen. Diese letzte Tatsache ärgerte und empörte meinen Onkel. Am Anfang sagte er, es sei eine Schande, wenn einem Frauen auf Fahrrädern begegneten. Und daß er es nicht ertragen könnte. Und er regte sich dermaßen darüber auf, daß er sich zuletzt mit der Faust aufs Knie schlug und mit der donnernden Kommandostimme eines Offiziers verkündete: ‹Wenn ich eine Frau radeln sehe, meine ich, es wäre mein verdammtes Recht, ihr eins auf den Hintern zu klatschen.›

Ich war damals noch sehr klein und traute mich nicht zu antworten. Ich hatte gerade mein erstes Fahrrad bekommen, schluckte jedoch stillschweigend den in mir aufsteigenden Unwillen hinunter. Meine zwei jungen, schönen Cousinen, zehn bis zwölf Jahre älter als ich, die sehr elegant Fahrrad fuhren, ließen sich aber nicht so leicht kleinkriegen. Mit klaren, festen Stimmen setzten sie sich für ihre Fahrräder ein. Sie waren der Diskussion zwar nicht gewachsen, aber am Ende ließ die eine folgende Bemerkung los: ‹Ha, aber das würde dir doch gar nicht gelingen, lieber Onkel›, sagte sie, ‹denn erstens fährt sie dir weg, und zweitens sitzt sie ja darauf!›

Mein Onkel war etwas verblüfft und fand zunächst keine Antwort. ‹Nein›, antwortete er gewichtig und mit der tiefen Überzeugung des Gerechten. ‹Nein, aber ein Recht dazu – das habe ich, verdammt noch mal.›

Später im Turm und in dem großen Gästezimmer daneben setzten wir jungen Leute die Debatte fort. Meine beiden Cousinen waren immer noch puterrot. ‹Recht!› riefen sie. ‹Von welchem Recht spricht der Onkel eigentlich? – Ich wünschte wirklich, jemand würde es mir einmal erklären!›

Dies versuche ich jetzt – fünfzig Jahre später.»

Karen Blixen erklärt das Recht ihres alten Onkels, einer fahrradfahrenden Frau eines auf den Hintern zu klatschen, mit dem Mythos, daß eine Frau eine Frau sein muß, damit der Mann ein Mann sein kann. Die Ausbildung des Mannes, seine Erziehung zum Gentleman, kostete viel Geld und führte zur strengen Selbstdisziplin in der Unterwerfung unter die damaligen Ideale. Und wenn dann eine Frau auf ein Fahrrad steigt und dadurch verrät, daß auch *sie* unten zweigeteilt ist, verletzt sie nicht nur die Ideale, sondern verspottet auch die Ausbildung des Mannes und was er sonst alles gelernt hat. Ja, sie stellt die ganze Identität des Mannes überhaupt in Frage. Denn dies ist ja die geheime Kraft der Frau – das Mystische. Diese Idee herrschte in den besten Kreisen, und da natürlich nicht *alle* Frauen Geheimnisse haben konnten, wurde es zur guten und leichtverständlichen Regel gemacht, den *Körper* von der Taille ab geheimzuhalten – denn einen Körper hatten wenigstens alle. Und wenn dann eine Frau Fahrrad fuhr, verzichtete sie auf ihre geheime Kraft, ja überhaupt auf ihre Kraft und Existenz. Sie hörte auf, eine Frau zu sein, was bedeutete, daß ein Mann nicht länger Mann sein konnte. Und was würde dann aus der Weltordnung? Die sah man schon immer der Gefahr ausgesetzt, Opfer einer Modelaune zu werden. In diesem Zusammenhang paßte Karen Blixens hilfreiche Betrachtung über Hosen:

«Noch schwieriger wird es sein, den modernen Menschen zu erklären, wie der Rock – das lange Gewand – ein so bedeutungsvolles, ja entscheidendes Symbol für die Würde der Frau geworden war und ihre Beine das einzige hochheilige Tabu. Die Frauen von damals knauserten ja nicht damit, ihre Reize über der Gürtellinie zu zeigen. Ab der Mitte jedoch waren sie Mysterien, heilige Rätsel.

Ich persönlich glaube, es rührt daher, daß Hosen in Wirklichkeit fragwürdige Kleidungsstücke sind, Kleidungsstücke ohne Würde. Sogar die Hosen der Männer trugen in der Zeit der Daguerreotypie die Bezeichnung ‹Die Unaussprechlichen› oder ‹Permissionen›. Oder es ist für einen angezogenen Menschen tatsächlich eine bedenkliche Sache, zwei Beine zu besitzen. Es wird oft behauptet, daß Hosen Frauen nicht kleiden, und dem Urteil möchte ich mich anschließen, muß jedoch hinzufügen, daß sie auch Männern nicht gut stehen. Wenn ich an die Gewänder denke, die meine Freunde unter den Arabern und Somalis trugen, welche Würde und welchen Ausdruck sie den Bewegungen der schlanken Gestalten verliehen, dann kann ich nur unsere europäischen Männer in ihren Röhren bedauern. In Berlin sah ich König Lear in engen Hosen auftreten, und mir war sofort klar, daß so keiner die große Rolle des wahnsinnigen Königs spielen konnte. Der Faltenwurf muß den mächtigen menschlichen Ausbrüchen und Gesten folgen. Die großen antiken Szenen – der Tod des Sokrates, Cäsars Ermordung auf dem Capitol – sind unvereinbar mit jeder Vorstellung von Hosen. Nie hätte Moses in Hosen aus dem Felsen Wasser schlagen können.»

So war das nun einmal. Und die langen Röcke waren das heiligste Attribut der weiblichen Würde.

Der englische Autor Samuel Butler erzählt von einem kleinen Jungen, dessen Weltbild zusammenstürzt, als er, während eines Ferienaufenthaltes, in dem er das Zimmer mit zwei jungen Tanten teilen muß, diese aus der Krinoline steigen sieht, langbeinig und zweigeteilt. Hatte er doch bis zu diesem Augenblick geglaubt, Damen würden vom Gürtel bis zum Boden in einem Stück durchgehen.

In den Zeiten, als es für eine Frau besser war, von ihr zu sagen, um ihretwillen seien viele Männer unglücklich geworden, anstatt daß sie viele glücklich gemacht hätte, teilte man die Frauen ganz grob in drei Gruppen: Schutzengel, Hausfrauen und Dirnen. Für die letztere Kategorie gibt es weniger schöne Bezeichnungen. Dafür war es aber für Dirnen charakteristisch, daß sie zwei Beine besaßen – und meist sehr wohlproportionierte, da sie ja davon leben mußten. Der Schutzengel und die Hausfrau hatten keine Beine, jedoch eins mit der Dirne gemein: *den Preis*. Der Preis der Frau ist ein ganz zentrales Thema in Blixens Werk, genauso wie der Preis der Frau grundlegend für die Auffassung von der Frau ist, die sich nach der Renaissance durchsetzte: das heißt, seitdem der Kapitalismus, die Kernfamilie und die patriachalische Kultur insgesamt Fuß faßten. Die Hausfrau und der Schutzengel waren von der Existenz der Hure nie begeistert, aber trotzdem stellten sie immer mit Befriedigung fest, wie sich Weiblichkeit in Mark und Pfennig auszahlte.

«Mein alter Freund Mr. Bulplett, der sich selber mit gutem Gewissen durch eine Dirne ruiniert hatte – La belle Otéro –, erzählte mir oft von den großen Kokotten, die während des zweiten Kaiserreichs und bis zur Jahrhundertwende eine bedeutende Rolle spielten. Millionenbeträge gingen jedes Jahr durch ihre Hände. Sie fuhren wie Zolas ‹Nana›, vierspännig zum Rennen, und ihre Juwelen überstrahlten sowohl die des Schutzengels als auch die der Hausfrau. Gaby Desley, erzählte er, war eine der letzten wirklichen Kokotten. Auf die Frage, warum sie jetzt fast gänzlich verschwunden seien, antwortete er nach kurzem Überlegen: ‹Es gibt heutzutage viele Amateure.›»

Oberflächlich gesehen, sind viele Frauen freier geworden. Oder es gibt mehr Amateure, die sich in einer Weise zur Schau stellen, daß man fast glauben könnte, sie wären gratis zu haben. Trotzdem scheint mir die Tendenz auf dem Frauenmarkt – eine Tendenz, die von der Avantgarde bestimmt wird – dahinzugehen, den Preis hochzuschrauben, einen Preis, den vermutlich die wenigsten Männer bezahlen können oder wollen. Doch nicht darum sorge ich mich, sondern daß keine Frau jemals so teuer war wie die heutige: Keine Frau hat ihre Umgebung so viel gekostet wie diejenige, die jetzt versucht, sich von dem Rollenmuster, in das sie qua Anatomie und Mythen geboren wurde, freizumachen. Ich neige auch dazu, meine Erbschaft nicht anzunehmen, aber ich halte es für einen großen Fehler, den Preis in die Höhe zu treiben. Denn das dient bloß dazu, die Marktwirtschaft und Verdinglichung zu zementieren, deren Auflösung überhaupt die Voraussetzung für eine Befreiung schafft. Meiner Ansicht nach bleibt uns nichts anderes übrig, als ganz gratis zu sein, denn soll man Karen Blixen, der alten Hexe, glauben, dann hängt der Preis der Frau dermaßen mit der Weltordnung – oder dem bestehenden System – zusammen, daß eine Frau, die auf ihren Preis vollkommen verzichtet, die Welt ins reine Elend stürzen wird. Das klingt natürlich nicht sehr angenehm, aber warum sollte die Welt auch angenehm sein? Wir kommen wahrscheinlich nicht um das Elend herum, das die «Gratisfrauen» der Welt zufügen werden. Aber ich glaube, wir können uns bei den Hexen Trost holen, denn sie waren alle Tage gratis und kamen trotzdem zurecht – unabhängig von Markt und Männern. Die Hexen hatten ihren Schwerpunkt in sich, und rein strategisch spricht viel dafür, daß unsere heutigen Schwestern, die sich für solidarisch halten, sich bei abnehmendem Mond auf der Heide und in Grünanlagen treffen sollten, statt in Unterkommissionen zu sitzen und Artikel zu schreiben:

«Die Hexe spielte in den verschiedenen Zeitaltern eine mehr oder weniger große Rolle, aber sie verschwand nie vollkommen von der Bildfläche. Für die Männer stellt sich das wohl so dar: Eine Frau, die den Mann entbehren kann, kann möglicherweise auch Gott entbehren; oder eine Frau, die sich nicht vom Mann besitzen lassen will, muß unweigerlich vom Teufel besessen sein. Die Hexe hatte keinerlei Skrupel, ihre Beine zu zeigen, sie setzte sich völlig ungeniert rittlings auf den Besenstiel und flog durch die Lüfte.

Einmal – auch in Afrika – besprach ich dies Thema mit einer alten französischen Freundin. Sie war der festen Überzeugung, daß alle Männer ohne Ausnahme an Hexen glauben. Nur im Ausmaß der Furcht bestehe ein gewisser Unterschied. ‹Je mehr eine Mannsperson wirklich ein Mann ist, meine Liebe›, sagte sie, ‹um so offener wird er seinen Hexenglauben zugeben, um so weniger wird er sie jedoch hassen oder fürchten. Seeleute werden zugeben, daß sie in ihrem Leben mehr als eine Hexe kennengelernt haben. Aber sie werden ihnen gegenüber einigermaßen wohlwollend eingestellt sein und manchmal sogar einräumen, daß sie ihnen zu Dank verpflichtet sind. Stubengelehrte Männer erkennen nur ungern die Existenz der Hexe an, während ihnen die Furcht vor der Hexe tief im Herzen sitzt. Und die Männer, die selber lange Kleider tragen – die Priester –, sie hassen und fürchten die Hexe mehr, als sie deren Herrn und Meister hassen und fürchten ...›

Und fühlen sich die gelehrten Herren bei dem Gedanken, daß die Hexe den Teufel dem Mann vorzieht, in ihrer männlichen Würde gekränkt, dann finden Laien und Naturfreunde ihre Genugtuung in einer anderen Überlegung: Die Grundlage, ja die Bedingung für die Umtriebe der Hexen liegt darin, daß der Teufel maskulin ist.»

In «Die Feuerrede» greift Frau Blixen als Laie die Frage der Frauenbewegung auf. In ihrer souveränen, systematischen Art fängt sie an, darüber nachzugrübeln, wofür wir eigentlich zwei Geschlechter brauchen ... Wer an nichts anderes denkt, hat es natürlich geraten. Und welch ein großes Glück, daß wir uns so sehr von den Tieren entfernt haben, daß für uns das ganze Jahr Paarungszeit ist. Eine Gesellschaft, in der die Anziehungskraft der beiden Geschlechter auf eine bestimmte kurze Periode begrenzt ist, muß, nach Frau Blixen, merkwürdig abgestumpft sein. Das Zweckmäßige an der Spaltung in zwei Geschlechter, meint sie, müsse in der gegenseitigen Inspiration liegen – in der Bedeutung der Wechselwirkung –, in dem, was wir heute sexuelle Dialektik nennen. *Wie groß* und *welcher Art* dieser Unterschied für die gegenseitige Inspiration sein muß, ist indessen schwierig zu sagen. Jedenfalls muß diese ausgezeichnete Wechselwirkung von Anfang an auf einer Vorstellung von Arbeitsteilung beruht haben, bei der das weibliche Geschlecht für die Fortpflanzung und Erhaltung der Gattung sorgt und das männliche für ihre Entwicklung und ihren Fortschritt.

Ich halte die Idee auch für ganz gut, wenn nicht die Entwicklung und der Fortschritt des männlichen Geschlechts uns dorthin geführt hätten, wo wir uns heute befinden und wo es dem weiblichen Geschlecht nicht mehr möglich ist, die Verantwortung für das Weiterleben des Menschengeschlechts zu übernehmen. Die Bedingungen für Leben sind nicht mehr gegeben, was jeder selbst einsehen wird, wenn er nur zwei Minuten überlegt. Soviel über die Idee der Arbeitsteilung, obwohl sie gut war.

Eine andere von Karen Blixen präsentierte Idee sind Kaiser Wilhelms drei Ks: «Kinder, Kirche, Küche». Und die Idee war auch nicht schlecht, wenn sie nur ernst gemeint gewesen wäre. Aber das *war* sie nicht. Denn wir bekamen keine weiblichen Priester, und das Kinderprogramm beschränkte sich auf Schnuller und Windeln, während die Schulen und der ganze Ausbildungssektor den Männern unterstanden. Deswegen sieht die Welt heute auch so aus. In der Küche dominierten schweres Essen und männlicher Geschmack. Die berühmtesten Köche waren Männer. Es sind also viele gute Ideen gewesen. Wenn ich aber Karen Blixen recht verstehe, bleibt, auch wenn alle kulturspezifischen Ausprägungen beseitigt sind, trotzdem ein entscheidender Geschlechtsunterschied zurück, der nicht nur auf Anatomie zurückzuführen ist. Denn sie sagt: «Der Schwerpunkt des Mannes, die Substanz seines Wesens, liegt darin, was er ausführt und ausrichtet, der Schwerpunkt der Frau in dem, was sie *ist*.» Es wäre deswegen Zeitverschwendung, zu konkurrieren, weil jedes Geschlecht seinen eigenen Weg zu gehen hat, wie Läufer und Springer auf dem Schachbrett – und sie sind ja, wie jeder weiß, beide gleich gut, jeder auf seine Weise. Die eigentliche Aufgabe der Frau müßte es sein, ihr eigenes Wesen zu erweitern:

«Und gehen wir noch höher, zu der Frau, die in der Weltgeschichte die allergrößte Bedeutung hatte, die die meisten großen Kunstwerke inspiriert, die unsere Seelen am tiefsten ergriffen und bewegt und am stärksten Sinne und Sitten umgestaltet hat, zur Jungfrau Maria – ob man nun an ihre Existenz glaubt oder nicht –, da gilt dasselbe. Sie hat ihre Macht kraft ihres Seins. Gott schuf Himmel und Erde, Christus erlöste die Menschheit. Aber die Jungfrau Maria hat keine große Tat vollbracht, außer ganz passiv Christus zu gebären, ihr ganzes Wesen Gottes Menschwerdung zu opfern. Und die Menschen wünschen und erwarten auch nichts anderes von ihr. Auf meinen Reisen in den Süden habe ich den Eindruck gewonnen, daß die Jungfrau Maria das einzige himmlische Wesen unserer Zeit ist, das wirklich von Millionen geliebt wird. Aber daß selbst diese Millionen kein Verständnis dafür haben, ja es mir sogar übelnehmen würden, wenn ich ihnen erzählte, daß die Jungfrau Maria eine bedeutende Erfindung gemacht, schwierige mathematische Aufgaben gelöst oder ganz überlegen einen Hausfrauenverein in Nazareth organisiert und geleitet hätte. Nein, sie soll einfach *dasein*. Die Himmelskönigin breitet ihr Wesen auf die ganze Menschheit und die Erde aus, sie unternimmt keine Reise zum Mond, nein, sie steht ganz still darauf.»

In den letzten fünfhundert Jahren hat man der Frau allerlei ihr innewohnende Wesenseigenschaften unterstellt – teils als Kompensation für ihr mangelndes Wissen und teils um die Rechnung aufgehen zu lassen oder dafür zu büßen, daß man falsch gerechnet hat – denn der Mensch war schon immer erpicht auf Harmonie.

Wenn aber eine Frau nichts *kann* und wenn sie nicht gerade die Jungfrau Maria oder etwas Ähnliches *ist*, muß es ein peinliches und ärmliches Vergnügen sein, sein Wesen sogar zu *erweitern*. Es sei denn, die Frau ist gegen ihre eigene, bessere Überzeugung der Auffassung, daß eine Null mehr wert ist, wenn sie groß geschrieben wird.

Nein, ich glaube nicht an diesen Unterschied zwischen Männern und Frauen, und ich hätte fast auch nicht Karen Blixen geglaubt. Aber da es die selige Baronin ist, gibt man ihr am Ende doch nach. Sie spricht zwar von männlichen und weiblichen Eigenschaften oder Kräften – dem männlichen Können und weiblichen Sein –, sie erwähnt aber nichts davon – und wenig deutet auch darauf hin –, daß diese männlichen und weiblichen Eigenschaften notgedrungen und ganz konsequent zwischen Männern und Frauen verteilt sein müßten. Wahrscheinlich ist, daß es viel mehr als nur zwei Geschlechter gibt – einen Wirrwarr. Karen Blixen selber ist ja auch eine ganz nette Geschlechtsmischung. In dem Essay: «Mottos meines Lebens» schreibt sie: «Ich war sehr, ja sogar ungewöhnlich stark für eine Frau. Ich konnte weiter laufen oder reiten als die meisten Männer, ich habe einen Massaibogen gespannt und mich im Moment des Entzückens dem Odysseus verwandt gefühlt.» Nachdem aber die Frauen, verkleidet, nämlich in mentale und psychische Männertracht, in die von Männern umgebenen männlichen Institutionen eingedrungen sind, könnten sie ihrer Meinung nach ruhig die Visiere ihrer Ritterhelme aufklappen und zeigen, daß sie Frauen sind.

Das maskuline Können kann also sehr gut eine feminine Eigenschaft sein, genauso wie das weibliche Sein nicht nur Frauen und Künstlern gehört. Das weibliche Sein ist latent in den maskulinen Funktionen der Männergesellschaft verborgen:

«Wer behauptet, die Weiblichkeit habe nichts auf der Kanzel und dem Richterstuhl zu suchen, sollte sich der Tatsache bewußt werden, daß die männlichen Sachverständigen, die ihre Plätze hier so selbstverständlich eingenommen haben, sehr gern – wie von einem besonderen Instinkt getrieben – ihr äußeres Erscheinungsbild dem Weiblichen angenähert haben. Der Priesterrock mit dem weißen Kragen ist ja eine schöne und würdige Frauentracht. Die Kittel der Ärzte und der Hausfrauen haben vieles gemein, und die hohen Richter tragen beim Ausüben ihres Amtes faltenreiche Kleider und erhöhen in einigen Ländern ihre Würde mit langen lockigen Perücken.

Und vielleicht würden mir hier die wirklich orthodoxen Frauenrechtlerinnen vorhalten, daß ich Verachtung für die Frau ausdrücke, wenn ich davon ausgehe oder darin zustimme, daß sie hier im Leben nicht so viel ausrichten kann wie der Mann, nicht so große Taten vollbringen und nicht so konkrete Resultate vorlegen kann wie er.

Ich möchte am Schluß eine weisere Person, als ich es bin, zitieren, eine Betrachtung von Goldschmidt: ‹Die Gelehrten vermuten, daß das, was dem Mann sein Ideal, der Frau ihre Natur ist. Die Frau ist in gewisser Hinsicht vollkommener als der Mann. Bei ihrem Anblick fragt man nicht nach Namen, Stand oder Taten, denn sie ist sie selbst, die Frau, und schließt alles Wesentliche in sich ein. Laßt dagegen einen Mann hervortreten, den Ausgezeichnetsten sogar – je mehr er sich ausgezeichnet hat, um so mehr werden wir danach fragen: Worin?›

Und ich möchte jedenfalls aus tiefer persönlicher Überzeugung hinzufügen: Gerade unsere Gesellschaft – die die Menschen in ihren Taten und konkreten Resultaten soweit gebracht hat – braucht Menschen, die *sind*. Ja, unsere Zeit müßte ihren ganzen Ehrgeiz mehr vom Tun aufs *Sein* verlegen.»

Natürlich hielt man in orthodoxen Kreisen der Frauenbewegung Blixens Feuerrede für reaktionär. In einer Zeit aber, von der Dekadenz und Verwirrung der Geschlechter geprägt, in der weder Männer noch Frauen sehr viel Sein oder Wesen übrig haben, müssen wir doch feststellen, daß die Frauen sich am meisten bemühen, eine Identität zu finden – was Karen Blixens Theorie nur unterstützt. Die Frauen haben den Faden nicht ganz so hoffnungslos verloren wie die Männer, und ihr Suchen ist ein Ausdruck dafür, daß ihnen trotzdem ein bißchen Gedächtnis geblieben ist, eine kleine Ahnung vom Sein.

Das Fehlen des Seins ist die äußerste, aber logische Konsequenz der patriarchalischen Kultur – der Mensch ist nur ein Mittel zum Können. Deswegen setzen wir so viele Erwartungen in das Weibliche, nicht in der Gestalt eines Schutzengels oder eines absoluten Geschlechts, sondern als ein Sein in allen eventuellen Geschlechtern. Davon handelt die Feuerrede, so wie ich sie verstanden habe. Mag sein, daß sie vom zukünftigen Matriarchat handelt:

«Wer kein selbständiges Wesen besitzt – oder wem die Demut vor einem solchen Wesen fehlt –, kann nicht kreativ sein. Ich wollte aber nicht sagen, daß die Frauen die Bäume und die Männer die Motoren sind, denn ich möchte den heutigen Frauen genauso wie den Männern ans Herz legen: Nicht nur daran denken, was sie ausrichten möchten, sondern im allertiefsten Inneren zu wissen, was sie sind.

Meiner Meinung nach brauchten wir heute Handwerker, die nicht nur die Welt in Staunen versetzen durch Sachen, die sie produzieren, sondern die Handwerker sind ...

Wir brauchten hierzulande Menschen, die nicht nur mit Hilfe von Traktorn und Mähdreschern Rekordresultate aufweisen können, sondern die Bauern *sind*. Die nicht nur in Rekordzeit nach Amerika fahren können, sondern die Seeleute *sind*. Die nicht allein brillante Examina bestanden und das Wissen der Welt bis in allen Fingerspitzen haben, sondern die Lehrer *sind*. Die nicht allein ein Stück Literatur schreiben können, sondern die Dichter *sind*.

Und Paul la Cour schreibt:›Dichter zu sein, heißt nicht, ein neues Gedicht zu fabrizieren, sondern eine neue Lebensweise zu finden.‹»

Ah! Trikotage ...

Es ist jetzt einige Jahre her, daß die Pornographie uns zum Schweigen brachte und uns im Namen der Freiheit unserer Körper beraubte.

Aber das macht nichts. Mit der Zeit wird es sich herausstellen, so Gott will, ob nicht unsere Flügel stärker sind als die Plastikfedern, mit denen die Pornographie umherflattert. Ich hoffe und glaube, daß alles sich am Ende wieder einrenken wird, auch wenn die Männer in der Diskussion über die Emanzipation der Frauen mit der Trumpfkarte auftischen: «Was wird nach der Revolution aus dem Bumsen?»

Die Frage ist gar nicht so dumm und verlangt eine Antwort. Obwohl keiner wissen kann, was passieren wird, kann man ein bißchen darüber nachdenken, und ich denke mir, daß überhaupt nichts passieren wird. Keine Revolution wird jemals gelingen, nichts an unserem erotischen Verhalten oder an dem Verhältnis zwischen den Geschlechtern überhaupt wird sich ändern, solange sich unsere erotischen Phantasien nicht ändern.

Viele Revolutionäre haben möglicherweise sehr schöne, generöse, humane und zärtliche erotische Phantasien. Ich aber nicht. Ich kann nicht ausschließen, daß es Leute gibt, die «Das Kapital» als Onaniervorlage gebrauchen können und die beim Gedanken von der ganzen versammelten Menschheit Hand in Hand unter der roten Fahne und den Klängen der Internationale einen Orgasmus erleben. Nur ich nicht. Ich habe leider sehr ungesunde Phantasien, und ich wüßte nicht, wohin damit, wenn die Revolution da ist. Meine Phantasien sind nämlich überhaupt nicht revolutionär, im Gegenteil.

Um es ganz genau zu sagen, habe «ich für meine Person» – wie es die Politiker so schön ausdrücken – nur eine einzige erotische Phantasie, aber die hat mich dafür auch lange verfolgt – mit Ausnahme von einem Mal: Da bekam ich einen Orgasmus bei dem Gedanken, mit einem prächtigen, imaginären Sohn zu schlafen. Er hätte sich gewiß bedankt, aber er existiert ja nicht, und dann kann ich ja wohl kaum irgend jemandem sonderlich weh getan haben. Ich war sogar äußerst zufrieden mit der Tatsache, mein Repertoire mit einer neuen Phantasie erweitert zu haben – aber es ist, wie gesagt, bei diesem einen «Seitensprung» geblieben. Sonst sind meine masturbatorischen Bilder immer und ewig die gleichen, und weiß der Teufel, sie sind nicht langweilig. Aber *ich* möchte trotzdem gern wissen, wie ich mich einer freieren und sinnlicheren Gesellschaft anpassen soll, wenn ich nur eine einzige erotische Phantasie anzubieten habe – und zwar von der schlimmsten Sorte.

Aber nun will ich erzählen: Sie sieht ungefähr so aus ... Ich werde zum Mann. Damit wäre das schon mal gesagt. Aber ich behalte meinen Körper als Frau. Es passiert nur in Gedanken – eine – wie man sagt – Identifikation. Es geht so vor sich, daß Männer (gern ohne Examen) sich vor mir entblößen und onanieren und daß ich mich des Hinguckens nicht erwehren kann (Gott sei Dank). Sie tun es meist auf Straßen und Gassen, in Treppenhäusern und Toreinfahrten, im Bus oder am Wasser. Mein Nebenmann im Bus flüstert mir etwas von seiner Geilheit ins Ohr und fängt an zu onanieren, und ich fahre immer aus lauter Faszination ein paar Haltestellen zu weit. Frag mich nicht, wie die anderen Fahrgäste reagieren, denn das hat mit der Sache nichts zu tun. Frag mich auch nicht, wie ich dazu komme, in all die Treppenhäuser und Toreinfahrten mitzugehen, denn die Sache ist die, daß ich einfach immer da bin, wenn ein Mann sich vor mir entblößt. Er berührt mich nie, weil er einer von der Sorte ist, die sich nicht trauen, und das würde auch nur den Orgasmus hinauszögern, da es ja um ein reines Voyeurverhältnis geht. Ich bin dabei immer wahnsinnig elegant angezogen, und er macht immer Andeutungen, was für ein Schwein ich bin, und noch schlimmer: daß ich meine Rolle genieße. Ich widerspreche nie, denn, um die Wahrheit zu sagen, ich sage eigentlich nie etwas in meiner Phantasie, ich bin still wie die Nacht. Aber ich identifiziere mich so sehr mit ihm, daß ich aufhöre, selber zu existieren, und nach und nach zu ihm werde ... und in Wirklichkeit wird sein Orgasmus mein eigener. Es ist immer ein besonderer Typ von Männern, die ich nie kennenlernen werde, teils wegen des sozialen Unterschiedes, aber wohl doch eher, weil sie mich nicht erotisch anziehen. Sie sind nur für die Phantasie da. Es könnte zum Beispiel ein schäbiger Eisverkäufer sein. Oder ein abgewrackter Abteilungsleiter im Tweedmantel. Sie sind meist zwischen 50 und 60, glatzköpfig und ein bißchen armselig und kaputt. Das Leben hat ihnen hart mitgespielt. Vielleicht könnte meine Phantasie doch unzensiert durch die Revolution gehen, weil ich mich ja trotz allem mit den etwas *unterdrückten* Männern identifiziere. Sie sind nie reich, es sind *niemals* Machthaber, Ehrenwort! Meine Phantasie richtet sich auf die ängstlichen Männer, die sich nie trauen würden, mich anzufassen, die vielleicht immer von ihrem Chef getreten wurden oder von jemand anderem. Obwohl ich – bei allem Respekt – auch einen plumpen Schalterflegel mit Brille, Anzug und weißem Nylonhemd gebrauchen kann. Ganz zu schweigen von einem verschwitzten Trikotagen-Vertreter* mit Spesenkonto (und einem hellblau-

---

* «Trikotage» ist die alte dänische, aber heute noch gängige Bezeichnung für ein Geschäft mit Miederwaren. Brøgger meint hier etwas durchaus Biederes, also nicht etwa Assoziationen mit anrüchiger Reizwäsche. (Anm. d. Übers.)

en Kadett). Hauptsache, sie sehen alle miteinander dumm aus – blöde. Meine masturbatorischen Bilder schließen jede Form von Sympathie aus, und deswegen gehört meine Phantasie bestimmt zu den ungesunden. Es ist ja keine Rede vom ausgesprochenen Mißbrauch von Menschen, es ist kein Schimmer von einem mitmenschlichen Verhältnis, ich mag sie kein bißchen leiden, sie erschrecken mich ein bißchen – mein Verhältnis zu ihnen ist eine Mischung von Verachtung, Furcht und Faszination. Diese Konstellation ist ja bekannt aus den Vorstellungen der Männer von Frauen, und ich werde auch nicht ausschließen – ja ich bin mir sogar sicher –, daß meine Phantasie ein Erbgut aus einer sechstausend Jahre alten Männergesellschaft ist. Aber schön ist sie nun trotzdem – die Phantasie –, obwohl man damit natürlich nicht gerade angeben sollte.

Jetzt werden einige vielleicht darauf bestehen, daß Phantasie und Träume unerheblich sind, weil man einfach den Mund halten kann. Dann merkt keiner, wie man im Grunde seines Herzens ist. Und das ist natürlich sehr pfiffig. Nur nicht auf die Dauer. Irgendwann geht es ja doch immer schief. Auch in der neuen Gesellschaft. Denn zu irgendeinem Zeitpunkt wird jeder revolutionäre «Machthaber», dessen Träume nicht in Ordnung sind, zu kurz kommen. Irgendwann werden die Leute ihn fragen: «Was hast du letzte Nacht geträumt? Oder woran dachtest du, als du dir das letzte Mal einen runtergeholt hast?» Damit muß die Macht letzten Endes stehen oder fallen, je nachdem, ob die Träume der Unterdrückung, der Mittelmäßigkeit und der Grausamkeit dienen oder ob sie es schaffen, uns dort rauszuholen ... Der Kopf von dem revolutionären König, der in der Phantasie einen weißen Arsch in schwarzem Hüfthalter, angebunden an einem Laternenpfahl, gesehen hat, wird unweigerlich rollen – und dann können wir von vorn anfangen mit der Revolution.

Ich kenne weder Stalins noch Hitlers erotische Phantasien, aber ich vermute, den meisten von uns kämen sie bekannt vor. Wie uncharmant diese Phantasien auch sein mögen, sie waren sicher nicht besonders traumatisch, weil sie nicht mit den übrigen Idealen dieser Person in Widerstreit standen. Nehmen wir einige Frauen, zum Beispiel Frauen, die nach unserem jetzigen Maßstab «befreit» sind – wovon träumen sie, außer von Lohngleichheit? Manche träumen vielleicht gar nicht, andere vielleicht von Sachen, von denen sie gar nicht träumen möchten, weil es gegen ihre soziale Überzeugung und egalitäre Philosophie ist. Die letzteren sind die Betroffenen.

Aber den ersteren, die nicht träumen und die von keinerlei erotischen Phantasien belastet sind, geht es noch schlechter: Masters und Johnson sind zum Beispiel zu dem Ergebnis gekommen, daß Frigidität bei Frauen nicht ausschließlich auf «technisch» unbefriedigende Partner zurückzuführen ist, sondern daß die Frauen in unserer Kultur in höherem Grade unter dem Mangel an erotischen «Bildern» leiden – sexuelle Brennpunkte. Das ist nicht verwunderlich, da die erotischen Bilder in unserer Gesellschaft von Männern «gemalt» wurden, in denen die Frauen ihren Platz suchen mußten, so gut sie konnten. Es gibt keine weibliche Parallele zu den Stimulantia, die dazu dienen, die männlichen Triebe zu stimulieren. Die Frauen haben ihre Phantasien unbewußt den männlichen Phantasien anpassen müssen, um für die einladend genug zu sein. Man stelle sich eine feurige Frau vor mit Brennesseln im Haar, in den Bäumen umherspringend und brünstige Uff-uff-Laute ausstoßend – diese Frau hat zum Beispiel heute keine ehrliche Chance, gebumst zu werden, sie wird eher als leicht exaltiert bezeichnet werden, und das schüchtert ja die meisten Männer ein und macht sie impotent. Es wurde den Frauen natürlich nie formal verboten, ihre eigenen Phantasien zu erfinden, aber aus irgendeinem merkwürdigen Grund haben sie sich enthalten. Oder mit gutem Grund: aus Angst, auf dem Scheiterhaufen verbrannt zu werden, denn für ein tolles Hexenfeuer lagen immer direkt um die Ecke Zweige bereit. Virginia Woolf schreibt: «Das erste – den Engel zum Tor hinauszujagen – habe ich, glaube ich, geschafft. Er ist tot. Aber das zweite, die Wahrheit über meine körperlichen Erfahrungen zu sagen, habe ich sicher noch nicht gelöst. Ich bezweifele, daß dies überhaupt einer Frau bisher gelungen ist.»

Und Alfred C. Kinsey aus seiner Perspektive: «Unter den hundert und vermutlich tausend unveröffentlichten Amateurdokumenten, die uns in den letzten fünfzehn Jahren zu Gesicht gekommen sind, haben wir nur drei von Frauen geschriebene Manuskripte gefunden, die solche erotischen Elemente enthalten, wie sie meist nur in von Männern verfaßten Aussagen zu finden sind.» Frauen, die unter dem Mangel an erotischen Bildern leiden, müssen nicht leiden, und sie sind auch nicht unbedingt kalt, sie können, genaugenommen, sogar ungeheuer zärtlich sein. Aber sie kommen nicht über sich selbst hinaus, weil die wenigsten Leute einen Orgasmus erleben können in einem Vakuum – einem Raum ohne Bilder –, nur durch gegenseitiges Streicheln des Haares. Ich behaupte nicht, daß alle Frauen mit erotischer Fixierung immer und ewig an große Orang-Utans in Regenmantel und Gummistiefeln denken, während sie ihren Liebsten umarmen. Aber an irgend etwas werden sie schon denken ab und zu, besonders wenn sie allein sind, und meist ist es etwas Wiederkehrendes.

Das Problem liegt darin, daß man nicht eine erotische Phantasie haben kann, genau wie eine gute Idee oder zwei ... Die wenigsten bekommen einen Orgasmus beim Gedanken an eine Lilie oder Buddhas Lehre, wie sehr sie auch möchten. (Wenn es nicht möglich ist, dann wahrscheinlich auch nur, weil wir verrückt sind.) Aber man kann sich seine erotischen Bilder nicht nach seinen Idealen aussuchen – oder aus der blauen Luft. Die Fixierung, die erotische Phantasie, bleibt immer an die Vergangenheit gekettet, und obwohl man die gesündeste und glücklichste Kindheit erlebt hat, kann man sehr gut mit den widerlichsten Phantasien aufwachsen. Denn sie sind vererbt und eingefroren in unsere Kultur, die – wie großartig sie uns auch vorkommt – unbestritten grausam und lieblos ist – im weitesten Sinne *unerotisch*. Man kann sich aber nicht *ganz* von ihr befreien – genausowenig, wie man sich ganz von seinen Eltern lösen kann, auch wenn sie ausgesprochen unerträglich sind.

So träumen viele Frauen, die sich für die Gleichberechtigung und Lohngleichheit einsetzen, von etwas vollkommen Ungleichem. Eine emanzipierte Frau wie Nora, von der ich in einer Illustrierten las, traut sich zum Beispiel nicht, von ihrem Traum in allen Details zu erzählen. Nur ein einziges Mal hat sie jemandem ein bißchen davon erzählt, und das war ihr Psychiater. Als sie in der Zeitung die Anzeige von seinem Tod entdeckte, atmete sie erleichtert auf. Jetzt war sie wieder «frei». Sie verrät aber doch, daß die Phantasie darauf hinausläuft, daß Männer ohne Gesichter sich ihrer bemächtigen und ihr die Kleider zerfetzen. Sie starren sie auf ihre gesichtslose Weise an, werden wild vor Begierde und reißen ihr die Kleider vom Leib. Es soll ganz phantastisch sein. In ihrer erotischen Phantasie wird sie nie ihrer guten Natur – oder ihrer guten Ideen – wegen geliebt. Sie schwört, daß sie nichts weniger möchte, als beherrscht zu werden. Und das glaube ich gern. Diese Phantasie ist aber wohl kaum ungewöhnlich, weder unter Frauen noch – in widergespiegelter Form – unter Männern. Aber wie sollen wir, die wir alle an den Klischee-Vorstellungen von feminin/maskulin, untertänig/dominierend, masochistisch/sadistisch regelrecht kleben, uns jemals einer weniger aufregenden, jedoch wünschenswerteren und idealen Welt der Gleichheit anpassen? Das ist das Problem. Wie werden wir uns jemals von dem Quatsch, in dem wir aufgewachsen sind, losreißen können, wenn er gleichzeitig die Basis für die allergrößten Lustgefühle darstellt? Wie werden unsere Phantasien jemals dem entsprechen, was wir tatsächlich vom Leben erwarten?

Man kann natürlich konsequent sein, wie einige meiner Bekannten, die für alle Zukunft ihre schmutzigen Phantasien abgeschafft haben. Hut ab vor ihnen. Als ich aber auf die Frage, was sie dann hätten, die Antwort: «Nichts», erhielt, dachte ich bei mir: «Nein, dann lieber eine schmutzige Phantasie als gar keine.»

Im Interesse der Wahrheit ging ich doch der Sache so weit nach, zu überlegen, ob es nicht möglich wäre, den Eisverkäufer, den Verkaufsmanager, den Trikotagen-Vertreter und alle die anderen Gespenster ein bißchen in den Hintergrund zu schieben, um die Phantasie ganz konkret auszuleben. Ich erhoffte mir davon andere – weniger ungesunde – Phantasien, nicht zuletzt auch, weil Abwechslung Freude macht.

Ich muß zugeben, daß es nicht jedem beschieden ist, seine Phantasie ganz konkret auszuleben. Da ich aber in der glücklichen Situation bin, daß meine Neigungen weder zur Pyromanie noch zum Mord tendieren, konnte ich ja ohne weiteres einen dieser Herren zu mir bestellen. Und das machte ich dann auch – per Annonce, ganz geschäftsmäßig, und comme il faut – so wie es heutzutage gang und gäbe geworden ist.

Ich erhielt ungefähr fünfzig Zuschriften auf meine exakt formulierte Anfrage, mußte aber sofort über vierzig wegwerfen, weil sie von mehr oder weniger sympathischen Leuten, die auf den sogenannten Sex eingestellt waren, kamen, und das ist ja sehr freundlich und menschlich – und deswegen uninteressant. Es waren ja nicht die gefälligen, weißen Tropfen, sondern der anonyme dunkle Samen direkt ins Gesicht, auf den ich aus war. Aber alles wird so unwirklich, wenn man nur die Körper seiner eigenen Klasse kennt. Nun, ich war eigentlich nicht darauf eingestellt, das Unbekannte näher kennenzulernen, sondern ich wollte nur einmal das Gespenst in Wirklichkeit *sehen*. Aber das wäre sicher eine etwas kindische Mißachtung des Gebotes, daß wir nie Gottes Antlitz sehen dürfen.

Ich suchte mir ein altes, runzliges Männchen aus – das heißt, ich konnte sein Gesicht auf dem Foto nicht erkennen, es verschwamm im Dunkeln, was mir sehr recht war. Aber seine Haltung und das Plüschsofa im Hintergrund sagten mir, daß ich auf dem rechten Weg war. Meine Antwort sollte an einen Kiosk auf Vesterbro gehen.

An dem Tag, an dem er kommen sollte, hatte ich eine solche Angst, daß ich mir fast eine Reise nach Rom gekauft hätte. Aber dann wäre ich ja ein feiger Kamerad gewesen. Nein, ich mußte es einfach überstehen. Ich saß im Bus nach Feierabend und betrachtete die Männer auf dem Heimweg. Manche hatten Plastikmappen, die vor zwanzig Jahren hergestellt wurden, als man noch nicht wußte, wie man Leder imitieren kann. Ich überlegte, ob *er* wohl auch so eine Plastikmappe hatte oder vielleicht Plastikschuhe, die vorn spitz waren. Vielleicht fuhr er mit im Bus, ohne daß ich davon wußte. Es war ein merkwürdiges, jedoch nicht übles Gefühl, für jedermann bereitzustehen. Plötzlich fiel mir meine Katze ein, und ich bekam eine höllische Angst, daß sie anfangen würde zu miauen, wenn er sich an den Hosenschlitz faßte, oder sich fauchend in sein Hosenbein festkrallen könnte … dann würde ja alles in die Hose gehen …

Und was sollte ich überhaupt zu ihm *sagen*, ich sage ja nie etwas in meiner Phantasie ... Nun, vielleicht sollte ich es auch mal lernen, die Klappe zu halten – für eine Stunde ungefähr.

Ein paar Stunden, bevor er kommen sollte, war ich zu Hause und fing an staubzusaugen. Ich hatte Tschaikowsky aufgelegt. Nein, dachte ich, nicht Eugen Onegin, das geht nicht ... Aber was dann, welche Musik braucht man, wenn ein Fremder zur Tür hereinkommt, um sich einen runterzuholen? Zuletzt machte ich die Musik und die Hälfte der Lampen aus, damit sein Gesicht mir nicht in die Augen steche, und kleidete mich in ein langes grünes Königinkostüm, das meine Freundin Jean bei einer Gombrowicz-Aufführung getragen hatte. – Perfekt. Er würde vielleicht ein bißchen erschrecken, aber dann hatten wir ja jedenfalls die gleiche Ausgangsbasis. Im letzten Moment wickelte ich mir einen Turban um den Kopf, weil ich nicht mein Haar zeigen wollte.

Es schellte kurz, und vor mir stand ein kleiner, eingefallener, glatzköpfiger Mann mit Brille, Anzug, weißem Hemd und Krawatte. Er könnte ein Zeuge Jehovas sein, oder Verkäufer von Enzyklopädien – jemand, dem man die Tür vor der Nase zuknallt. Er reichte mir die Hand und stellte sich als Benny Nissen vor. Er war ganz richtig. Ich wünschte, ich wäre auf der Stelle tot umgefallen. Es ist kaum auszuhalten, seinem eigenen privaten Alptraum die Hand zu reichen.

Ich fragte, ob ich ihm einen Whisky anbieten könnte, und da er sehr verwirrt aussah, entschuldigte ich mich schnell, daß ich kein Bier da hatte, aber «das war doch okay». Er schien erstaunt zu sein, daß ihm überhaupt etwas angeboten wurde.

Er setzte sich auf die Stuhlkante mit dem Glas in der einen Hand und fing an, mit der anderen die Katze zu streicheln. Na, dann müßte es ja ein ordentlicher Mensch sein. Aber das durfte er ja gerade nicht sein ... Die Katze mochte ihn, das war kein gutes Zeichen ...

«Sie haben viele ausgefallene Sachen ...» Er guckte sich ein bißchen um.

«Ja-a ... Ich mag sie gern ...»

«Ich hatte einmal zwei alte Laternen von einem Pferdewagen, wissen Sie, aber ich habe sie leider für hundert Kronen verkauft. Das war dumm von mir, sie gehörten zum Hof meines Vaters, und heute hätte ich viel mehr für sie bekommen ...»

«Ja-a ... es lohnt sich, die Sachen zu bewahren, sie steigen ja im Wert ...»

«Ja.»

«Andererseits ist es auch Quatsch, zuviel alten Kram aufzuheben ...»

«Ja, aber ich hätte sie doch nicht so billig verkaufen sollen. Es war die

gleiche Geschichte mit den drei alten Eisentelefonen, antik, mit Holz-
scheibe, wissen Sie ...»

«Na und die haben Sie auch verkauft?»

«Ja.»

«Naa –»

Er stellte das Glas hin, nahm ein Armband aus Elefantenhaut vom
Tisch und fragte mich, ob ich wüßte, daß Elefanten Pflanzenfresser sei-
en. Darüber hatte ich nie nachgedacht. Aber er hatte einmal auf einem
afrikanischen Frachtdampfer Elefanten mit Bambus gefüttert. Jetzt sei
er Bahnbeamter – einer von denen, die einem fünfundzwanzig Kronen
aufbrummen, wenn man die Fahrkarte nicht hat stempeln lassen. Es hätte nicht besser sein können. Wenn er bloß abhauen würde. Ich wollte
überhaupt nichts mit meinen Phantasien zu tun haben. Ich wollte nur,
daß er geht – aber ja nicht darum bitten ...

Dann fragte er nach der Toilette, und ich zeigte sie ihm mit der einen
Hand und schenkte mir mit der anderen ein Glas voll Whisky ein. Er
wollte also bleiben, o Gott!

Ich saß zitternd auf dem Sofa, als er mit dem Pimmel aus der Hose ins
Wohnzimmer trat. Wie kommt er dazu, in *meinem* Wohnzimmer ...

Er kam auf mich zu und stellte sich direkt vor mir auf. Ich weiß nicht,
was er gedacht hat, denn ich traute mich nicht, in sein Gesicht zu schau-
en, aber sein Pimmel richtete sich immer mehr auf und wurde immer
gespannter und größer und fetter und röter und zitterte vor meinem Gesicht. Die Vorhaut war noch drüber, so daß nur ein kleiner Kreis von
rotem, runden Fleisch hervorspähte mit einem Tropfen an der Spitze. Er
wippte ihn vor meinem Gesicht. Ich saß immer noch im Sofa mit einer
Zigarette in der einen Hand und hielt mich mit der anderen an der Rük-
kenlehne fest, um nicht in Ohnmacht zu fallen. Er blieb einfach stehen
in aller Ewigkeit – wie ein riesiges rotes Ausrufezeichen.

«Er ist sehr schön», flüsterte ich.

«Ich freue mich, daß Sie ihn mögen.»

Mit den Fingernägeln der Hand, in der ich die Zigarette hielt, ritzte
ich ihn ganz leicht an. Er hatte gar keine Angst, ich könnte ihn verbrennen. Und dazu hätte er auch gar keinen Grund gehabt, denn sein
Pimmel war so hübsch, und ich war so glücklich, einfach dazusitzen,
ihn anzuschauen und an all die alten häßlichen Leute auf der Straße zu
denken, die man nicht kennt; wie schön sie sind, und daß man sie nie
kennenlernen wird, und wie wahnsinnig alles ist. Und er fragte mich,
ob er sich ausziehen dürfte, und ich sagte «Ja, die Hosen». Und er zog
mich zum Sofa hin, und das war alles ganz verkehrt, denn ich sollte ja eigentlich nicht so nah an ihn heran, und er stand da mit gespreizten Bei-

nen über mir, und mal schlug er mich mit dem Penis über die Backen, und mal ließ er ihn in meinen nassen Mund flutschen, er drückte ihn in mein Gesicht, in mein Haar und in den Hals und fing an, an meinen Brustwarzen zu ziehen, bohrte die Finger in meine Scheide und kitzelte an der Gebärmutter, während der Pimmel mir im Gesicht herumfuhr und raus und rein aus dem Mund, und dann machte er Anstalten zu kommen, und es klopfte in meinem ganzen Körper bei dem Gedanken, daß er bald spritzen würde: «Jetzt werde ich es dir zeigen», flüsterte er, und es floß in mehreren Stößen über mein ganzes Gesicht. Ich nahm den warmen Samen in die Hände und rieb ihn außer mir vor Freude über die Haut, das Haar war naß an den Schläfen, und es biß in den Augen.

«Sind Sie zufrieden?» fragte er.

«Ja, es war wunderbar. Entschuldigen Sie, daß ich gerade im Moment etwas abwesend bin, aber ich kann Sie effektiv nicht sehen, es brennt in den Augen.»

«Das ist doch in Ordnung.»

Dann ging er raus, um sich zu waschen, und ich hatte überlebt. Als er sich hinsetzte, um das Glas auszutrinken, war es wieder der alte, eingefallene Bahnbeamte.

«Ja, ich hoffe sehr, daß Sie genauso zufrieden sind wie ich.»

«Danke, das war ich wirklich.»

Er meinte, es wäre immer gut zu wissen, was man wolle. Ich beneidete ihn um seine Einfachheit.

Ein alter, einfacher Mann reichte mir die Hand zum Abschied: «Und ich stehe immer zu ihren Diensten, wenn Sie es wünschen.»

Und jetzt zur Orientierung meiner gewogenen Leser: Ich habe meinem Alptraum guten Tag gesagt, ich habe meine Phantasie ausgelebt und meinem Traum Gestalt gegeben – obwohl er unter viel zuviel Freundlichkeit und Intimität litt; und noch schlimmer: Der Mann hatte ein Gesicht. Gesichter und Augen sind einfach die größte Gefahr für die metallharte, menschenfeindliche, verfremdete Phantasie. Ach, Gesichter gehören zu den störendsten Dingen der Welt. Es kann niemals das gleiche werden wie in der Phantasie.

Mais je ne regrette rien, es kommt viel Gutes dabei raus. Zum Beispiel ist mein Verhältnis zur Bahn viel besser geworden, ich meine, mein Verhältnis zu den Leuten, die mitfahren. Ich habe nicht mehr ganz so viel Angst vor ihnen und traue mich, ihnen in die Augen zu schauen. Was aber die Phantasie betrifft: Sie ist immer noch da. Genau die gleiche wie immer, und sie ist eigentlich am allerbesten – das weiß ich jetzt –, wenn sie Phantasie bleibt, gesichtslos – was mir sicher jeder staatlich geprüfte Psychologe vorher hätte sagen können. Aber die wissen ja auch immer alles im voraus. Wir anderen Sterblichen müssen uns herantasten, und ich weiß jetzt besser als alle Experten zusammen, daß meine Phantasie mir bis zum Grabe folgen wird, und Gott segne sie und mich arme Sünderin.

Denn auch wenn ich sehr wenig stolz auf die Phantasie bin, glaube ich, daß kein Mensch sich von seiner Phantasie freimachen kann. Obwohl sie nach bester Überzeugung unterdrückt wird, wird man sich kaum von der Denkweise und den jahrtausendealten Erwartungen, die sie ins Leben gerufen haben, freimachen können. Von all dem, was hinter den Bildern steckt. Unsere Träume und Phantasien würden wahrscheinlich in einer anderen Gesellschaft anders aussehen, aber wie sollen Leute mit unseren Phantasien die Gesellschaft wirklich ändern? Auf die Spitze getrieben: Wir müssen unsere Träume ändern, um unsere Gefühle zu ändern. Aber auch wenn ein Schlaukopf sich für eine Gehirnwäsche oder sieben Jahre Psychoanalyse entscheiden sollte, um der neuen Gesellschaft zuvorzukommen, um aufs neue anzufangen, wo bleibt denn da der Alptraum? Wird eine andere Gesellschaftsstruktur Alpträume dazu zwingen können, nur zum Frühstück in der Kantine zu erscheinen? In einer anderen und fruchtbareren Gesellschaft, in der die Frauen «gleichberechtigt», Identität und Status unabhängig von der Position der Männer sind und in der das Maskulin/Feminin-Syndrom nicht mehr die beiden Geschlechter in Schachmatt-Positionen dirigieren wird, dort würde vieles von dem absurden Drei-Schritt-vom-Leibe-Rollenspiel wegfallen. Aber nicht ganz. Denn es gibt immer noch eine Bücherei hinten an der Ecke und somit die ganze *Literatur*.

Der Feministin Ti-Grace Atkinson wurde einmal die Frage gestellt, was nach der Revolution mit der Literatur passieren soll, und sie antwortete: «Ist das nicht egal?»

Aber das ist es nicht. Denn auch wenn zweifellos viele pädagogische Bücher über Prinzessinnen, die aus moralischem Abscheu vor der Ausbeutung der Arbeiterklasse keine Kammerjungfern wollen, geschrieben werden, werden die kleinen Mädchen der Zukunft wahrscheinlich immer noch von Aschenputtel und all den anderen, die am Ende mit einem Prinzen glücklich werden, lesen. Dornröschen wird weiterhin Hunderte von Jahren ihren Scheinschlaf halten, während sie in Wahrheit auf der Lauer nach dem saftigen Prinzen liegt und sich ab und zu gelangweilt am Hintern kratzt. Der strahlende Prinz mit dem stattlichen Säbel, die Rettung aller Zeiten.

Und wenn man nicht gerade für eine massive und systematische Bücherverbrennung ist, werden wohl kaum die ganz großen, revolutionären Änderungen im Rollenmuster der Geschlechter vor sich gehen. Die

Frauen werden weiterhin in zwei Richtungen gespalten sein: in dem intellektuellen Wunsch nach Gleichberechtigung und dem emotionalen Trieb, dominiert zu werden. Und die Männer werden aufs Geratewohl in genau der gleichen Ambivalenz den törichten Dualismus fortsetzen, in der Vorstellung von einem scharfen Gegensatz zwischen Natur und Kultur, Trieb und Moral, Körper und Seele, Teufel und Gott, Liebe und Arbeit. Das ist natürlich nicht besonders lustig. Aber ganz langweilig ist es nun auch nicht, es sollte einem nur alles Wurscht sein.

Und so habe ich im Grunde aus Resignation die Wollust über die Prinzipien herrschen lassen. Denn ich ziehe es vor, im Liegen zu leben, anstatt im Stehen zu sterben. Und obwohl ich in vieler Hinsicht Anhänger von Gleichheit bin, gleichen Möglichkeiten, gleichen Kindern und gleichen Straßen und all dem gleichgültigen Lirumlarum, so lasse ich erotisch dennoch eine Fünf gerade sein. Ich gebe zu, daß es kein revolutionärer Standpunkt ist, aber wenn ich mich mit meinen reaktionären Träumen nicht allzusehr kompromittiert habe und irgend jemand kann mich zum Plakatkleben oder Liedersingen gebrauchen, dann bin ich auf jeden Fall gratis und zur freien Verfügung. Wie der alte Mann sagte: «Ich stehe immer zu Diensten.»

Schafft das Privatleben ab!

In der Tageszeitung «Politiken» habe ich mal einen Artikel mit der Überschrift: «Schaffen wir das Privatleben ab» veröffentlicht – und ich halte die Idee immer noch für gut, obwohl ich mir nie hätte träumen lassen, daß «Ekstra Bladet» * daraufhin sofort versuchen würde, *meines* abzuschaffen.

Immer mehr Leute fragen: «Können wir unser Privatleben den Verdrehungen der Presse überlassen?» Das können wir natürlich nicht. Denn die kommerzielle Presse macht das Leben privater, als es tatsächlich ist. Nicht weil Klatschjournalisten besonders kränklich wären oder unter Drüsenstörungen leiden, wie der Schauspieler Bendt Rothe behauptet, sondern weil die Trennung von Privatem und Öffentlichem – oder Privatem und Allgemeinem – nicht nur eine künstliche, sondern auch fatale Aufteilung ist – eine Kluft, die die Presse aus ihren ökonomischen Interessen und aus Mangel an Sinn für unsere gemeinsame Lage immer weiter vertieft.

Wenn die Presse sich in ihrem Sensationseifer in unser Gefühlsleben einmischt und daraus eine Sensation macht, wird unser Leben plötzlich privat und einsam. Ich will nicht ohne mein Wissen katalogisiert werden und im Interesse des «Privaten» mein persönliches Leben den Verdrehungen der Presse preisgeben. Deswegen bin ich dafür, das Privatleben abzuschaffen.

Aber was ist das: Privatleben? Wir sind uns einig, daß jeder Mensch ein Recht auf ein Privatleben hat. Eine andere Alternative wäre undenkbar. Aber was wir eigentlich damit sollen – außer es vor Übergriffen zu schützen –, ist weniger klar.

Wir halten das Privatleben für eine natürliche Sache. Dabei ist es wohl eher ein Begriff, der insbesondere an eine Gesellschaftsform wie die unsere – die kapitalistische und hochindustrialisierte – geknüpft wird. Je anonymer wir werden, um so höher bauen wir unsere Zäune; je weniger Authentizität unser Dasein hat, um so privater machen wir es; je konformer und inhaltsloser es wird, um so größer das Bedürfnis, es «geheimzuhalten». Kurz, je mieser es uns geht, um so wichtiger ist es, daß die anderen sich raushalten.

* Größte Tageszeitung Dänemarks mit ähnlicher Aufmachung wie «Bild». Obwohl im liberalen Verlagshaus «Politiken» zu Hause, vertritt «Ekstra Bladet» jedoch keine konsequente politische Richtung. (Anm. d. Übers.)

Rein vordergründig wissen wir genau, was unter Privatleben zu verstehen ist – wir denken zum Beispiel an das Recht, unsere Tür abzuschließen. Was aber bei dem einen ganz privat ist, ist bei dem anderen Geheimniskrämerei. Es würde zum Beispiel keinen guten Eindruck machen, wenn die «Privatbank» ihre Bilanzen geheimhalten würde. Was ist öffentlicher als eine Bevölkerungsstatistik und was privater als die Kinder, die wir zu Hause zeugen? Es sind zwei ganz verschiedene Dinge, und trotzdem wäre es gefährlich, den Zusammenhang zu verleugnen.

In Amsterdam fiel mir auf, daß es nicht normal ist, Gardinen aufzuhängen. Wenn man dort die Kanäle entlanggeht, kann man den Leuten direkt ins Wohnzimmer schauen – eine alte Kaufmannstradition, um die frisch polierten Möbel vorzuführen. Stellt man sich aber vor die Fenster der Leute in Kopenhagen, riskiert man, für einen Spanner gehalten zu werden. In Ländern, in denen die ganze Familie im selben Raum schläft, geschehen Dinge, die hierzulande als äußerst privat gelten, ja geradezu für geschmacklos gehalten werden, im Beisein von Kindern. *Westeuropäische* Kinder werden gern von den Realitäten des Lebens verschont. Während der Porno-Debatte wurde der Chefredakteur von «Se & Hør»* angegriffen, weil er die Aussage eines dänischen Mädchens veröffentlicht hatte, in der sie den englischen Komiker Marty Feldman als einen guten Liebhaber bezeichnete. Als Argument für den Angriff wurde angeführt, daß Feldmans sechsjährige Tochter darunter leiden könnte. Dazu muß bemerkt werden, daß es eines recht spitzfindigen – um nicht zu sagen pervertierten – Gedankenganges bedarf, um ein Leidensmoment darin zu erblicken, daß ein Mädchen einen guten Liebhaber zum Vater hat – und er wird wohl kaum «schlechter» durch die Tatsache, daß er in der Zeitung erscheint.

Aber wo kommt es her – unser «Privatleben»? Wie ist man auf die Idee gekommen?

Der Begriff «Privatleben» ist wahrscheinlich in Verbindung mit der bürgerlichen Revolution in Nordeuropa im 16. und 17. Jahrhundert entstanden. Die Städte wurden allmählich größer, und die Reichen begannen, woanders zu leben als an ihrem Arbeitsplatz – nämlich «zu Hause». So etwas gab es füher nicht. Erst jetzt wird «Haus» zu «Heim». Bis dahin wohnten die Leute in großen Häusern, Gemeinschaften, Akademien – oder Hochschulen, in denen man schlief, lebte

* Zweitgrößte wöchentliche Rundfunkillustrierte Dänemarks vom skandinavischen Illustrierten-Verlag Aller. (Anm. d. Übers.)

und in den verschiedensten Diensten und Handwerken ausgebildet wurde. «Das Haus» war eine kooperative Minigesellschaft mit Landwirtschaft und Kleinindustrie. Es umfaßte nicht nur Mann, Frau, Kinder und Verwandte, sondern auch Dienstleute, Handwerker, Landarbeiter, Schafhirten, Melker und Milchmädchen. Alle Zimmer im Haus waren ganz offen miteinander verbunden. Es fällt schwer, sich hier ein Privatleben in unserem Sinne vorzustellen.

Über den Ursprung des Privatlebens schreibt der französische Sozialhistoriker Philippe Ariès, daß sich nach und nach die Gruppe, die den Haushalt ausmachte, zur Kleinfamilie entwickelte, bestehend aus Eltern und Kindern, die im Privatleben und zunehmend abgesondert vom übrigen Gesellschaftsleben, wie man es früher kannte, zusammenlebten. Die Dienstleute bildeten eine separate, untergeordnete Klasse, die für die Hausbewohner im Haus arbeitete und nicht länger für den eigenen Verbrauch oder den übrigen Markt produzierte. Haus wurde zum Heim, als es sich von der Arbeitswelt isolierte und zur Festung für Familienleben und Freizeit wurde.

Man darf natürlich nicht das Wertvolle an der Möglichkeit unterschätzen, seine Tür zumachen und seine Freizeit voll ausschöpfen zu können. Wir können nur feststellen, daß dieses neue Lebensmuster, das schon im 18. Jahrhundert ziemlich fest verankert war, mit der Industrialisierung und der ökonomischen Entwicklung – dem Kapitalismus – zusammenhängt. Die Idee vom Privatleben ist mit der kapitalistischen Ideologie eng verknüpft. Ja, der Kapitalismus könnte ohne diese Idee gar nicht funktionieren, da er ja unter anderem auf dem Geschäftsgeheimnis fußt. Geschäftsgeheimnis und Privatleben – das Geschäftsgeheimnis unserer Gefühle –, das sind nur zwei Seiten derselben Sache.

Die Entfremdung zwischen Menschen wurzelt unter anderem in dem Wegfall des allgemeinen Zugehörigkeitsgefühls, das die Gesellschaft des Mittelalters sowie die meisten anderen vorkapitalistischen Gesellschaften prägte. Heute besteht die Gesellschaft aus kleinen Partikeln – oder Kernfamilien –, die einander fremd sind, aber von egoistischen Interessen und der Notwendigkeit der gegenseitigen Ausnutzung zusammengehalten werden.

Der Mensch ist jedoch auch ein soziales Wesen mit dem Bedürfnis, sich als Mitglied einer Gruppe zu fühlen. Heute sind uns unsere sozialen Bemühungen fremd geworden. Sie kommen nur noch zum Ausdruck in der besonderen Sphäre des öffentlichen Lebens: Sozialministerien, Zentren für Rauschgiftsüchtige, die psychiatrischen Abteilungen, die Trinkerheilanstalten, die alle vom Privatleben formal getrennt sind. Was ist aber privater, als ein Säufer zu sein? Alle unsere sozialen Institutionen sind öffentlich und damit gleichzeitig ein Ausdruck für die Qualität unseres Privatlebens.

Erich Fromm schreibt: «Unser privates Leben als Individuum ist nämlich von unserem sozialen Leben als Mitbürger scharf getrennt. Der Staat, und nicht unser Privatleben, repräsentiert unsere soziale Existenz. Als Mitbürger wird von uns ein gewisses soziales Verantwortungsgefühl erwartet: Wir zahlen Steuern, wählen, wir respektieren die Gesetzte und sind in Kriegszeiten bereit, das Leben zu opfern, oder fast. Typisch für unsere private und öffentliche Haltung ist zum Beispiel der Mann, der nicht in seiner wildesten Phantasie daran denken würde, an der Haustür hundert Kronen für Kriegsverletzte zu spenden, der jedoch im Falle eines Krieges und in Uniform keinen Moment zögern würde, für die gleichen Leute sein Leben einzusetzen und andere Leute umzubringen. Die Uniform symbolisiert unsere soziale, die zivile oder private Kleidung unsere egoistische Natur.»[28]

Ein Mann, der um einer Sache willen tötet, hat nicht das Gefühl, daß er selbst tötet, weil unsere soziale und private Natur einander fremd geworden sind. Die Trennung von Öffentlichem und Privatem ist jedoch ganz und gar mit der von Menschen geschaffenen Einrichtung und Struktur der Gesellschaft verbunden – einer Struktur, die von immer mehr Leuten angegriffen wird, weil sie zur Folge hat, daß wir – wie man so sagt – «einander nichts angehen».

Die Frage bleibt auch, ob wir unser Privatleben voll und ganz mögen. Es ist immer noch ganz in Ordnung, vor seiner eigenen Tür zu kehren und seine eigene Tür abzuschließen, aber worin schließt man sich ein, und woraus schließt man sich aus? Wir klammern uns an das Zivilrecht, um das hochheilige Privatleben aufrechtzuerhalten. Gleichzeitig scheinen wir im Begriff zu sein, dieses Recht auszuhöhlen. Könnte es sein, daß wir das Privatleben aushöhlen, weil es uns langweilt? Und daß die Basis für das Zivilrecht, das mit der Blüte der kapitalistischen Gesellschaft zusammenhängt, zerbröckelt, weil sie uns zu weit voneinander und von uns selbst entfernt hat und weil unsere spezialisierte Arbeit keine private Befriedigung mehr ist?

Wir sind in der kapitalistischen Gesellschaft trotz allem so weit gekommen, daß uns «private Strände» und »private Wälder» suspekt sind. Wir haben überhaupt das Eigentumsrecht gründlich in Frage gestellt, so daß selbst eine so wohltuende Sache wie das freie Unternehmertum, die Privatinitiative, in gewissen Kreisen als die Wurzel allen Übels angesehen wird. Wir sind uns recht einig, daß der Hintergrund für autoritäre Regierungsformen, politische Manipulationen und Machtmißbrauch aus Geheimhaltung und Mystifikation besteht. Es wird nicht mehr für eine

Privatsache gehalten, Steuern zu hinterziehen. Es ist auch keine Privatsache, wenn ein Parlamentsabgeordneter unter Alkoholeinfluß Auto fährt oder der griechischen Widerstandsbewegung Waffen liefert. Nein, es ist unser Gefühlsleben – die Sphäre, die uns miteinander verbinden sollte –, das als privat angesehen wird. Das Familienleben ist privat. Wir halten es für unser naturgegebenes und gottbegnadetes Recht, eine private Frau, einen privaten Mann und private Kinder zu haben. Das Privatleben – das heißt das Geschäftsgeheimnis der Gefühle – tritt in Kraft, wenn wir in uns selbst genug haben und die anderen nicht brauchen, es ist noch schlimmer, denn die anderen stellen eine Bedrohung dar, sie sind Feinde, weil wir vor Klatsch und Einmischung von außen Angst haben. Insofern haben wir das Geschäftsgeheimnis zur Lebensform und das Privatleben zu einer Tugend an sich gemacht. Das Emotionale, das Allgemeine, der Punkt, an dem wir etwas zusammen realisieren sollten und einander etwas bedeuten, geht niemanden etwas an. Das ist eine Privatsache, deren Veröffentlichung uns angst machen würde. – Aber warum?

Ich habe mir einige der Vokabeln notiert, die immer wieder in der heutigen Debatte über Privatleben und Presse auftauchen. Schundpresse, Schmutz, Dreck, Schweinerei und Verschmutzung. Eine solche Terminologie in Verbindung mit der Veröffentlichung des Privatlebens führt unwillkürlich zu der Frage, ob mit dieser schlimmen Schweinerei unser Privatleben gemeint ist – oder was? Wenn es für zu Hause gut genug ist, warum wird es dann bei der Veröffentlichung sofort unsauber? Und wenn diese Verletzungen des Privatlebens von allen Bürgerlichen wie Eintopf gelöffelt werden, sind wir dann nicht alle krank, ist dann nicht *unser* Privatleben nicht in Ordnung, oder sind es nur Drüsenstörungen bei einem Dutzend Boulevardjournalisten?

Man muß wahrscheinlich davon ausgehen, daß die «herrschende Klasse», die Mittelklasse, implizit bestimmt, was als privat und was als öffentlich betrachtet werden soll. Als die größte Schweinerei werden Veröffentlichungen von Untreue und Scheidung angesehen. Die Mittelklasse findet es moralisch verwerflich, Sachverhalte zu veröffentlichen, wenn Männer und Frauen von *zu Hause* wegziehen und mit anderen Männern und Frauen zusammenziehen, was man wahrscheinlich in Zusammenhang mit der empfindlichen Verfassung der Kernfamilie sehen muß. Man hat Angst, daß irgend etwas rauskommt – obwohl es vielleicht gar nicht menschenmöglich ist, ein Familienleben in seiner heutigen Form im Rahmen der existierenden Gesellschaft zu realisieren.

Die Mittelklasse nimmt sich also in acht vor Verschmutzung ihres Privatlebens, sie paßt auf, daß niemand schreibt, wie es wirklich ist. Wenn aber ein junger Mann neulich nach Paragraph soundso der Polizeiordnung eine Strafe von hundertfünfzig Kronen zahlen mußte, weil er auf einer öffentlichen Toilette sein, wie es heißt, «erigiertes Glied manipuliert» hatte, dann ist es plötzlich keine Privatsache mehr, obwohl eigentlich anzunehmen ist, daß er sein eigenes privates Glied «manipulierte».

Das Privatleben und die Angst vor einer Verletzung ist im höchsten Grade mit Normen und Tabus – besonders sexueller Art – verbunden.

Wenn in Kairo, Damaskus oder in einer anderen arabischen Stadt veröffentlicht würde, daß Frau Avari Schweinefleich ißt, würde sie sich wahrscheinlich das Leben nehmen, weil sie sich der Verletzung eines Tabus schuldig gemacht hätte. Wenn aber in Kopenhagen veröffentlicht würde, daß Frau Hansen Schweinefleisch ißt, und sie würde in der Küche fotografiert, ausgestattet mit dem Bildertext: «Hier sehen Sie Frau Hansen in ihrer supermodernen Küche bei der Zubereitung eines leckeren Bratens», dann wäre sie sicher sehr froh und stolz darauf, so in die Zeitung zu kommen. Dagegen wäre sie sicher nicht so froh, den Namen ihres Geliebten in einer Zeitung veröffentlicht zu sehen, egal wie sehr sie ihn liebt oder wie schön sein Name ist, weil es am Ende kein guter Ton ist, einen Geliebten zu haben – obwohl es doch nicht ganz ungewöhnlich ist.

Neulich hörte ich eine Sendung im Radio, in der eine Frau sich über ein bestimmtes Wohnmilieu beklagte, weil so viel geklatscht wurde. Wenn ihre Freundin und deren Ehemann zu ihr zu Besuch kamen, rannten alle herum und erzählten, sie würden Gruppensex machen – «und das *tun* wir ja gar nicht», sagte die Frau, außer sich vor Verzweiflung. «Und wenn ich zum Supermarkt gehe, sehe ich den Leuten an, daß sie denken, wir würden Gruppensex machen, und das *tun* wir ja nicht. Es bleibt mir nichts anderes übrig, als umzuziehen.» Ihre Enttäuschung über den «bösartigen» Neid der Nachbarn ist, soweit ich es beurteilen kann, nicht so sehr darauf zurückzuführen, daß die Nachbarn besonders böse sind, sondern auf den Umstand, daß sie selbst Gruppensex für schlimmer als die Pest hält.

Genauso könnte man die Menschen, die sich vor der Veröffentlichung ihres Privatlebens fürchten, verdächtigen, ein Privatleben zu führen, das ihnen im Grunde nicht besonders gefällt. Und die Frage bleibt dann auch, ob uns allgemein mit unserem Privatleben gedient ist. Es könnte zum Beispiel sein, daß uns der Mythos vom Privatleben mehr voneinander isoliert, als wir möchten, daß er uns eher beeinträchtigt und verkrampft, als daß er uns befreit oder unsere Integrität beschützt. Es ist möglich, daß die Mystifikation des Privatlebens zu einer Idee ohne Inhalt geworden ist, die ja in Wirklichkeit gar nicht länger unseren Interessen dient. Denn wir *sind* ja nicht länger Kapitalisten mit dem Stempel des Geschäftsgeheimnisses auf der Stirn. Die meisten von uns sind Bürgerliche, obwohl wir immer noch an das Dogma von der Erhabenheit und Unverletzbarkeit des Privatlebens glauben, auch wenn es für uns ziemlich unpraktisch geworden ist. Denn für uns gibt es kaum eine andere Gemeinsamkeit als Steuerprobleme – und den Mythos vom Privat- und Familienleben.

Es ist jedoch sehr verständlich, daß wir das private Familienleben mit Prestige umzäunen möchten – so verletzlich, wie es in vielen Fällen geworden ist –, und daraus folgt die Mystifikation. De Gaulle sagte einmal: «Das Prestige taugt nichts ohne das Mysterium. Man ehrt nur wenig, was man zu gut kennt.»

Aber was heißt nun die Verletzlichkeit des Familienlebens? Nun, unter anderem hat man ja in den USA Studien gemacht, die aufzeigen, daß Kinder generell eine Bedrohung des ehelichen Glücks bedeuten. Statistisch sind kinderlose Ehen am glücklichsten. Wenn aber die Kernfamilie sich nicht dafür eignet, Kinder zu erziehen und das Geschlecht weiterzuführen, wofür eignet sie sich dann? Die Verletzlichkeit der Familie zeigt sich nicht nur in dem steigenden Scheidungsquotienten. «Irgend etwas» muß diesen hunderttausend Scheidungen vorausgegangen sein. Irgend etwas nicht sehr Angenehmes!

Aber was? Was geht in unseren Familien vor? Dank dem Mythos vom Privatleben wissen wir erschreckend wenig davon. Wir kennen alle dieses Gefühl, wenn man bei einer Familie – den besten Freunden vielleicht – plötzlich hereinschneit, und man hat den Eindruck, daß sie sich gerade vorher fast gegenseitig ermordet hätten. Sollen wir es Grausamkeit nennen oder eine «kleine Unstimmigkeit», den Illustrierten zufolge etwas ganz Normales? Nur geschieht dann das Seltsame, daß die Stimmung, sobald ein Außenstehender auftaucht, ganz umschlägt: «Wie geht's?»

«Prima, du ...»

Man soll sich bei niemandem in etwas einmischen. Nach der Terminologie des Privatlebens ist es unloyal, irgend jemandem außerhalb der Familie zu erzählen, wie es einem geht. Das Privatleben ist eine gegenseitige, geheime Übereinkunft, nach der ich mich in dein Leben nicht einmische, wenn du dich in meins auch nicht einmischst.

Im übrigen ist es nicht ganz gelogen, daß es den streitenden Liebenden sofort bessergeht, wenn ein Dritter oder Fremder anklopft. Denn erstens ist man nicht mehr allein, und zweitens haben wir unser Leben in kleinen Zellen von den Aktivitäten der Gesellschaft getrennt eingerichtet – eine Lebensweise, die Zuschauer verlangt. Wir richten unser Heim als «Show-rooms» ein und kommunizieren besser, wenn wir Dinge und Kinder vorzeigen, über Lohnerhöhung und Ferienpläne reden, als wenn wir erzählen, wie es uns *privat* geht.

In Wirklichkeit gibt es kein Privatleben ohne Zuschauer – wir brauchen Zeugen unseres Glücks oder einfach Zeugen, daß wir überhaupt existieren. Nur ist das Verhältnis Objekt-Zuschauer nicht gerade die denkbar wärmste oder erlösendste Relation, wie gegenseitig sie auch sein mag.

Das Privatleben kann nach meiner Ansicht direkt gesundheitsschädlich sein. Es ist wichtig, seinen emotionalen Standort zu kennen. Der Mythos vom Privatleben macht es schwer, diesen zu finden.

In den privaten Verhältnissen sind Nuancen ohnehin fast unmöglich auszumachen.

Elizabeth Janeway sagt: «Um uns in das ‹Privatleben› anderer Menschen hineinversetzen zu können, sind wir nicht nur darauf angewiesen, was ein Mann oder eine Frau von sich erzählt, oder auf unsere Fähigkeit zu beurteilen, inwieweit die Aussagen der anderen mit ihren eigentlichen Gefühlen übereinstimmen. Denn obwohl sie selber sagen, sie wären ‹glücklich›, ‹melancholisch› oder ‹verzweifelt›, können wir nie mit Sicherheit wissen, wie sie diese Begriffe selbst erleben. Es ist fast unmöglich, diese Gefühle von Glück, Melancholie oder Verzweiflung mit anderen glücklichen, melancholischen oder verzweifelten Menschen zu vergleichen. Und wenn Einzelindividuen mit ihrer Lebenserfahrung allein stehen, sind Ehepaare in ihrer Zweierbeziehung wahrscheinlich noch einsamer, weil die Verdoppelung von Erfahrungen den Unterschied in der Lebensweise so sehr vergrößert.»[29]

Es ist also in jedem Fall schwierig zu wissen, wie unsere Familien funktionieren – der Mythos vom Privatleben aber macht es nicht gerade einfacher. Und das Problematische dabei ist wahrscheinlich, daß diejenigen, die am meisten leiden, gleichzeitig am standhaftesten am Privatleben festhalten. Weshab ist es zum Beispiel eine der gewöhnlichsten «Heilmethoden» in der Psychiatrie, die «Patienten» miteinander in Gruppen zusammen reden zu lassen? Und wovon sollen sie reden? – Von ihrem Privatleben.

Das Privatleben ist auch unser interessantestes Leben – insofern, als es allgemein und Ausdruck für gleiche Bedingungen ist. Aber unsere kommerzielle Presse nimmt das Privatleben nicht ernst, weil sie es noch privater macht, als es tatsächlich ist. Wir haben die Presse, die wir verdienen, sagt man, und wahrscheinlich hat auch unsere eigene mystifizierte Einstellung zum Privatleben den Klatschjournalismus zu einer solchen Blüte gebracht. Die Mystifikation unseres eigenen Privatlebens führt automatisch eine schadenfrohe Begeisterung bei der «Entlarvung» des Privatlebens anderer Menschen mit sich. Die kommerzielle Presse lebt und gedeiht durch die mehr oder weniger schadenfrohe Begeisterung der Leser.

Die Presse wird angeklagt, durch die Veröffentlichung intimer Details des Privatlebens Menschenleben zerstört zu haben. Wenn dies jedoch der Fall ist, hängt es mit unseren eigenen Tabus zusammen. Kaum jemand würde sich schämen, für «Se & Hør» fotografiert zu werden, während man mit den Kindern «Mensch ärgere dich nicht» spielt, Leberpastete backt oder ein Fest mit Freunden feiert. Was uns für eine Veröffentlichung zu privat erscheint, sind die geschlechtlichen Verhältnisse, obwohl sie ganz allgemein-menschlich sind. Da wir sie aber selbst für privat halten, werfen wir uns auf die Sexualität anderer Menschen, insbesondere bekannter Menschen.

Wenn die kommerzielle Presse gefährlich ist und Menschenleben zerstören kann, liegt die Ursache darin, daß sie in so hohem Maße unsere Tabuvorstellungen untermauert und stärkt – und nicht zuletzt, weil Klatsch- und Sensationsjournalismus sich generell durch ausgeprägten Mangel an Talent und Sinn für Angemessenheit auszeichnet. Er spricht unsere niedrigsten Gefühle an und profitiert davon, Anstoß bei uns zu erregen und unsere Vorurteile zu zementieren.

Ich halte das Privatleben für so wichtig, daß es veröffentlicht werden muß, denn keinem kann es egal sein, wie andere leben, wenn er nicht gerade in totale menschliche Verdunkelung gesunken ist. Aber gerade weil das Privatleben so wichtig ist, darf es auf keinen Fall verdreht werden. Deswegen geht es nicht so sehr um die Veröffentlichung des Privatlebens als vielmehr um Wert und Qualität der Presse. Es ist an und für sich nicht minderwertig, Jacqueline Onassis nackt zu fotografieren, wenn sie es selber möchte. Es ist aber minderwertig und vulgär, ihre Nacktheit als eine Sensation zu präsentieren, als ob ihre Nacktheit interessanter wäre als die von allen anderen Leuten. Man ahnt diese wühlende, schadenfrohe Spannermentalität, die sie irgendwie erniedrigen soll: eine Speckfalte oder Warze am Hintern enthüllen. Die journalistische Moral und das Talent sind ausschlaggebend. Meiner Meinung nach gibt es nichts, das nicht von Menschen gesagt oder gezeigt werden könnte; es hängt nur davon ab, *wie* und in welchem Zusammenhang es gesagt wird. Mit der Privatisierung des Lebens geben wir der Presse freien Lauf, triumphierend das Allgemeine als Sensation zu lancieren. Tatsächlich haben wir selbst durch den Anspruch des Privaten das Leben verdreht. Wenn wir alle in dem Liebesleben bekannter Leute wühlen und mit unter die Bettdecke von Ministern und Schauspielerinnen kriechen, dann ist nicht *ihr* Verhalten das Interessante, sondern wohl eher das unsrige.

Und so wird in Zukunft nicht weniger, sondern mehr Privatleben «verletzt» werden ... und nicht nur das von Schauspielern und Ministern. Das «schmutzige», «dreckige», «schmierige» Geschlechtsleben sollte durch Veröffentlichung entmystifiziert und nicht, wie es jetzt der Fall ist, von der Presse zusätzlich mystifiziert werden. Denn es gibt größere Mysterien im Universum, mit denen man sich beschäftigen müßte – oder muß – als Sex. Die Welt bietet andere Herausforderungen. Die sexuelle Befreiung sollte eigentlich Befreiung *von* der Sexualität heißen – als Fixierung oder Trauma.

Der Sozialpsychologe Erich Fromm schreibt: «Die Kluft zwischen der Gesellschaft und dem politischen Staat hat dazu geführt, daß alle sozialen Gefühle auf den Staat projiziert werden, der wiederum zum Abgott, zur Macht über die Menschen wird. Der Mensch unterwirft sich dem Staate, der seine eigenen sozialen Gefühle verkörpert, und betet sie an wie vom Ich entfremdete Kräfte. Als Individuum im Privatleben leidet man unter dieser Isolation und Einsamkeit, zu der diese Trennung unvermeidlich führt. Diese Staatsverehrung kann nur verschwinden, wenn die Leute ihre sozialen Machtmöglichkeiten zurückholen und eine Gesellschaft aufbauen, in der die sozialen Gefühle nicht dem Privatleben hinzugefügt werden, sondern in unser privates und soziales Dasein zusammenfallen.»[30]

Als Bürgerliche in der Gesellschaft werden wir immer machtloser. Es wird immer schwieriger, die sozialen Institutionen und alles, was uns immer anonymer erscheint, zu beeinflussen. Deswegen ist es wichtig, daß wir nicht auch selbst anonym werden – unsere Machtlosigkeit und Anonymität ist keine Privatsache, und deswegen müssen wir soviel wie nur möglich übereinander wissen, die allerintimsten Informationen – auf freiwilliger Basis natürlich, als ein freiwilliger Drang, einander etwas anzugehen, und nicht durch Abhörgeräte oder Karteikarten. Deswegen müssen wir uns klarwerden, ob wir vorhaben, unser Privatleben ernst zu nehmen, oder ob wir es weiterhin mystifizieren wollen. Das Privatleben ist meiner Meinung nach zu einer Idee ohne Inhalt geworden, weil es allmählich sehr wenig mit dem Respekt vor der Integrität des Individuums zu tun hat. Und ich mache mir ernsthafte Sorgen, daß Computer, Abhörgeräte und andere Kräfte unser Privatleben abschaffen werden, wenn wir es nicht in dem Verlangen nach menschlicher Gemeinschaft selbst tun. Dies ist nicht einmal eine Zukunftsvision, sondern die heutige Tendenz, und das ist vielleicht auch der eigentliche Grund, warum das Privatleben überhaupt zur Debatte steht.

Inwieweit wir unser Privatleben der Presse überlassen können, hängt deshalb davon ab, von welchem Privatleben und welcher Presse die Rede ist. Dem Leben, das wir heute führen, und der Presse, die das Leben zur Privatsache macht, weine ich keine Träne nach. Wenn das Privatleben seine Allgemeinheit verloren hat, lohnt es sich nicht mehr, es zu leben.

Bonnie im Gefängnis

> «Auf der Jagd nach dem Bösen habe ich
> mich der Liebe wegen in ein Abenteuer gestürzt,
> das mich ins Gefängnis gebracht hat.»
> *Jean Genet*

Bonnie ist meine Freundin und Mitglied einer Theatergruppe. Sie spielen hauptsächlich in Schulen und anderen Institutionen, unter anderem in verschiedenen Gefängnissen. Eines Tages bekam sie einen Brief von einem Insassen, der ihr schrieb, daß ihre Vorstellung ihn außerordentlich beeindruckt habe und daß er sich gerne mit ihr noch weiter unterhalten und einige Probleme näher erörtern würde. Er habe auch selber ein Stück geschrieben, das er ihr gerne gezeigt hätte, und wolle nun fragen, ob sie ihn denn nicht mal besuchen könne.

1. November
Bonnie ruft an: «Was meinst du, soll ich hinfahren?»

«Ja, warum nicht?»

«Aber warum schreibt er ausgerechnet an *mich*?»

«Was weiß ich, du hast ihn wohl beeindruckt ... Ist es nicht ziemlich egal, wer ihn besucht? Zufälligerweise hat er nun mal an dich geschrieben.»

«Ja, und außerdem ist es auch irgendwie so, daß unsere Arbeit sinnlos wäre, wenn man sich scheut, an dem Punkt weiterzumachen. Andererseits gibt es eine Grenze – ich meine, daß ich Angst habe, in eine Rolle gedrängt zu werden, daß ich irgendwas für ihn sein soll, was ich gar nicht bin. Ich meine, einsame Menschen ... erschrecken mich kolossal – ich habe eben Angst, in irgend etwas hineinzuschlittern: wie wenn man den kleinen Finger reicht und er die ganze Hand nimmt – so in der Richtung.»

«Schon, aber am Anfang könntest du doch einfach mal hinfahren – und wenn es sich herausstellen sollte, daß ihr euch über gar nichts unterhalten könnt, sagst du einfach danke schön für die Einladung und bist weg. Und damit hat es sich doch, oder was?»

9. November

Ich rufe Bonnie an: «Wie war's denn?»

«Ich kriege es fast nicht raus, ich bin dermaßen verwirrt, ich bin *völlig*...»

«Dann fang doch einfach mit dem Anfang an. Du hast den Zug genommen...»

«Ja, bis zum Arsch der Welt – Moment mal, ich muß mir mal eben eine Zigarette anmachen –, ich hatte irgendwie mitgekriegt, daß es ganz in der Nähe vom Bahnhof sein sollte, aber die Abstände da draußen bei den Bauern! Bin stundenlang gelaufen, glaube ich... Dann habe ich an der Tür irgendeines Siedlungshauses geklingelt, um mich überhaupt zu orientieren, und da sagten sie: ‹Ach so, die Klapsmühle... gleich da drüben.› Und ich mich ’rübergetrollt – durch das Gartentor der ‹Klapsmühle›. Hast du Töne: ‹Die Klapsmühle!› Aber anyway – sie war von einer Mauer umgeben. Jetzt konnte ich bei Tageslicht alles schon besser überschauen. Massenhaft Wachen überall und Eingänge, die man passieren mußte. Ich habe richtig gespürt, daß es so aussehen sollte, als ob die Türen *nicht* verschlossen wären. Sie haben den Schließmechanismus nämlich ausgerechnet immer dann ausgelöst, wenn man gerade die Türklinke runterdrücken wollte – so als ob sie einem das Gefühl vermitteln wollten, in ein harmloses Hotel hineinzugehen.»

«Aber wie war er – ein Psychopath?»

«Nee, du mußt schon das Ganze hören, sonst kapierst du überhaupt nichts mehr. Zuerst mußte ich eine Menge Papiere unterschreiben – Name, Körper-, Schuh- und Pessargröße und die ganze Chose. Personalausweis wollten sie auch, hatte ihn aber nicht bei mir. Dann wollten sie die *Art* der Beziehung zu ihm wissen, aber da habe ich die Aussage verweigert – wie hätte ich ihnen da auch Auskunft geben können?»

«Hättest du einfach geschrieben: Inzestuös.»

«Jetzt hör doch mal zu, das kam viel schlimmer – oder auch viel besser. Ich setze mich nämlich zitternd in den Warteraum, während sie irgendeine Nummer, nämlich Ebbe Eigild Tarm Pedersen, holen ließen. Ja, so heißt er also. Nachdem ich mehrere Zigaretten kettengeraucht hatte, wurde ich in das Besuchszimmer gerufen, das den Anschein von Gemütlichkeit vermitteln sollte, weißt du: ein Tisch, vier Stühle drum herum, freundliche, helle Gardinen und irgend so’n abstraktes Dingsbums an der Wand, ein rotes und ein schwarzes Dreieck übereinander und dazu drei grüne Kugeln, weißt schon... Na, dann ist er endlich gekommen, ich meine Ebbe, mit einem Tablett.»

«Gut. Was war denn nun auf dem Tablett?»

«Ja, das muß ich dir auch noch erklären: zwei Becher aus Pappe in hellblauen Plastikhalterungen, eine Thermoskanne und ein Teller mit Blätterteigkuchen.»

«Was soll das heißen – Blätterteigkuchen?»

«Hörst du nun zu, oder hörst du nicht zu?»

«Bin ganz Ohr!»

«Ich habe mich auf einen der Stühle gesetzt, so ganz beiläufig, aber ich durfte da nicht sitzen, sagte er, ich sollte mich woanders hinsetzen. Ich verstand immer nur Bahnhof ... Aber weißt du, wie er aussah? Es ist furchtbar, und ich bekomme richtigen Schüttelfrost: Er sah tatsächlich aus wie ein *Psychopath*!»

«Was soll das heißen?»

«Das weißt du ganz genau. Man kann es einfach nicht definieren. Es ist so mit das Anziehendste und gleichzeitig Abstoßendste, was es überhaupt gibt. Es ist ein ganz besonderer, etwas unheimlicher Charme, eine Ausstrahlung, ein sechster Sinn.»

«Wie bei Katzen?»

«Ich weiß nicht ... Wenn du ihn sehen würdest – dann würdest du schreiend die Flucht ergreifen, das heißt du vielleicht nicht, aber trotzdem ... Kein Haar auf dem Kopf, auf dem Wasserkopf. Ja, eine große, breite Visage mit 'nem Riesenkinnladen, weißt du, Kartoffelschnauze, Blumenkohlohren, eine Mordsfresse und strahlende grüne Augen, etwas schief, ein bißchen mongoloid.»

«Das hört sich ja gut an, genetisch gesehen also eine Mischung aus Orang-Utan und Mohnblume, toll!»

«Ja, das ist ja gerade das Schlimme.»

«Ich wette, daß du ihm aus Güte und sozialem Engagement versprochen hast, jeden Sonntag zu kommen, stimmt's?»

«Beinahe, ja ... das heißt, ich habe nichts Festes versprochen, ich habe nichts entschieden. Glaube eher, daß er die Entscheidungen trifft, und das macht mich nervös.»

«Ganz konkret: Was hat er gesagt, worüber habt ihr gesprochen?»

«Am Anfang ging es hauptsächlich um die Frage, ob mit oder ohne Zucker im Kaffee, bis wir zur Sache kamen. Das Schauspiel, das er geschrieben hat – ich mußte schon für mich so ein bißchen grinsen darüber –, hat achtundzwanzig Akte und tausend Seiten. Er hat's wahnsinnig stolz erzählt. Daß er Künstler sei und mal im Showbusiness gewesen sei. Weiß der Himmel, ob er's überhaupt *geschrieben* hat, irgendwie glaube ich nicht daran. Aber für ihn wäre es natürlich undenkbar, ein Stück mit nur vier Akten zu erwähnen. O nein, sein Stück hat achtundzwanzig Akte. Es ist nämlich ein sehr wichtiges Stück, mußt du wissen. Er will's mir das nächste Mal zeigen.»

«Das nächste Mal?»

«Ja genau, das nächste Mal.»

«Weswegen muß er überhaupt sitzen?»

«Das habe ich ihn auch gefragt. Praktisch wegen allem möglichen: Diebstähle, Verführung Minderjähriger, überhaupt verschiedenes, was so anstand. Diese Sachen, diese Bezeichnungen der unterschiedlichen Verbrechen sind ja sowieso überflüssig und irreführend, denn egal, was er tut, er wird immer das tun, was man als kriminell bezeichnen kann, obwohl ich behaupten möchte, daß er das *nicht* ist, er ist *kein* Krimineller. Aber wenn er wieder in der Gesellschaft, so wie sie eingerichtet ist, leben muß, wird er sich nicht bewegen können, ohne sofort wieder reinzufliegen.»

«Sie werden doch resozialisiert, wie man so sagt.»

«Ja, das behauptet man. Aber dieser Mensch ist so was von Dusselig-Behämmertes. Du hättest sehen müssen, wie er gezittert hat, als ich kam. Er hat es mir sogar richtig vorgemacht: ‹Guck mal, was das Gefängnis aus mir gemacht hat. Ich bin ein gebrochener Mann›, das hat er gesagt.»

«Er hat zumindest eine tolle Ader für das Theatralische!»

«Nein, er war tatsächlich ein gebrochener Mann, verstehst du. Er sagte, er sei schwul und hätte am liebsten kleine Knaben. Dann sagte ich – um in dieser Besucherzelle nicht völlig ins Pathetische abzurutschen –, ob er sie denn unbedingt aus der Wiege holen müßte. Aber offensichtlich war der letzte – derjenige, der ihm den Knast eingebracht hat – zwölf Jahre, sah aber aus wie ein Siebzehnjähriger. Nun gut, wir fragen ja auch nicht immer nach dem Alter, oder? Aber seine Eltern, ich meine die Eltern des Opfers, hatten sie beim besagten Akt ertappt, und dann gab es nichts wie wieder rein mit ihm. Er hat schon mehrmals gesessen.»

«Auf jeden Fall hat er sich dann doch wohl nicht in dich verknallt?»

«Hast du ’ne Ahnung! – Aber zuerst war ich selber ganz erleichtert. Ich bin jedenfalls weg vom Fenster, in dieser Hinsicht zumindest – habe ich gedacht.»

«Und das bist du doch nicht?»

«Ja und nein.»

«Mußt du unbedingt in Rätseln reden?»

«Ich versuche ja nur zu kapieren, was da passiert ist. Ich schaue da nicht durch – gleichzeitig bin ich auch so sauer. Der hat mich doch allen Ernstes gefragt, ob ich es für schlecht hielte, daß er schwul sei. Hast du Töne? *Schlecht?* ... Als er dann endlich auf den Trichter gekommen ist, daß ich so was ziemlich unwichtig finde, fing er an zu erzählen, daß er sich normalerweise – wenn er draußen im freien Leben ist – wie eine Frau anzieht. Aber auch das vermochte nicht das Urteil oder die Mißbilligung, die er irgendwie von mir forderte, hervorzurufen.»

«Glaubst du nicht, daß er einfach froh ist, sich mit jemandem unterhalten zu können, der ihn eben nicht mit den gängigen moralischen Wertungen belastet?»

«Schon, das hat er jedenfalls *gesagt*, aber im Grunde ... dieser Typ verachtet sich selbst, kann ich dir sagen. Er saß da fast mit Tränen in den Augen, als er sagte, daß ich unmöglich verstehen könne, was das für ihn bedeute, mit mir zu reden. Ich war ganz gerührt – kaum zu ertragen. Wir haben uns da gegenübergesessen und geheult aus lauter Rührung, und er hat meine Hand genommen. Dann habe ich gesagt – um meine Hand irgendwie zurückziehen zu können –, daß ich ihn mir kaum als Frau vorstellen könnte, das kann ich weiß Gott auch nicht. Mit seinem Orang-Utan-Äußeren muß er einfach einen miserablen Transvestiten abgeben. Aber er wiederholte einfach immer wieder, daß er nie jemanden hätte, mit dem er reden könnte. Niemanden, der ihn verstehen könnte.»

«Sie haben doch sicher Psychiater und Ärzte da.»

«Es *heißt*, daß sie in psychiatrischer Behandlung sind, aber was nützt da ein Psychiater. In dem Moment, wo Ebbe wieder rauskommt, ist er genauso schlau wie vorher.»

«Wie ist es, gibt es nicht zeitlich unbefristete Strafen da draußen?»

«Schon, aber ab und zu kommen sie ja auch wieder raus, sie werden gelüftet – damit die Gesellschaft sich mit ihrem humanen Strafvollzug brüsten kann. Ich meine, sie kommen raus in die Luft, die schuld daran ist, daß sie wieder rein müssen. Wenn diese Psychiater überhaupt nützlich sein sollten, dann müßten sie ihm einfach behilflich sein, kleine Knaben herbeizuschaffen, das wäre die einzige ehrenwerte Hilfe ... Es ist doch die reinste Heuchelei, einen ‹homosexuellen› Insassen dahin zu kriegen, daß er ‹sich selber akzeptiert›, wenn man ihn hinterher da rausschickt, wo er gerade deswegen wieder bestraft wird.»

«Schon, aber die guten Bürger wollen natürlich ihre kleinen Jungen beschützen – die unterjochten Bosse der Zukunft.»

«Ja, und kleine Jungen sind sehr geil, wie wir wissen.»

«Wir wollen es aber nicht wissen. Komisch, diese Idee, daß man die Minderjährigen beschützen muß, ist ja auch nichts als Heuchelei: Es wird behauptet, die Knirpse sollen ein Sexualleben nach ‹eigenen› Vorstellungen entwickeln. Und das heißt nichts anderes, als daß sie alle Kleinfamilien bilden sollen. Sie sollen in die Sexualpolitik der Unterdrückung eingesogen werden, und deshalb bestraft man jeden, der diesen heimlichen Betrug unterläuft, nicht?»

«Schon, aber davon abgesehen sagt Ebbe selber, daß die Geschichte mit der psychiatrischen Behandlung ganz und gar eine formale Sache wäre, um der Anstalt nach außen hin den Anschein eines Behandlungsortes zu geben. In der Tat sehen sie nämlich noch nicht einmal den Schatten eines Arztes oder so was Ähnliches. Wenn sie mit einem Arzt reden wollen, müssen sie einen Antrag stellen, und drei Monate danach können sie ihn sprechen – vielleicht ... Und dann hat man natürlich ganz vergessen, was man überhaupt sagen wollte, und der Arzt notiert in den Akten, daß man verrückt ist. Verstehst du, was mich so wütend macht ... Er hat immer mehr über sich erzählt, wahrscheinlich weil er gemerkt hat, daß er bei mir keine Mauer vorfand, obwohl ich irgendwie gespürt habe, daß er immer weitermachte, um welche zu finden ... «

«Meinst du Mauern?»

«Ja, ich weiß nicht, er hatte so was Erbärmliches an sich – so die Art, wie er sich fast gewünscht hat, daß ich ihn verurteile.»

Und gleichzeitig war er eben froh, sich einmal aussprechen zu können. Er ist völlig verstört, er hat nämlich gesagt, daß er wegen des homosexuellen Verhältnisses sitzen müsse, daß er aber vor Gericht alles abgestritten habe.»

«Hast du nicht eben gesagt, daß man sie auf frischer Tat ertappt hat?»

«Klar, aber der Typ streitet immer alles ab, und er hat mir gesagt, daß er sich nicht traue, mit anderen Männern etwas anzufangen, während er sitzen müsse, weil er eben Angst habe, daß ihm das schaden könnte, während über seine Entlassung beraten werde.»

«Das kann doch nicht wahr sein!»

«Ja, was meinst du? Aber dann sitzt er halt da und erzählt mir, wie entsetzlich das sei, von so vielen Männern umgeben zu sein und sie nicht anfassen zu dürfen. Es gibt da einen, er heißt Gustav, in den ist er verknallt, aber das einzige, was er tut, ist andauernd für ihn Kaffee zu kochen, ansonsten traut er sich nichts.»

«Er kann doch nicht noch mehr bestraft werden, weil er ein Sexualleben praktiziert, für das er ohnehin sitzen muß!»

«Ich weiß es nicht, er ist ja, wie gesagt, ziemlich verstört, oder er hat – besser gesagt – eine wahnsinnige Angst. Aber dann sitzt er da und gießt mir den Kaffee ein und entschuldigt sich, daß es nur Nescafé sei, und erzählt, wie schlimm es ihm gehe, aber daß er eben Angst habe, sich mir auszuliefern. Dann habe ich gesagt, daß ich das Wort ‹ausliefern› nicht verstehe ...»

«Der einzige Spaß, den wir miteinander haben, ist ja ohnehin der, uns einander auszuliefern.»

«Schon, aber ich habe ihm richtig angesehen, daß er vor Angst schlotterte. Ich habe ihn dann gefragt, was er so normalerweise macht, womit er denn die Zeit totschlägt, und dann hat er gesagt, daß er sowieso froh sei, auf einer guten Station zu sein, wo sie wenigstens Jacken anhaben dürfen.»

«Was soll denn daran so toll sein – Jacken anzuhaben?»

«Danach habe ich ihn auch gefragt, und dann hat er gesagt: ‹Verstehst du nicht einmal das?›»

«Was denn?»

«Doch dann habe ich entdeckt, daß er die ganze Zeit die Hand in der Tasche hatte ... Und dann wußte ich plötzlich nicht, ob er aus Angst oder Geilheit schlotterte.»

«Vielleicht aus beiden Gründen?»

«Kann schon sein, er hat nämlich immer wieder gefragt, ob es falsch von ihm sei, sich einem Fremden auszuliefern. Er saß da in seinem blauen Anzug mit der Hand in der Tasche und Tränen in seinen grünen Augen und schwitzte im Gesicht. Dann hat er mit tränenerstickter Stimme gesagt, daß er sehr gerne einen Orgasmus hätte, das würde sonst nie klappen. Und ich habe gesagt, er könnte doch einfach onanieren. Nein, das könnte er eben nicht, meinte er. Nicht alleine. Und da saßen wir uns am Tisch gegenüber, und ich wußte nicht, was ich tun sollte, weil ich überhaupt keine Lust hatte, ihn zu umarmen oder so was. Und es ist mir auch nicht eingefallen, daß er vielleicht mich haben wollte. Ich saß einfach wie an den Stuhl gefesselt, weil er auch irgendwas Rührendes an sich hatte. Außerdem konnte ich ja nicht einfach abhauen, nicht? Dann hat er gefragt, ob er sich einen runterwichsen könne – und klar durfte er das. Dann hat er auch noch gefragt, ob er ihn rausholen dürfte. Weiß Gott, eine etwas überflüssige Frage. ‹Das kann doch nicht dein Ernst sein›, ‹das kann doch nicht dein Ernst sein›, wiederholte er immer wieder. Ich war ganz durcheinander, weil ich nicht kapieren konnte, wieso ich ihn überhaupt erregte, so wie ich da saß mit Regenmantel und Gummistiefeln.»

«Oh, du solltest Regenmäntel und Gummistiefel nicht unterschätzen.»

«Wenn ich wenigstens wie Marlene Dietrich angezogen gewesen wäre, hätte ich das vielleicht sogar verstehen können.»

«Meinst du nicht, daß es einfach angestaute Energie sein könnte? Er ist doch sicher dermaßen am Ende, daß jeder Zweibeiner ihn aufreizt, o entschuldige – ich habe nicht gemeint, daß ... «

«Er wiederholte dauernd, daß er am liebsten ein Mädchen wie ich sein wolle, und fragte, ob ich denn nicht meine Lippen ablecken könne. Ich kam mir völlig verrückt vor.»

«Aber du hast es getan?»

«Ja, ich habe alles getan, was er gesagt hat, und genau das macht mir plötzlich angst und bange. Er sagte, ich solle die Beine spreizen, und das habe ich dann auch getan, bis ich völlig in Panik geriet. Ich hatte Angst, daß die Aufseher vielleicht zum Fenster reinschauen würden, verdammt noch mal! – Ich hatte plötzlich Angst, ins Gefängnis zu kommen. Er würde schon aufpassen, hat er gesagt ... und plötzlich wurde mir auch klar, warum er anfangs darauf beharrt hatte, da zu sitzen, wo er jetzt saß – wo er den Überblick hatte.»

«Er hat dich einfach eingeladen, um sich vor dir einen runterwichsen zu können. Er hatte im voraus alles schon geplant.»

«Ja, allmählich glaube ich das auch. Aber warum gerade *ich*?»

«Weil er dir schon beim Auftritt angesehen hat, daß du etwas Besonderes ausstrahlst. Etwas, das ihm verriet, daß du ihm eine derart demütige Freude niemals abschlagen würdest. Sein sechster Sinn, wie du das genannt hast – die Fähigkeit, eine Katze zu sein. Katzen wissen immer, wo es was zu futtern gibt, oder?»

«Ja doch. Jedenfalls bin ich plötzlich aufgestanden, weil ich Angst bekommen habe, aber dann hat er mich zur Tür begleitet und gebettelt, ich solle doch einmal seine Eier anfassen. Und weißt du, was er dann gesagt hat? ‹Das war sehr liebenswürdig.› Und kurz danach ist es ihm gekommen. ‹O je›, winselte er – er hat fast geweint. Aber dann hat er sich zusammengerissen und schniefte ‹ich darf nicht o je sagen›.»

«Warum darf er nicht o je sagen?»

«Mensch, siehst du denn nicht, wie er ist? Und ich fühle mich so mies, wenn ich scheinbar so viel für ihn tue, ohne daß ich überhaupt etwas getan habe.»

«Das ist doch ganz angenehm.»

«Schon, aber ich bin sauer, weißt du. Als nämlich der Aufseher reinschaute und sagte, daß die Zeit um sei, wollte Ebbe mir in den Regenmantel helfen, und weißt du, was er gesagt hat? Ich solle bemerken, daß er meinen Mantel nur mit der Hand anfasse, in der kein Sperma gewesen sei.»

«Die andere Hand war wohl unrein?»

«Ich habe mich furchtbar elend gefühlt! Aber das Problem ist, daß er mich immer wieder darum bitten wird. Zuletzt hat er einfach festgestellt, daß ich sein *Freund* sei. Aber ich weiß einfach nicht, ob ich das schaffe, verstehst du? Irgendwie kann man sehr schlecht den Entschluß fassen, jemandes Freund zu werden – so ohne weiteres, oder?»

«Und wenn du das Ganze einfach so nimmst, wie es gerade kommt?»

«Doch, das möchte ich ja auch gerne, aber ich habe jetzt schon das Gefühl, daß er viel stärker ist als ich, und es ist entsetzlich, so was zu sagen, aber das Schlimmste an der Sache ist, daß er damit rechnet, bald entlassen zu werden. Sie haben sein Verfahren wieder aufgenommen.»

«Dir ist es also lieber, wenn sie ihn wohlbehalten hinter Schloß und Riegel haben, du Hure, du!»

«Nein, aber immer wieder kommt mir der schreckliche Gedanke: Was ist, wenn er entlassen wird, und was ist ... wenn *ich* diejenige bin, die ihn wieder anzeigen muß?»

11. November

Bonnie ruft an: «Es läuft genau nach Plan, so wie ich es befürchtet habe. Jetzt überhäuft er mich mit Briefen.»

«Was schreibt er denn?»

«Willst du es hören?»

«Klar. Moment mal, ich muß eben den Plattenspieler leiser stellen ... so, da bin ich wieder.»

«Du, der hat das am *selben* Tag geschrieben, an dem ich dagewesen bin.»

«Er hat ja auch viel Zeit.»

«Hörst du nun zu?

‹Liebe Bonnie,

empfange bitte diesen Gruß als Zeichen meiner großen Dankbarkeit wegen Deines Besuches heute. Bitte verstehe mich, es ist begrenzt, wieviel man in einer Stunde bereden kann, ich hoffe aber, daß Du Dir vollkommen bewußt bist, daß Du mich ruhiger und selbstbewußter gemacht hast als je in den letzten vier bis fünf Jahren.›

Absatz

‹Wenn ich Dir dies sage, denke ich dabei nicht nur an das, was Du für mich getan hast, sondern eher an das Verständnis, auf das ich bei einem fremden Menschen, der Du doch bist, gestoßen bin. Laß mich deshalb betonen, daß ich *sehr glücklich bin.*›

Unterstrichen.

‹Es ist bekanntlich wundervoll, Menschen zu treffen, mit denen man *reden* kann, ohne sich dabei verstellen zu müssen. Bei Deinem heutigen Besuch hast Du mir mehr gegeben, als Worte sagen können und Du Dir auch nur annäherungsweise vorstellen kannst. Ein Mensch, dem die Freiheit genommen ist, wird immer froh und dankbar für eine ausgestreckte Hand sein. Ja, das trifft nicht unbedingt nur bei Freiheitsentzug zu. Es tut einfach mal gut zu erleben, daß man derjenige, der man halt ist, auch sein kann und trotzdem dabei akzeptiert wird. Das zuletzt Geschriebene verstehst Du sicher nicht ganz, Bonnie, aber die Wahrheit ist die, daß ich mich noch nicht einmal mir selber gegenüber getraut habe, ich selbst zu sein, wahrscheinlich aus Rücksicht auf meine Eltern und Freunde, und folglich mit einer Lüge gelebt habe, die mir sogar draußen in der Freiheit Schwierigkeiten bereitet hat und die zu dem, was Du jetzt auch bei mir kennst, geführt hat.›»

«Er kann verdammt gut formulieren, was?»

«Ich finde das mordsbewegend. Aber es geht weiter:

‹Ich bin, so empfinde ich jedenfalls, in der Gesellschaft ziemlich zurückgesetzt worden. Es kostet immer irgend etwas, von der Gesellschaft fern zu sein, aus welchem Grund auch immer. Und deshalb meine ich, daß du erfahren solltest, daß man nicht unbedingt deshalb ein besserer Mensch werden muß, bloß weil man von der Gesellschaft, die einen verurteilt, eingesperrt wird. Dein Besuch hat mich ein bißchen stolz gemacht, weil ich weiß, daß so ein Mädchen wie Du in Deinem Theatermilieu sehr viele Interessen und Freunde – und folglich wenig Zeit hat. Ich könnte mich zwar, wie gesagt, schon mehr der Anstaltsleitung anvertrauen, aber hier läuft alles nach einem *System*, und man würde sich nie wie zwei richtige Menschen näherkommen. Vermutlich liest Du diesen Brief, Bonnie . . .›»

«Ja, vermutlich schon, oder?»

«‹. . . aber fühl Dich bitte nicht zu einer Antwort verpflichtet. Du bist ein guter Mensch, Bonnie. Und ich hätte Dich sehr gerne als einen Freund, mit dem man – neben dem Sexuellen – über alles reden kann, was die Menschen zu Materialisten und unglücklichen Individuen macht.

Zum Schluß bitte ich Dich vertrauensvoll, mir zu helfen, ich selbst zu sein, damit ich hoffentlich anderen Menschen etwas geben kann. Ich hoffe auch, daß auch Du etwas von dem Besuch gehabt hast. Ich kann mir vorstellen, daß es vielleicht nicht ganz einfach ist, die Zeit zu einem nicht gerade besonders lustigen Besuch im Gefängnis übrig zu haben. Aber ich hoffe, daß Du Dich über die Nachricht freust, daß Du mir *heute sehr viel Gutes* getan hast. Von jetzt ab und in aller Ewigkeit habe ich die *Jacke weggeworfen*.›»

«Aha! Die Jacke . . .»

«‹Es gibt keinen Grund mehr, sie zu tragen, es sei denn der Kälte wegen. Es war in so vieler Hinsicht ein Erlebnis, mit Dir zu reden. Schreib mir bitte, daß Du es nicht bereut hast.›»

«Eben hat er doch geschrieben, daß du *nicht* antworten sollst, oder?»

«‹Freitag, nächste Woche, bekomme ich wahrscheinlich einen freien Tag von der Anstalt, weil meine Schwester an dem Tag kupferne Hochzeit feiert, wenn Du dafür Zeit übrig hättest, wäre es schön, Bonnie.›»

«Du wirst in die Familie eingeführt.»

«‹Empfange bitte meine herzlichsten Grüße, Du weißt, daß Du am Wochenende jederzeit kommen kannst, auch an beiden Tagen, und Du sollst *nichts* mitbringen, ich lege eben größeren Wert auf Vertrauen als auf Materialismus.

Liebe Bonnie, laß mich meinen Glauben an Deine ausgestreckte Hand behalten und Dein Freund sein. Sexuell kann ich Dir nichts geben, obwohl du schön bist – glaube aber dafür, Dir auf anderen Gebieten und lange Sicht angenehm und auch nützlich sein zu können. Also nochmals vielen Dank, daß Du mich akzeptierst und damit auch verstehst.

Mach es gut, und schreib mir bitte bald.

Mit freundlichen Grüßen

Ebbe

PS. Meine Briefe werden nicht zensiert – nur Briefe von außen und das auch nur ab und zu.›»

«Du hast einen neuen Freund, Bonnie!»

«Sieht so aus, was mache ich bloß?»

«Nichts. Du darfst keinen Krampf draus machen. Brauchst ihn ja nur dann zu besuchen, wenn du wirklich Zeit und Lust dazu hast – und sonst gar nichts ... Eigentlich klingt er ja ganz vernünftig.»

«Ja, nicht? Er hat doch irgend etwas Tolles an sich. Du mußt mal eben den nächsten Brief hören, den ich heute bekommen habe:

‹Liebe Bonnie,

in aller Kürze noch einen Gruß, um Dir zu sagen, daß es unerklärlich schön ist, daß du mich verstehst und daß wir uns deshalb unterhalten können.

Meine Eltern sind hier gewesen, und sogar sie haben eine gewisse Änderung feststellen können. Und glaube mir: Es geht mir auch tatsächlich viel besser.

Ich hoffe nur, daß Du es ernst meinst, Bonnie, daß Du mich nicht auf den Arm nimmst. Ich glaube es zwar nicht, aber es klingt alles so schön, daß man es kaum glauben kann. Ich schreibe mein Schauspiel jetzt ganz zu Ende und füge noch ein paar Sachen hinzu, in der Hoffnung, daß Ihr das tatsächlich dann aufführen werdet. Die Tatsache, daß ich außerdem einen neuen Freund bekommen habe, macht mich sehr glücklich, und falls ich es Dir in meinem letzten Brief noch nicht geschrieben haben sollte, dann möchte ich Dich hiermit von Herzen gern zusammen mit meinem persönlichen Freund ...›»

«Hat er denn einen Freund?»

«Wahrscheinlich nicht.

‹... zusammen mit meinem persönlichen Freund zum Essen einladen, zum Beispiel in das Søllerød-Restaurant, das mir sehr gut gefällt.

Ich habe jetzt am 26. und 27. November Urlaub bekommen, und für den Fall, daß Du etwas Zeit übrig hast, würde ich Dich bitten, an dem Wochenende vorbeizukommen. Mach es gut, und ich möchte mich nochmals für den schönen Tag neulich bedanken. Herzlichen Dank, daß

Du mir Dein Ohr schenkst und das hörst, was ich schon lange anderen Menschen sagen wollte.

Die freundlichsten Grüße
Ebbe»

«... in das Søllerød-Restaurant, das mir sehr gut gefällt ...»

«Schon gut. Aber jetzt kann ich ihn doch unmöglich fallenlassen, oder was meinst du?»

«Nee, denn dann hättest du ihn ja tatsächlich nur auf den Arm genommen, und außerdem magst du ihn doch, oder?»

«Er hat mir übrigens das letzte Mal auch erzählt, daß er keine finanziellen Schwierigkeiten hätte, falls er entlassen würde, weil er 80000 Kronen von einem Onkel geerbt hätte.»

«Soso.»

«Aber ich gehe bestimmt nicht mit ihm in das Søllerød-Restaurant. Er meinte auch, daß ich einfach mit einem Taxi bis zur Anstalt fahren könnte, er würde das schon bezahlen, aber das mache ich einfach nicht.»

«Du hast dich also doch dazu entschlossen, ihn noch mal zu besuchen?»

«Ich glaube schon – in einem Monat oder so. Das darf natürlich nicht zur Gewohnheit werden, er darf nicht von mir abhängig werden, aber ich hätte schon Lust, sein Tausend-Seiten-Stück zu lesen, auf irgendeine Weise hat er schon was los. Ich bin sicher, daß man eine Menge – auch Authentisches – aus ihm rausholen könnte! Aber, du, ich schreibe ihm einfach eine Postkarte, daß ich im Moment verreist wäre. Ich möchte nämlich weder zur kupfernen Hochzeit noch ins Søllerød, aber daß ich ihn bestimmt noch mal besuchen werde, oder?»

«Klar. Man muß ja auch nicht um jeden Preis Probleme herbeizaubern. Davon hat er auch so genug. Außerdem hat er offensichtlich kapiert, daß du nicht viel Zeit hast, und deshalb kannst du wahrscheinlich auch das Tempo bestimmen.»

«Etwas Angst habe ich aber trotzdem.»

«Aber warum denn?»

«Stell dir mal vor, er bekommt das Gefühl, von mir auch nur ein klitzekleines bißchen verraten worden zu sein, wie er sich rächen wird. Was weiß ich ...»

17. November

Bonnie ruft an: «Ich befürchte, daß er entlassen wird.»

«Schäm dich mal. Entweder du bist solidarisch, oder du bist es nicht.»

«Du hast gut reden, aber was ist, wenn ich die einzige bin, die er hat, dann wird er mir ja dauernd nachlaufen. Mein ganzes Leben würde sich ändern, nicht? – Hier kannst du mal selbst hören:

‹Liebe Bonnie,

herzlichen Dank für Deine Antwort. Laß mich mal kurz erklären, daß es mir wohlgetan hat, von Dir zu hören, teils weil das eine Bestätigung für mich ist, daß es Dir gutgeht, und teils weil Du meinen Wunsch nach Freundschaft nicht wegen des Eingesperrtseins und dessen Ursache abschlägst. Bitte versteh mich, Bonnie. Es ist von äußerster Wichtigkeit, sich mit einem anderen Menschen einmal richtig zu unterhalten. Vertrauen zu jemandem zu haben macht mir eine Menge Freude und läßt mich vor allem auch *glauben*, daß ich in der richtigen Weise an mir selbst arbeite. Es ist zwar ärgerlich, daß Du nicht während meiner Urlaubstage in Kopenhagen bist, aber Du schaust ja vorbei, sobald Du kannst. Bezüglich meines Verfahrens habe ich Dir viel zu erzählen, unter anderem, daß man jetzt den Antrag auf meine Entlassung gestellt hat. Ich erwarte deshalb, Weihnachten zu Hause zu sein. Mein Vormund und mein Verteidiger haben vor Gericht diesen Antrag gestellt, und sie warten nur noch auf dessen Annahme, und da hat man ja – wie gesagt – nichts dagegen einzuwenden. Noch einmal vielen Dank für Deine kleine Postkarte.

Ich selber habe nicht die Gabe, mich kurz fassen zu können, und außerdem scheint es mir, daß ich eine ganze Masse Erfreuliches zu erzählen habe, und da ich ja sonst mit niemandem besonders viel rede und sonst niemandem etwas geben kann, wirst Du bestimmt die Zerstreuung, die im Briefeschreiben liegen kann, verstehen.

Bonnie, bitte versuch doch, am kommenden Wochenende vorbeizuschauen. Du bekommst dann auch das Theaterstück, das ich gerade beende, und außerdem habe ich schon lange an einem Kleid gehäkelt, das ich Dir sehr gerne schenken möchte, wenn es so um die Weihnachtszeit fertig wird. Du kannst ruhig ein Taxi nehmen, ich werde die Rechnung schon begleichen. Wie aus dem Brief zu ersehen ist, bin ich über Deinen Besuch sehr glücklich, oder ist es denn falsch, ehrlich zu sein?

Mit freundlichen Grüßen

Ebbe›»

«Das finde ich ja nett, daß er dir ein Kleid häkelt!»

«Das war eigentlich für ihn gedacht, aber weißt du was? Ich fahre bald mal hin und hole mir das Stück.»

«Er ist eine ganz komische Mischung aus unverpflichtender Liebenswürdigkeit und gleichzeitig ...»

«Ja, ich weiß schon, er frißt einen total auf. Stell dir mal vor, er wird entlassen, dann bin ich doch diejenige, in die er sich festkrallen wird.»

171

«Was sagen deine Leute eigentlich dazu?»

«Die finden das einfach gut, wenn ich hinfahre. Sie wollen sich doch das Stück angeln.»

«Weißt du was – könnt ihr den nicht einfach mitspielen lassen? Du hast mir doch gesagt, daß er mal im Showbusiness gewesen ist, nicht? Und ich glaube, er hat so was an sich ... Im Grunde genommen hat er dich verführt, und dann kann er bestimmt auch das Publikum verführen.»

«Klar, und diese Antennen, die er immer durch die Gegend trägt ... Er hat's weiß Gott raus, wie man sich an die Leute ranmacht, wenn er Lust dazu hat.»

«Er *ist* ganz einfach Schauspieler – der geborene!»

«Schön und gut, aber was ist, wenn ich gar keine Lust habe, mitzuspielen. Kapierst du denn nicht, daß es immer mehr dahinkommt, daß *er* meine Rolle definiert ...»

«Ja, aber Bonnie, du spielst doch schon mit. Jetzt kannst du auf keinen Fall absagen. Du bist ja schon mitten im Stück drin, wenn ich das so sagen darf.»

«Aha, so ist das. Du kannst die Geschichte auch ganz gut für dich gebrauchen, was? – Für dein Buch, wie?»

«Ja, vielleicht.»

«Was kriege ich, wenn ich die Geschichte zu Ende führe?»

«Das Erlebnis.»

«Okay, ich fahre Sonntag hin, aber du kriegst die Fortsetzung nicht. Ha!»

4. Dezember

Bonnie ruft an: «Ich habe alles kaputtgemacht. Ich bin das größte Rindvieh, das ...Jetzt brennt's aber wirklich. Ich werde da nie mehr heil rauskommen.»

«Was ist passiert!»

«Kurz und gut: Sie haben ihn in so 'ner Pension für Gefangene, die kurz vor der Entlassung stehen, untergebracht. Und da habe ich ihn ja auch besucht.»

«Hat er das Stück gehabt?»

«Nein, er müßte noch etwas hinzufügen. Wir haben in seinem Zimmer, das er mit einem anderen teilt, gesessen – und dann hatte ich plötzlich nichts an ...»

«Wie – ganz plötzlich?»

«Ja, deswegen habe ich ja gerade Angst, ich weiß eben selber nicht, wie es passiert ist. Im Grunde genommen ist er ekelhaft.»

«Entschuldige, aber jetzt bist du eigentlich ziemlich kindisch.»

«Gut, ich werde dir erklären, wie ich *meine*, daß es zusammenhängt. Nein, eigentlich ist er fantastisch, und ich kapiere gar nichts mehr. Ich habe das Gefühl, als wäre ich nicht selbst dagewesen, sondern mein Geist oder so was. Ein Gespenst in mir drin, wie hätte ich denn sonst so etwas ... so etwas völlig gegen meine ...»

«Bitte, beruhige dich. Soll ich mal rüberkommen?»

«Brauchst du nicht. Ich gehe jetzt ins Bett. Aber weißt du, wir saßen da beim Kaffee und Kuchen in dem Teakholz-Zimmer, und dann holte er einige alte vergilbte Fotos mit Heftzweck-Löchern aus einem kleinen Kasten hervor. Das waren Fotos von der Schubidubidoo-Gruppe. ‹Großer Gott, kennst du nicht mal die Schubidubidoo-Gruppe? Und ich habe geglaubt, du kämst aus dem Milieu›, sagte er ganz entrüstet. Es waren Fotos von smokinggekleideten Männern mit Entenschwanzfrisuren und Frauen in langen Abendkleidern mit Brigitte-Bardot-Löckchen an den Ohren und Kohlenstrichen um die Augen. Und unten in einer vergilbten Ecke des Fotos stand der Name George Ulmer. ‹Den kennst du aber?› Und ich habe genickt. ‹Er ist mein Freund›, sagte er und legte die Spinnwebfotos wieder in ihre Schachtel zurück. Er war auch ziemlich höhnisch, weil ich nicht den Garderobier vom Dirch Passer kannte – der auch sein Freund sein soll. Aber dann legte er eine Elvis-Platte auf einen kleinen Plattenspieler aus Gummi, und dann haben wir irre getanzt – auf Strümpfen. Er tanzt genausogut wie Fred Astaire ...»

«Ich kann's mir genau vorstellen: Ebbe und seine Braut!»

«Aber dann hat er angefangen zu erzählen, wie unglücklich er über das sei, was letztens passiert ist.»

«Den Eindruck habe ich aber nicht gehabt.»

«Eben. Aber dann saß er da wie ein Häufchen Elend und erzählte eine lange Geschichte davon, daß er sich kastrieren lassen würde. Und wie entsetzlich er sich mir gegenüber verhalten hätte, und was für ein Schwein er sei, und daß er sich schäme. Es sei keine Art, eine Frau so zu behandeln, so 'ne Frau wie mich, er hätte meine Freundschaft ausgenützt, und so weiter.»

«Ach, du grüne Neune!»

«Ja, ich wurde dann Feuer und Flamme und sagte, daß er sich völlig irre, und er habe keinen Grund, sich zu schämen ... und dann habe ich was ganz Falsches gesagt ... das ist mir aber so rausgerutscht ... ich sagte ..., daß es für mich auch ganz schön gewesen sei.»

«Wieso war das falsch?»

«Doch. Damit du überhaupt mitkommst: Dies ist der Wendepunkt der Geschichte. Ab diesem Moment hat er sich völlig verändert ... Die

173

Sache schien ihn sehr zu interessieren, er nahm mich total ins Kreuzver-
hör, holte Geständnisse aus mir raus, und es kam mir so vor, als ob er sie
in seinem großen, fetten Gehirn archivieren würde. Ich hatte natürlich
abhauen sollen, aber ich habe sowieso nicht das Gefühl gehabt, daß ich
es war, die da saß ... Er war völlig verändert, machte sofort seine Hose
auf, zog mir das Kleid aus, nein, nicht mit Gewalt, eher ruhig und leise,
und das ist fast das Schlimmste, daß ich nicht weiß, wie das gekommen
ist ... Es gab schließlich nichts, was ich mir weniger gewünscht habe, als
vor ihm nackt zu sein.»

«Wahrscheinlich weil du ihm eine Freude machen wolltest, oder?»

«Vielleicht. Ich fand seine Schamgefühle so ekelhaft, und dabei mußte ich ihm doch gerade beweisen, daß er *kein* Schwein wäre, nicht? Und
irgendwie hatte ich das Gefühl, daß ich – falls ich mich beim Ausziehen
gewehrt hätte – ihn sowieso in seinen Minderwertigkeitskomplexen bestätigt hätte. – ‹Sie möchte noch nicht mal nackt bei mir sein.› Ich mußte
ihm ja gerade Selbstbewußtsein einflößen, nicht?»

«Das kann man sicher auch anders machen, du wolltest doch nicht
nackt sein, oder?»

«Nein.»

«Hat er dich hart angefaßt!»

«Nein. Er hat mich auch nicht vergewaltigt, er ist ja kein Krimineller,
nicht – wir haben auch nicht miteinander geschlafen oder so, aber er war
eben völlig anders und hat mich zu allem möglichen rumkommandiert,
wie eine Marionette ...Und es kam mir so vor, als sei ich plötzlich in
seinen Augen nichts Besseres als er selbst. Nur weil ich ihm gesagt habe,
ich hätte es auch schön gefunden, was ja nicht mal gelogen war. Jetzt
waren wir auf einer Stufe. Und das hat er irgendwie nicht gepackt und ist
plötzlich ganz grob geworden und hat mich Hure genannt – nicht ver-
ächtlich, sondern eher, als müsse er sich dafür rächen, daß er nicht mehr
zu mir emporschauen kann.»

«Du bist halt von dem hohen Sockel des sozialen Engagements hinun-
tergekracht.»

«Ja, elend gestolpert bin ich.»

«Aus lauter pädagogischem Eifer.»

«Sagen wir eher: aus allgemeiner Freundlichkeit. Natürlich weiß ich,
was ich hätte tun müssen, um den Abstand zwischen uns aufrechtzuerhalten. Ich hätte ihn mit seiner ganzen Unsicherheit, seinem Selbstekel
und Schuldgefühlen im Stich lassen sollen, und statt dessen habe ich –
blöde, wie ich bin – von Gegenseitigkeit geredet. Mir ist völlig klar, daß
ich ihm hätte recht geben sollen damit, daß er ein Schwein sei. Das hätte er akzeptiert. Das – und sonst gar nichts hätte er kapiert.»

«Und dann habt ihr euch als Feinde getrennt, oder wie?»

«Bist du wahnsinnig? Glaubst du im Ernst, daß ich mich traue, mit *dem* Krach zu kriegen! Er hat immer wieder gesagt, daß er mich zu einem Ballett-Abend im Königlichen Theater einladen würde, daß es nicht nur ein sexuelles Verhältnis werden dürfe, er sei nämlich gar nicht ‹so›. Er wiederholte dauernd, daß er nicht aus der Pornostraße komme, fast drohend. ‹Schon gut, aber was ist denn an der Pornostraße so schlimm?›

‹Ich sage ja nur, daß ich nicht aus der Pornostraße komme.› – Du kannst dir gar nicht vorstellen, was das für'n Typ ist – überhaupt nicht der Kriminelle, wie du vielleicht glaubst, aber . . .»

«Ich glaube das ja gar nicht.»

«Weißt du, es gibt ja sogar Schlimmeres . . . Zum Beispiel, daß er irgendwie . . . einen Schatten aus mir macht . . . Und ich kann dir versichern, daß ich nicht vorhabe, irgendein Drama zu verursachen. Ich möchte jetzt einfach ein bißchen auf seine Art und Weise mitspielen und mich dann ganz leise davonmachen, ohne daß er's merkt. Ich werde auf Katzenpfoten davonschleichen.»

«Wie willst du das machen, ohne daß er hinterherschleicht, gerade jetzt, wo er entlassen wird.»

«Kann sein, aber es ist mir alles dermaßen unheimlich geworden, daß ich nicht mehr auch nur seinen Schatten sehen möchte.»

«Aber was willst du machen, wenn er dir nachläuft?»

«Dann rufe ich die Po . . .»

«Das tust du *bestimmt* nicht!»

«Nein, ich weiß. Außerdem wird es gar nicht nötig sein. Der Typ ist ja nicht doof, und nach fünf Jahren im Knast wird er sich schon hüten, irgendeinen Blödsinn zu machen, nicht? Er braucht ja nur einen Groschen zu klauen, oder?»

6. Dezember

An dem Abend habe ich bei Bonnie Schweinebraten gegessen. Um elf Uhr herum klingelte das Telefon. Sie nahm nur zögernd den Hörer ab, aus Angst, daß er es sein könnte. Er hatte Ausgeherlaubnis von der «Pension» erhalten und hatte schon mal tagsüber angerufen – nur um ihre Stimme zu hören, sie hatte fast zuviel gekriegt. Er war es ganz offensichtlich. Sie sagte nämlich, sie habe keine Zeit, weil sie Besuch habe, und er solle sie nicht so oft anrufen. Dann faßte sie sich plötzlich an die Haare, ihre Augen flackerten verwirrt umher, und mehrmals sagte sie: «Ach so» – wechselweise hart und leise. Zuletzt sagte sie ein wenig bestürzt: «Am besten fährst du sofort hin» – und dann etwas neutraler: «Es tut mir leid, daß ich dir nicht helfen kann.» Als sie wieder aufgelegt hatte, stand sie auf und sagte, so halbwegs zu sich selbst: «Er hat gesagt, daß er kommt. Und ich habe gesagt, daß er's lassen soll. Und dann, daß seine Eltern vor einer Stunde bei einem Verkehrsunfall ums Leben gekommen seien. Sie hätten ihn besuchen wollen und wären unterwegs umgekommen, hat er gesagt. Er wollte gerade hinfahren, um die Leichen zu identifizieren.»

«Er lügt.»

«Ja, nicht?»

«Natürlich. Jetzt kennt er nichts, wenn es darum geht, zu dir Kontakt zu bekommen. Mit seinen langen Antennen hat er schon längst gemerkt, daß du dabei bist, auszusteigen.»

«Trotzdem ist es schon stark ... daß seine Eltern umgekommen sein sollen ... Und was ist, wenn's tatsächlich stimmt? Dann hat er zumindest das Recht auf allgemeines Mitleid, und besonders in seiner Situation.»

«Ja, und genau damit rechnet er auch. Ab jetzt herrscht psychischer Krieg, und du mußt dich steinhart machen. Du kannst ja doch nichts machen, selbst wenn sie tot sein sollten!»

«Aber ich finde es furchtbar, daß man nicht mal allgemein freundlich sein kann aus Angst, man wird dabei völlig aufgefressen ... Hinzu kommt, daß wir offiziell noch gar keinen Krach haben ... Im Moment sieht es für ihn immer noch so aus, daß ich sein bester Freund bin, und wenn er dann behauptet, daß die Eltern gerade umgekommen seien, dann kann ich ja schlecht einfach sagen: ‹Leck mich am Arsch!›»

«Das wirst du vielleicht mal sagen müssen!»

Für den Fall der Fälle bot ich Bonnie an, über Nacht dazubleiben. Man konnte nie wissen, ob er auftauchen würde in seiner Verzweiflung. Aber Bonnie lehnte ab. Wir haben uns darauf geeinigt, daß es besser sei, wenn sie sich nicht weichmachen ließe, sondern daß sie völlig normal ins Bett gehen sollte.

Wenn man der Angst zuvorkommen will, provoziert man sie gerade, so scheint es jedenfalls. Wir küßten uns und lachten verkrampft, und innerlich haben wir den Psychopathen mitsamt seinen verdammten Leichen zur Hölle geschickt.

Mitten in der Nacht klingelt das Telefon, und ich falle aus dem Bett. Es ist Bonnie. Weit weg höre ich ihr hysterisches Flüstern:

«Er ist da!»

«Wo!»

«Draußen vor der Tür. Ich mache nicht auf. Eine halbe Stunde lang hat er ununterbrochen geschellt und durch den Briefeinwurf gerufen: ‹Bonnie, mach bitte auf›, aber ich mache nicht auf. Aber was ist, wenn er versucht einzubrechen? Ich habe solche Angst.»

«Warum gehst du nicht einfach raus und sagst ihm, er soll sich dünn-machen?»

«Kapierst du denn nicht, daß ich mich noch nicht einmal in die Diele traue, wenn er draußen steht und lauscht? Ich muß aber ganz dringend aufs Klo, aber ich traue mich nicht ins Badezimmer, ich traue mich nicht, eine Zigarette anzumachen, weil er das Streichholz hören könnte. Ich habe mich auch ganz lange nicht getraut, dich anzurufen, weil er hören könnte, daß ich wähle, aber ich konnte es dann nicht mehr lassen. Ich habe solche Angst, und stell dir mal vor, er übernachtet draußen auf der Fußmatte.»

«Dann läßt du ihn halt auf der Fußmatte pennen. Und wenn er morgen früh wieder schellt, machst du die Tür nur einen Spalt auf und sagst, daß du ihn nicht mehr sehen kannst, wenn er die Rücksichtslosigkeit besitzt, dich morgens um vier aus dem Bett zu brüllen. Schluß, aus! Bonnie, jetzt mach mal kein Drama daraus – und außerdem brauchst du in deiner eigenen Wohnung nicht zu flüstern – das ist ja lächerlich.»

«Meinst du, ich könnte jetzt aufs Klo gehen, wenn ich hinterher nicht abziehe?»

«Ich weiß nicht, was mit dir los ist. Auf jeden Fall ist es höchste Zeit, daß du *ihn* loswirst, je früher, desto besser!»

«Ja, aber was wird *er* dann machen?»

«Das ist *sein* Bier. Mensch, Bonnie, du trägst doch nicht die Verantwortung für ihn, verdammt noch mal ... Du kannst dich doch nicht darum kümmern, wie er vielleicht reagieren wird. Jetzt reiß dich mal zusammen, und geh aufs Klo.»

«Ja, es muß mir einfach egal sein ... aber weißt du was, es ist genauso gekommen, wie ich befürchtet habe ... *haargenau* ...»

Am nächsten Morgen 9.30 Uhr
Bonnie ruft an. Sie bricht in Tränen aus: «Du mußt sofort rüberkommen, er hat mich vergewaltigt, bring ein Weißbrot mit.»

Als ich kurz danach bei Bonnie schelle (das Weißbrot unter den Arm geklemmt), sehe ich sie lange Zeit durch den Spion spähen. Ich setze ein großes Lächeln auf, aber sie macht nicht sofort auf. Und als sie endlich die Tür aufschließt, dann auch nur einen Spalt.

«Darf ich eintreten? Ich bringe dir Frühstück mit.»

Sie sieht furchtbar aus, zerzaust und verheult. Sie hat immer noch die Sachen vom Vortag an, einen Angorapulli, und die Seitennaht ihres Kimonos ist zerrissen.

«Du bist also *tatsächlich* vergewaltigt worden?»

Ihr Mund verzieht sich zu einem unkenntlichen Viereck, als sie schluchzt, und die Spucke läuft ihr über das Kinn.

«Ich habe so 'nen Hunger, habe noch nicht mal gefrühstückt», schluchzt sie und streckt eine Hand aus, um das Weißbrot zu schnappen.

«Du bist seit gestern auch nicht mal aus den Sachen gekommen?»

«Ich habe mich nicht getraut – habe mich nicht getraut, mich zu bewegen oder sonstwas», japst sie, wischt das Gesicht mit der Küchenrolle ab und setzt Kaffeewasser auf.

«Weißt du, warum ich mich so mies fühle? Weil ich nicht ich selbst sein kann. Alles wird mißverstanden.»

«Er ist also doch heute morgen gekommen?»

«Ja, um acht herum hat er geschellt. Ich war schon auf, weil ich sowieso kein Auge zugemacht habe. Als ich das Klingeln hörte, wußte ich sofort, daß er das war, und ich wußte, daß ich die Tür einen Spalt aufmachen müßte und ihm sagen, daß ich ihn nie mehr sehen wollte, um es ein für allemal hinter mich zu bringen. Und dann stand er da auf der Matte wie ein kleiner Hund in seinem Trenchcoat und murmelte irgend etwas von seinen Eltern und daß er nur fünf Minuten mit mir reden wolle. ‹Nur fünf Minuten›, sagte er und versprach, danach wieder abzuhauen. Dann habe ich ihn reingelassen und dabei betont, das sei aber das letzte Mal. Ich wolle ihn nie wiedersehen, so wie das jetzt lief. ‹Ja›, sagte er, ‹du siehst mich jetzt sowieso zum letztenmal, Bonnie. Heute nacht sind meine Eltern ja umgekommen, nicht? Und sie waren schließlich meine Eltern, nicht? Jetzt gibt es niemanden mehr, für den ich dasein kann. Ich werde mich umbringen.›

‹Ja, da hast du recht›, sagte ich. Und ich habe es auch gemeint. Ich wußte innerlich, daß er sterben würde, weil der Typ überhaupt keine Chancen hat.»

Bonnie schnitt sich selber fünf Scheiben Brot ab und fragte, wie viele ich haben wollte.

«Angesichts der Tatsache, daß ich nicht vergewaltigt worden bin, werde ich mich zur Feier des Tages mit zwei Scheiben begnügen.»

«Er hat die Rolle toll gespielt, sage ich dir. Ich meine, der Grund, weswegen wir überhaupt wieder ins Quatschen gekommen sind, war meine Erleichterung über seine Selbstmordpläne, ja ich fing sogar an, ihn wieder zu mögen. Und er hat mir erklärt, daß er den Vormittag damit verbringen wolle, alle seine ‹Freunde› zu besuchen und ihnen mitzuteilen, daß er jetzt nach Schweden fahren würde.

‹Aber dir, Bonnie, sage ich die Wahrheit. Morgen wirst du in den Zeitungen von meinem Tod erfahren.›»

«Und hast du ihm geglaubt?»

«Ja, natürlich. Ich wollte ihn doch so gerne lossein, ein für allemal, weißt du. Und plötzlich fand ich ihn in seiner Selbsterkenntnis so sympathisch. Es war genau dasselbe Gefühl wie damals, als ich ihn zum erstenmal getroffen habe. Und auf die Weise haben wir dann weitergequatscht ... Er saß da mit seinen traurigen mongoloiden Augen und ließ seine dicke fleischige Zunge übers Gesicht schwabbeln: '

‹Ich habe einen ganz trockenen Mund, Bonnie, ich habe die ganze Nacht nicht geschlafen.› – Ich habe ihm eine Tasse Tee gemacht. Natürlich hat er mir leid getan, und wenn ein Mensch sterben soll, kann man sich doch vorher mal richtig ausquatschen, nicht?»

«Mensch, bist du nett, Bonnie!»

«Vielen Dank, das werde ich auch bestimmt nicht mehr sein. Denn bald war er wieder dran, daß er furchtbar gerne noch einen Orgasmus haben wolle, bevor er sterben müsse. Und ich sagte, bitte schön, das könnte er herzlich gerne haben, nur nicht bei mir – und dann bin ich rausgegangen und habe die Wohnungstür aufgemacht und gesagt: ‹Raus mit dir! Wiedersehen!›

Aber er stand einfach da rum wie ein kleiner Hund und sagte, daß er mich nicht anfassen werde, ich solle ihm einfach nur dabei zugucken, und daß ich doch wohl einem sterbenden Menschen nicht einen letzten Orgasmus abschlagen könne. Ich wurde immer wütender: ‹Ja, aber ich schlage dir doch gar nichts ab, Mann, wenn du bloß abhaust› ... Ich stand in der Tür, zeigte mit dem Finger die Treppe hinunter und versuchte ihn rauszuschubsen. Als er dann endlich in der Türöffnung stand, machte er seine Hose auf. Und ich die Tür wieder zu. Kapierst du jetzt?»

«Die bloße Tatsache, daß du die Tür zugemacht hast, reicht aus, nie die polizeiliche Anerkennung als Vergewaltigungsopfer zu bekommen.»

«Es ist aber auch kaum zu fassen. Wahrscheinlich habe ich Angst gehabt. Man traut sich nicht, einen onanierenden Mann aus der eigenen Tür und die Treppe runtergehen zu lassen. Ja, man hat eben Angst vor den Nachbarn oder so – oder daß er vielleicht anfängt, im Treppenhaus rumzubrüllen. Ich weiß nicht ... plötzlich habe ich Panik bekommen, und irgendwie meint man auch, den Knatsch selber ausstehen zu müssen – daß andere Leute nichts erfahren dürfen.»

«Du möchtest eben dein Privatleben für dich behalten!»

«Ich kann noch nicht mal den Rest richtig wiedergeben, das war alles so verworren. Er verlangte geschlagen zu werden, und ich sollte sagen, daß er ekelhaft sei. Ich war völlig verzweifelt und heulte: ‹Ich kann dich aber nicht hauen.› Ja, ich habe mich sogar fast dafür entschuldigt, daß ich ihn nicht verprügeln konnte, aber habe hinzugefügt, daß er tatsächlich ekelhaft sei, wenn er meine Freundschaft in der Weise ausnützte. Dann wurde er ganz wütend und verlangte von mir zu sagen, er sei ganz toll und er habe den schönsten Schwanz der Welt, und kurz danach mußte ich sagen, daß er häßlich und ekelerregend sei – ich bin fast wahnsinnig geworden, ich konnte ja gar nicht all das sagen, was er von mir hören wollte, weil ich dauernd daran denken mußte, wann dem Alptraum wohl ein Ende gemacht würde. Ich selber war abwechselnd die schönste und herrlichste Frau und die schlimmste und säuischste Nutte der Welt.»

«Ach du liebes Lieschen!»

«Ja, aber ich war völlig erledigt. Er konnte nicht fertig werden, und dann mußte ich es ihm machen und dabei sagen, daß er toll und daß er ekelhaft und daß er ... ‹Bin ich nicht widerlich, bin ich nicht widerlich›, wiederholte er dauernd, und ich war völlig verzweifelt und sagte ja und nein an den falschen Stellen. Und als es ihm endlich kam, warf er sich auf mich und drang in mich ein.»

«Ich dachte, er wäre schwul?»

«Er ist verrückt, du hättest seine Augen und den Schaum vor dem Mund sehen müssen ... Und die ganze Zeit hat er mich am Hals gepackt, und als mir klarwurde, daß er mich erwürgen würde – ja, ich schwöre, daß er drauf und dran war, weißt du, was ich dann getan habe? Ich habe seinen Schädel zärtlich gestreichelt, er ist ja ganz kahl, und dabei viele Male ‹mein kleiner Ebbe› und so was Ähnliches geflüstert, und plötzlich ließ er von mir ab. Aber du, ich kann jetzt verdammt gut verstehen, wenn es Leute gibt, die davon sterben. In dieser Situation regiert nämlich der pure Wahnsinn, und es ist nur eine Frage der Zufälle ...»

Ich ging zu Bonnie rüber und nahm sie in den Arm: «Mensch, was bin ich froh, daß er dich nicht erwürgt hat.»

«Was meinst du, was ich erst bin! Aber stell dir mal vor, als er dann endlich dabei war, abzuhauen, fing er an zu erzählen, was er denn zukünftig alles vorhabe, daß er mit seinem ‹persönlichen Freund› zusammen nach Südamerika fahren werde. Und ich sagte nur: ‹Ich denke, du wolltest sterben, Mensch!›

‹Nein›, sagte er, ‹ich habe meine Pläne geändert!›»

«O Gott, hat er dich rumgekriegt – du lieber Himmel!»

«Er ist ein Genie! Er hätte Chef einer Versicherung oder so was werden sollen. Übrigens, kurz nachdem er mich vergewaltigt hatte, machte er ein ganz feierliches Gesicht und forderte mich auf, die Polizei anzurufen. Er nahm sogar selber den Hörer ab und bat mich, die Nummer zu wählen.»

«Klar, Ordnung muß sein! Er hält's ja gar nicht aus, wenn er nicht zwischendurch bestraft wird, oder?»

«Er ist einfach völlig verrückt. Fürchtet sich vor sich selbst. Aber ich habe ihm gesagt, daß ich ihn anzeigen würde, falls ich ihn je wiedersähe. Ich will ja nicht mein Leben lang vor ihm zittern, nicht?»

8. Dezember

Ich rufe Bonnie an: «Du, Bonnie, ich habe mir überlegt, daß ich deine Geschichte für mein Buch verwenden möchte. Ich schreibe nämlich gerade was über Vergewaltigung, und deine Geschichte paßt da genau rein ... Weißt du, ich habe mir Gedanken darüber gemacht, warum du vergewaltigt worden bist.»

«Oh, ich danke!»

«Brauchst du nicht.»

«Ich verstehe nur nicht, was dabei von allgemeinem Interesse sein könnte. Es ist doch so: Wenn eine Frau einen Psychopathen zu einer Tasse Tee einlädt und dann vergewaltigt wird, dann ist sie völlig blöd, ist doch klar. Es war ja ein perverser Sonderfall, und sie ist natürlich selbst schuld, nicht? Man wird natürlich sagen: Wenn die Tante so naiv ist zu glauben, man könnte mit einem Psychopathen auf normale freundschaftliche Art verkehren, dann ist es ihr selber zuzuschreiben, nicht? Wenn du irgend etwas darüber schreibst, machst du mich höchstens noch lächerlich, denn einer Frau, die einen eingesperrten Psychopathen besucht und davon ausgeht, von ihm ordentlich behandelt, das heißt weder ermordet noch vergewaltigt zu werden, der ist doch nicht zu helfen, nicht? Ich bin diejenige, die lächerlich gemacht wird, denn das, was *er* gemacht hat, ist schließlich genau das, was von einem Psychopathen zu erwarten ist, oder? Es lag an *mir*, daß ich vergewaltigt wurde, weil ich den armen Mann dazu provoziert habe ...»

«Ja, natürlich, es ist ja völlig normal, daß ein Mann seine sexuelle Triebhaftigkeit nicht unter Kontrolle halten kann, weil sie von der Natur her so stark ist, daß er sie an irgend jemandem abladen muß, ç'est la vie ... Du kannst Gift drauf nehmen, daß ich mit der Geschichte was anfangen kann, weil der Mann eben nicht so psychopathisch ist, daß seine ganzen Vorurteile und Wertvorstellungen nicht haargenau die herkömmlichen Gesellschaftsnormen widerspiegelten. Der einzige Unterschied zwischen ihm und den frei herumlaufenden Männern ist der, daß er *größere Schwierigkeiten hat, mit ihnen klarzukommen*. Seine Wertvorstellungen sind in der Tat dermaßen klassisch für unsere Gesellschaft, und die Geschichte ist im Grunde so banal, daß sie genausogut in einer Regenbogen-Illustrierten abgedruckt werden könnte, wenn wir von deinem Verhalten absehen. *Dein Verhalten* würde nämlich zensiert werden. Man könnte auch sagen, daß es bei der Geschichte um einen Mann geht, der von den Vorstellungen und Normen, an die er auch selber glaubt, kaputtgemacht wird, so ähnlich wie der Mann von der Bürgerwehr, der seine ‹Freiheit› umhegt und jeden Mittwoch sein Gewehr poliert und dabei riskiert, daß sich eines Tages ein Schuß gegen ihn selber löst. Aber bei der ganzen Geschichte geht es trotzdem hauptsächlich um dich, weil du die Normen überschritten hast, und genau darüber will ich schreiben. Soll ich dir erzählen, warum du vergewaltigt worden bist?»

«Warte, ich muß mal eben meine Zigaretten suchen . . .»

«Ich zähle jetzt einfach der Reihe nach auf, was du alles ‹falsch› gemacht hast, das heißt, wie du die Rollenmuster der beiden Geschlechter gebrochen hast, einverstanden?»

«Muß man sich unbedingt vergewaltigen lassen, bloß weil man sich nicht an das Rollenmuster hält?»

«Ich weiß es nicht, aber allmählich fange ich an, das zu glauben . . . also: Du hättest ihn *nie allein* besuchen dürfen. Du hättest ihm einen Marmorkuchen und ein paar Illustrierte mit freundlichen Grüßen von Bonnie schicken sollen.

Zweitens:

Es war ein ‹Fehler›, die sexuellen Regeln der Gesellschaft zu verleugnen, indem du seine ‹Perversitäten› akzeptiert hast. Du hast dich als Außenseiter entpuppt, und einem Außenseiter wird nicht der gleiche Respekt entgegengebracht wie jemandem, der sich an die Regeln hält. Und dieser Typ ist ja autoritätsgläubiger als sonst jemand, weil er am eigenen Leibe erfahren hat, was es heißt, ein Gesetzesbrecher zu sein. Und auch du wirst deiner Strafe nicht entgehen können.

Drittens:

Du hast die Regeln verletzt, als du dich auf eine freundliche Weise mit einem wildfremden Mann über Sexualität unterhalten hast. Das hat ihn total verunsichert: ‹Was will sie denn eigentlich, ist sie überhaupt zugänglich, ist sie *so eine*?› . . . Du hast dir einen freizügigen Anschein gegeben, und das bedeutet zur Zeit, daß der Mann die Freiheit hat, alles mit dir zu machen, was er will – ohne Rücksicht auf Verluste. Als du deine Freizügigkeit – ja, entschuldige bitte das blöde Wort – bloßgestellt hast, hast du dein Recht auf Schutz – das heißt, nicht vergewaltigt zu werden – aufgegeben. Ich glaube nicht, daß er dich *bewußt* mit einer Vergewaltigung bestrafen wollte, sondern er kam einfach nicht mit deiner Freizügigkeit klar; das schafft übrigens kaum jemand. Er wußte plötzlich nicht, wie er sich verhalten sollte.

Viertens:

Er hat sicher davon geträumt und auch geplant, dich als Zuschauer seines Onanierens zu gebrauchen, er hat sich bestimmt nicht träumen lassen, daß du das je mitmachen würdest. Schlimm genug, daß du dich nicht über seinen Umgang mit Minderjährigen, Homosexuellen – oder über den Transvestiten, den er zur Schau stellt – offenbar um dich zu prüfen – moralisch enträstet hast. Ja, schlimm genug, daß du ihn deswegen nicht zum Kotzen findest. Aber daß du ihn obendrein in deinem Beisein onanieren läßt, das ist ja doch die Krönung. Darum hat er auch immer wieder gesagt: ‹Das kann doch nicht dein Ernst sein ...› Auf eine gewisse Weise wäre er sicher sehr viel glücklicher gewesen – du hast selber so was Ähnliches mal erwähnt –, hättest du ihm tatsächlich ins Gesicht gespuckt, ihn ein Schwein genannt und wärst dann abgehauen. Das hätte er zumindest verstehen können, er sieht sich ja selber als ein Schwein. Er traut sich nicht, deinen Mantel mit seiner ‹unreinen› Hand anzufassen, während du dir überlegst, wo die unreinen Hände wohl sind, die diesen Mann zu dem gemacht haben, was er jetzt ist.

Fünftens:

Es genügt nicht, daß du ihn onanieren läßt, du Hure. Eines Tages erzählst du ihm sogar, daß er sich *nicht* kastrieren lassen soll, daß er kein Schwein sei und daß du sogar Gefallen an ihm findest. Du spottest seiner Selbstverachtung, wenn du sagst, daß du ihn toll findest. Da bleibt ihm gar nichts anderes übrig, als dich zu vergewaltigen, denn wenn du *ihn* magst, dann bist du auch nichts Besseres, du kleine Nutte.

Du bist selber ein Schwein geworden – wie er auch. Du kannst ihm keinen Respekt mehr abverlangen, so wie auch er weiß, daß man ihn nicht respektiert.

Sechstens:

Du hättest vielleicht gerade noch deinem Schicksal entgehen können – wer behauptet übrigens, daß die Männergesellschaft unser Schicksal sei –, wenn du dich geweigert hättest, ihn auch nur mit einer Feuerzange anzufassen. Wenn du ihn statt dessen einfach hättest onanieren lassen, während du mit dem Blick einer alles verzeihenden Göttin zum Fenster rausschaust, wie ein höheres Wesen, das zu einem Tier hinunterblickt. Du hättest ihm seine Scham lassen sollen. Aber statt dessen bist du von deinem Sockel heruntergestiegen. Das hat er dir nicht verziehen. Dann hat er angefangen, dich herumzukommandieren, weil du sein Weltbild kaputtgemacht hast, du Hexe, du.»

«Schön und gut, aber meinst du nicht, daß jede andere konventionelle Frau auch riskieren würde, von ihm vergewaltigt zu werden?»

«Das kommt drauf an, aber eine konventionelle Frau bringt sich gar nicht erst in deine Lage, sie fordert eben nicht ‹das Schicksal› heraus, wie man so schön sagt ...»

«Schon, aber kann das nicht einfach etwas völlig Irrationales gewesen

183

sein, was da passiert ist? Ich meine, als er allmählich gespürt hat, daß er mich verlieren würde?»

«Selbstverständlich ist es irrational, aber das Irrationale spiegelt schließlich unsere Kultur mehr wider als sonst etwas, nicht? Wir sind viel mehr von dem uns Entgangenen und dem von uns Verdrängten gekennzeichnet als von dem, womit wir uns rational beschäftigen. Es gibt ja überhaupt keinen rationalen Zusammenhang zwischen der Vergewaltigung und der Angst, jemanden zu verlieren – der Angst, allein zu sein. Aber was ist mit all den Frauen, die fürchten, ihre Männer zu verlieren? Sie rennen ja auch nicht einfach durch die Gegend und vergewaltigen, oder? Und das ist ja auch gar kein Zufall, nicht? Im Gegenteil. Bei den Frauen wächst die Angst nach innen, wir schleichen um die Männer herum, flüsternd und bedienend. Wir machen uns so unsichtbar, wie es nur möglich ist, damit die Männer sich nicht vor unserem Anblick ekeln müssen und uns verlassen. Wenn eine Frau erst da angelangt ist, wo sie zu schreien und zu hauen anfängt, dann hat sie ihr eigenes unweibliches Grab gegraben, weil man es niemandem verübeln kann, eine derart hysterische Zicke zu verlassen. Nee du, die meisten Frauen halten ihren Mund, denn das zahlt sich am ehesten aus. Und es tut auch nicht mal besonders weh, weil man schnell wieder vergißt, was man eigentlich hat sagen wollen.»

Nachdem ich mit Bonnie gesprochen hatte, schrieb ich:

8. Dezember 1972

Es gibt immer noch ausschließlich Göttinnen und Huren, und dann die Masse von Hausfrauen, die den Sexualregeln der Gesellschaft treu bleiben. Sie werden nie dahinterkommen, was sie für eine Bedeutung haben, weil ihnen die Regeln in Fleisch und Blut übergegangen und in der Luft enthalten sind, die sie einatmen. Und diese Regeln entlarven sich nur dann, wenn wir sie verletzen, und das heißt in der letzten Konsequenz: gegen die menschliche Natur antreten.

Als Oscar Wilde seinerzeit einen polemischen Artikel für bessere Lebensbedingungen der Arbeiterschaft schrieb, hieß es unter anderem: «Man wird natürlich behaupten, daß ein solcher Plan ziemlich unpraktisch sei und daß er wider die menschliche Natur sei. Deshalb ist er es wert, verwirklicht zu werden, und deshalb möchte ich ihn vorschlagen.» – Dasselbe kann ich auch von sexuellen Verhaltensmustern behaupten. Der Code, der die Geschlechter in Schach hält, die Verleugnung unseres Selbst und eines jeden Lebewesens überhaupt, deren Kompensation uns nur gelingen würde, wenn wir uns selbst endgültig vernichten würden, läßt nur diesen Schluß zu: Der einzige anständige Grund, sexuelle Verhaltensmuster zu verletzen, liegt darin, daß er wider die menschliche Natur ist.

Das Verbot

Eines Tages im Oktober 1972 las ich im «Nouvel Observateur» über zwei Ereignisse, die das Verhältnis Mensch versus Natur, Kultur versus Natur scheinbar in ein neues Licht rückten. Und zwar schienen dies jetzt keine Gegensätze mehr zu sein. Nach der von dem Soziologen Edgar Morin organisierten Tagung in Royaumont, an der ungefähr vierzig Forscher aus verschiedenen Disziplinen unter der Schirmherrschaft von CE-BIAF (Centre International d'Etudes Bioanthropologiques et d'Anthropologie Fondamentale) teilnahmen, ist der Mensch sozusagen in die Natur eingegliedert. Man hatte unter anderem festgestellt, daß der größte Teil der Lebewesen – nicht nur Menschen – soziale Organisationen aufgebaut haben und in Gesellschaften leben und daß die vorökologische Idee vom Menschen als einem unveränderlichen Faktor im «Zentrum» des Kosmos – der durch seine intellektuellen Fähigkeiten oder sein Gehirn von der Natur abgetrennt ist – sich nicht länger halten ließ. Biologen, Anthropologen, Soziologen und Psychologen waren sich einig, daß auch der «Gedanke» oder das menschliche Hirn ein integrierter Teil des Öko-Systems, daß die Natur historische Kultur sei, die den Menschen als einen ihrer determinierenden Faktoren umfaßt. «Mensch kontra Natur» oder «Kultur kontra Natur» sei somit ein ideologisch gefärbter Ausdruck für das Bedürfnis des Menschen, seine Eigenart oder «Verschiedenheit» zu betonen, um damit leichter alles, was nicht gerade zur Kategorie des rein Menschlichen gehöre, zu dominieren und besiegen.

Ein anderes Ereignis: Das Buch des Anthropologen Serge Moscovici «La société contre nature»[31] (der Titel ist ironisch gemeint) scheint ebenfalls die Annahme von einer hierarchischen Tendenz der menschlichen Gesellschaft zu bestätigen, in der das Nicht-Menschliche selbstverständlich ganz unten steht.

Es ist zum Beispiel gar nicht so lange her, daß die Anthropologen zu beweisen versuchten, daß die Neger den Affen, also der Natur, näherstünden als den Weißen. Genauso existiert heute die weitverbreitete Auffassung, daß Frauen «erdgebundener» und «natürlicher» seien als Männer. Man hat sogar durch Messungen versucht zu beweisen, daß ihr Hirn kleiner ist als das der Männer. Das «Natürliche» war mit anderen Worten eine Bezeichnung für das, was die Männer mit unterschiedlicher Konsequenz zu dominieren bestrebt waren.

Aber das wichtigste an Moscovicis Buch bleibt für mich seine Theorie über das Inzest-Tabu: das Inzestverbot als der ursprüngliche, differenzierende Mechanismus in den Beziehungen zwischen den Geschlechtern, die grundlegende Voraussetzung für soziale Ungleichheit und die Herrschaft der Männer über die Frauen, das Inzestverbot als der Grundpfeiler des Patriarchats.

Die Hauptfunktion des Inzest-Tabus ist zu *unterscheiden*: zum Beispiel zwischen denen, die man heiraten darf, und denen, die man nicht heiraten darf. Von dem Augenblick, wo einem diese grundlegende Unterscheidung klarwird, handelt man entsprechend. Nach Moscovici spiegelt jede soziale Ordnung sexuelle Hierarchie wider, und die Männergesellschaft wurde uns überliefert und aufrechterhalten durch das Inzestverbot, besonders durch das Mutter-Sohn-Verhältnis, das einzige universelle Inzest-Tabu. Das Inzest-Tabu ist die Voraussetzung für die Dominanz der Männer. Sonst würden die Söhne bei den Müttern bleiben und eine Gruppe für sich, eine feminine Hierarchie, bilden, und die Macht der Männer würde zerbröckeln.

Plötzlich sah ich die ganze Geschlechterproblematik im Lichte des Inzestverbotes. In «Frauenbefreiung und sexuelle Revolution» schreibt Shulamith Firestone: «Ich möchte behaupten, daß einzig und allein die Machtfrage dem Ödipuskomplex seine wirkliche Bedeutung gibt.»[32] Da das Wesentliche des Inzestverbotes die Geschlechtertrennung ist und deren Implikationen ein Machtkampf zwischen den Geschlechtern sind, warum dann nicht einfach das Verbot aufheben?

Warum die ganze Zeit von der Spitze des Eisberges, der Dekoration, den Symptomen der sozialen Ungleichheit und der Frauenunterdrückung reden, warum nicht an die Wurzel gehen, an *das Verbot*, statt nur beleidigt an den enervierenden Konsequenzen der schiefen Machtverteilung herumzustochern.

Wir kultivieren den Traum von einer gerechten und gleichen Gesellschaft. Einige unserer besonders spitzfindigen Intellektuellen, diejenigen, die das Fleisch in Worte verwandelt haben, fangen an zu behaupten, daß eine solche Welt unmöglich ist, weil die *Sprache* an sich uns daran hindert, sie uns vorzustellen. Von dem Tag an aber, wo die Eltern anfangen, ihre Kinder zu lieben, die Mütter ihre Söhne und die Väter ihre Töchter, an dem Tag, glaube ich, werden wir schon die Worte finden ... Da wird schon eine Sprache entstehen.

Wir sprechen weiter von Gleichheit, ekeln uns jedoch vor der Blutschande. Inzest ist nicht direkt verboten, das ist gar nicht nötig, denn das Verbot dringt wie bei der Osmose durch unsere Poren. In allen Familien mit Schwestern und Brüdern ist der erste Mensch des anderen Geschlechts, der innerhalb des Horizonts eines Pubertierenden auftaucht, ein Mensch, den man lieben soll, mit dem man aber nicht lieben darf. Dies steht fest, dazu braucht es keiner näheren Erklärung. Erwachsenen Männern flößt die Person, an die sie ihr Leben lang gebunden sind, nämlich die Mutter, gleichzeitig den meisten physischen Ekel und die meiste Abscheu ein. Allein schon der Gedanke an ein Verhältnis mit der eigenen Mutter läßt es den meisten Männern kalt den Rücken hinunterlaufen, auch wenn sie sie lieben. Man stellt fest, daß die meisten Männer Frauen heiraten, die die Mutter symbolisieren, zu der sie nie ein vollkommenes Verhältnis bekamen. Sie tun es, um wieder zu Kindern zu werden. Die Bezeichnungen «Mutti» oder «Mamilein» für die Frauen dieser Männer sind nicht ganz ungewöhnlich. Das Inzestverbot im Mutter-Sohn-Verhältnis bedeutet, daß die Jungen nie erwachsen, das heißt selbständige männliche Wesen werden, sondern amputiert bleiben, voller Sehnsucht nach und voller Verachtung für die Frauen, Wesen also, kastriert und in der Entwicklung angehalten, die ihr Leben lang der Urmutter nachjagen oder der totalen Nähe zur Frau. Von ihr fühlten sie sich von Anfang an angezogen. Hier ist die Liebesbindung absolut. Gleichzeitig hat ihnen das Inzestverbot jegliche Liebesbindung zerschnitten. Diese Männer unterliegen ihr Leben lang der infantilen Sehnsucht, zum Mutterschoß zurückzukehren – einer Sehnsucht, die jede Gemeinsamkeit zwischen den Geschlechtern verhindert, da das eine, das Weibliche, von vornherein dazu bestimmt ist, Gegenstand der «metaphysischen» Sehnsucht des Mannes zu sein. Das besänftigende Wiegenlied und das Beruhigungsmittel der Männergesellschaft, die Pornographie, spiegelt das Schreien der Babymänner nach der Brust wider.

Das Inzestverbot ist die fundamentale Tatsache der Gesellschaft, die ihren Brennpunkt im Genitalen hat, wodurch die vom allgemeinen Lebenszusammenhang ausgeschlossenen Körperteile auf längere Sicht zum Gegenstand für Anbetung und Zwangsvorstellungen werden. Vom Universum getrennt, sind die Geschlechtsorgane Phänomene an sich. Durch das Tabu wird der Mann der Frau entfremdet, und daher rühren die entfremdeten Frauenrollen, die den Frauen zugeteilt werden, je nach Beschaffenheit der Gebärmutter (Mutter oder Nicht-Mutter) oder dem Grad der Zugänglichkeit (Mutter/Ehefrau oder Nutte). Mit denen darf man ins Bett gehen, und mit denen darf man nicht ins Bett gehen. Natürlich träumt kein Kind bewußt vom Koitus mit seiner Mutter, aber durch den Ausschluß des genitalen Kontakts wird jede Vorstellung von Kommunikation und Kontakt später in Verbindung mit den Geschlechtsorganen gebracht. Und darauf beschränkt sie sich ...

Freud stellte die berühmte Frage: «Was wollen die Frauen?» Die Antwort darauf: Der Mann wußte wahrscheinlich, was die Frau will, wenn er nicht von Anfang an von ihrer Totalität sowie von der Frau in sich abgeschnitten gewesen wäre. Shulamith Firestone schrieb: «Als Folge des Ödipuskomplexes haben die Männer nicht die Frau in sich selbst anerkannt – und betrachten deshalb die Liebe nicht als eine ernste kulturelle Frage.»[33] Die stehende Redewendung «*nur* sexuell» (meist von Männern verwendet, in gewissem Grade jedoch von den Frauen übernommen) ist eine diskriminierende Bezeichnung für die Beziehungen, die Sexualität *einschließen*. In dem Verhältnis zur Mutter darf man dagegen nicht sexuell reagieren. Deshalb steht es auf der emotionalen Stufenleiter höher.

Die Mutter ist das erste Wesen, mit dem das Kind konfrontiert wird und von dem es lernt, daß das gefühlsmäßige Band absolut, das Sexuelle jedoch Tabu ist. Um sich um die Mutterliebe verdient zu machen, lernt es andererseits, seine Sexualität zu unterdrücken und die sexuellen Gefühle von allen anderen Gefühlen zu trennen. So wird die Liebe von Anfang an in den Gegensatz zwischen der sexuellen und der «höheren, undefinierbaren» Liebe gespalten, zwischen Eros und Agape, zwischen Fleisch und Seele, und in den ganzen Quatsch, der an der weiteren Misere der menschlichen Situation schuld ist: daß der Mensch nie eins mit sich werden kann – und mit anderen übrigens auch nicht –, also die vielgerühmte, nicht wiedergutzumachende Einsamkeit.

Es bleibt eine offene Frage, ob die Aufhebung des Inzestverbotes – oder sagen wir, ob alternative Lebensformen, die *nicht* wie die Kernfamilie vom Inzestverbot determiniert sind – automatisch in einer allgemein um sich greifenden Inzest-Kultur enden würde. Und genauso bleibt die Frage offen, ob inzestuöse Verhältnisse zwischen Mutter und Sohn zum Beispiel mehr oder weniger «Mutterbindung» als die, unter der die meisten Männer sowieso leiden, zur Folge hätten. Die direkte Erfahrung spricht ja dafür, daß die «unglückliche Liebe» am traumatischsten, daß man von nicht vollzogenen Liebesbeziehungen abhängiger ist als von denjenigen, die ausgelebt wurden. Solange Kinder im Mutterleib gezeugt und daraus geboren werden, bleibt es natürlich die Aufgabe der Frau, das Kind zur Selbständigkeit zu erziehen, damit es imstande sein wird, ihr zu entwachsen und in die Welt zu gehen. Nun deutet jedoch alles darauf hin, daß das Inzestverbot gerade *nicht* diesen erlösenden Charakter besitzt, der für die Befreiung des Kindes nötig wäre. Im Gegenteil. Daß unsere Sprache überhaupt das Wort «Mutterbindung» besitzt, das von Angst vor Frauen bis zum Frauenhaß praktisch alles beinhaltet, beweist schon etwas. Die Mutterbindung ist ja gerade nicht das Ergebnis inzestuöser Verhältnisse, sondern des Inzestverbotes, des unerfüllten traumatischen Verhältnisses.

Das traditionelle und fast universelle *Verbot* hat uns gelehrt, es als natürlich zu akzeptieren, daß die psychischen und physischen Möglichkeiten des Menschen nicht realisierbar werden. Niemand kann den Kern der Gesellschaft, die Familie, in der Hoffnung auf eine größere Gemeinschaft von einem Tag zum andern abschaffen. Aber jeder wird wohl innerhalb der eigenen vier Wände das sexuelle Tabu abschaffen können, das die Vorausetzung für die Aufrechterhaltung der patriarchalischen Familie ist. Da das Inzestverbot als der Kern der sexuellen Hierarchie der Männergesellschaft eine soziale Ordnung widerspiegelt und da viele sich einig sind, daß die westliche Welt unter einer Überdosis an maskuliner Initiative leidet, bei der dynamisches Wachstum einen Wert an sich darstellt, und da beide Geschlechter unter der Trennung leiden und sich nach der Gemeinsamkeit sehnen, verlockt die Idee, das Inzest-Tabu aufzuheben und damit die absolute Bedingung für das Entstehen anderer Lebensformen zu schaffen. Die Frage bleibt dann, ob eine Abschaffung des fundamentalen Verbotes automatisch eine ganz andere soziale Ordnung als die patriarchalische mit sich bringen würde, eine Welt der Gleichheit vielleicht, oder ein Matriarchat?

Um das zu erfahren, fuhr ich zu Serge Moscovici nach Paris.

Interview mit Serge Moscovici

«Was ist der Ursprung des Inzestverbotes? – Wozu sollte es dienen?»

«Erstens dazu, die Welt in zweierlei Aktivitäten aufzuteilen, zwei Universums, ein feminines und ein maskulines, und zweitens um eine maskuline Vorherrschaft über die Frauen zu etablieren. Es gibt nämlich keine biologische Erklärung für das Inzestverbot und auch keinen Grund, zu glauben, es sei eine kulturelle Errungenschaft: Es unterscheidet zum Beispiel nicht den Menschen vom Tier, denn man findet in der Tierwelt nicht notwendigerweise Promiskuität. Das Inzestverbot ist der ursprüngliche differenzierende Mechanismus zwischen den Geschlechtern und bezieht sich nicht nur auf sexuelle Vereinigung, sondern auf die ganze Verbindung – oder vielmehr auf die fehlende Verbindung zwischen den beiden Welten.»

«Warum wurde die Welt in zwei Universums aufgeteilt, ein maskulines und ein feminines?»

«Die Frage ist sehr schwer zu beantworten. Man kann aber so viel sagen, daß diese Trennung den Übergang von der Tierwelt zur Menschenwelt ermöglichte. Die archaischen Gesellschaften waren im großen und ganzen um zwei Achsen geordnet: die ‹Unterscheidungsachse›, die die Leute in zwei Gruppen aufteilt, in diejenigen, die man heiraten darf, und in diejenigen, die man nicht heiraten darf, also in die Gleichgestellten und in die Eltern. Die andere Achse determiniert die sexuelle Trennung zwischen Mann und Frau, eine Trennung, die alle Lebensverhältnisse durchdringt – Arbeit, Raum, Wohnung, Gegenstände, Essen, Ereignisse, Sprache ... Was die Menschenwelt im Verhältnis zur Tierwelt charakterisiert, ist gerade diese Trennung.»

«Dann war diese Trennung also ein Fortschritt?»

«Fortschritt oder nicht, das weiß man nicht genau. Wir können nur feststellen, daß jede Gesellschaft gewisse Ungleichheiten und Dogmen aus der Vergangenheit bewahrt, wenn sie von Vorteil sind. Und das Inzestverbot ist aufrechterhalten worden, um die Macht des Männlichen über das Weibliche aufrechtzuerhalten – ein Verhältnis, das sich in der Tierwelt wiederfindet, jedenfalls bei den Primaten, die auch ein Inzestverbot haben, auch wenn Macht und Hierarchie hier nicht notwendigerweise bei allen Arten zu jeder Zeit gleichermaßen ausgeübt werden. Zum Beispiel habe ich – ganz entgegen der allgemeinen Auffassung – das intuitive Gefühl, daß die Frauen in den sogenannten primitiven Gesellschaften, in denen die Geschlechter ihren fest definierten Platz im Gesellschaftsmechanismus einnehmen und in zwei scharf getrennten Welten mit verschiedenen Aktivitäten und Lebenssphären leben, daß da, meine ich, die Frauen als Gruppe *mehr* Macht besitzen als die Frauen in unserer Gesellschaft, wo ihre Stellung diffuser, atomisierter und unklarer ist ...»

«Aber was hat die Geschlechtertrennung mit dem Inzestverbot zu tun?»

«Die Geschlechtertrennung ist zunächst auf die Tatsache zurückzuführen, daß der Mann Jäger wurde. Jagen ist kollektiver als Sammeln, und deswegen ist ein besonderes Verhältnis zwischen den jungen und den erwachsenen Leuten männlichen Geschlechts entstanden, das vorher nicht da war. In der Tierwelt gibt es keine Familie, obwohl alle – vom Ätiologen bis zum Biologen – von Familie sprechen, sobald sie ein junges Tier mit zwei Erwachsenen unterschiedlichen Geschlechts erblicken. In der Tierwelt *gibt* es aber keine Familie. Erst die Jagdaktivität vor drei bis vier Millionen Jahren hat zu diesem besonderen Verhältnis zwischen Jungen und Erwachsenen männlichen Geschlechts geführt, das man Paternität nennen könnte – oder Vaterschaft, den Kern der Familie, wie wir sie kennen. Die Kinder gehören zur Frauengruppe. Da aber die Männer die Söhne für die Jagd brauchen, wird es wichtig für sie, herauszufinden, wie sie sich der jungen Söhne bemächtigen sollen. Es gibt für die Männer zwei Möglichkeiten, sich die Macht in der Gesellschaft zu sichern: durch geheime, männliche ‹Bünde›, die den politischen Gruppen entsprechen, und durch die Initiation, die ‹Einweihung›. Die

Männer erwerben die männlichen Nachkommen durch Zeremonien, die den Übergang von der weiblichen zur männlichen Sphäre symbolisieren. Die Initiation ist eine Art Wiedergeburt, der erwachsene Mann ‹gebiert› seinen Sohn in der Zeremonie, damit dieser ‹sein›, einer von seiner ‹Sorte› wird. Ich behaupte mit dem Anthropologen Robert Jaulin, der selber eine Einweihung in einem Stamm im Tschad miterlebt hat, daß das soziale Universum ohne diese Einweihung ein feminines Universum geworden wäre. Erst durch die Initiation, bei der den Müttern die Söhne entrissen werden, wird die Gesellschaft maskulin dominiert. Die Zeremonien werden im geheimen abgehalten, genauso wie die Mythen und Legenden samt dem ganzen Umfeld nur den Männern bekannt sind. Die Einweihung würde ihre Kraft verlieren, wenn sie nicht geheim wäre und wenn die Frauen dabei zuschauten, denn dann würden sie ja merken, daß es einem Mann nicht möglich ist, ein Kind zu gebären, und dann würden die Männer ihre Macht verlieren. Das ganze sexuelle, amouröse Verhältnis zwischen Männern und Frauen wird von zwei Bedingungen dominiert: dem Entreißen der Söhne und der Geheimhaltung der männlichen Welt.»

«Wäre die Einweihung nicht auch ohne Inzestverbot vorstellbar?»

«O nein. Dann könnten ja die Mütter ihre Söhne heiraten, und wenn die Söhne bei den Müttern blieben, wäre die Oberherrschaft der Männer bedroht. Die Mütter und die Söhne würden dann eine eigene Gruppe bilden – eine feminine Hierarchie. Würden die Söhne – durch die Initiation und das Inzestverbot – nicht automatisch in die Männergruppe überwechseln, würde die Macht der maskulinen Gruppe dahinsiechen.

Die Anthropologen haben mit der Zeit die Idee der Universalität des Inzestverbotes popularisiert und es auf alle Beziehungen ausgeweitet, auf die zwischen Müttern und Söhnen, Vätern und Töchtern, Brüdern und Schwestern. Ich habe aber versucht zu beweisen, daß es nur ein einziges wirkliches Inzestverbot gibt, nämlich in dem Verhältnis zwischen Mutter und Sohn. Alle übrigen Inzestverhältnisse sind weniger wichtig. Zum Beispiel sind Verhältnisse zwischen Vätern und Töchtern nicht überall verboten und werden nicht im gleichen Maße bestraft. Ungleichheit gegenüber dem *Gesetz*, gegenüber dem Inzestverbot, deutet somit auf eine grundlegende Asymmetrie im Verhältnis zwischen Männern und Frauen. – ‹Quod licet jovi non licet bovi.› Außerdem wollte ich zeigen, daß das Inzestverbot nicht universal ist, sondern daß es eine soziale Hierarchie und einen Machtkampf widerspiegelt. An manchen Orten war Inzest für die Aristokratie obligatorisch – zum Beispiel in Kambodscha und Persien. Hier war der Zugang zur Macht mit Inzest verbunden. Auf der einen Seite haben wir also das Inzestverbot für die Frauen und die Unterklasse und auf der anderen Seite die Toleranz gegenüber dem – oder die Verpflichtung zum Inzest in dem Verhältnis zwischen Vätern und Töchtern und in gewissen Gesellschaften bei der herrschenden Elite als Ganzes.

Im großen und ganzen war der Inzest den Machthabenden vorbehalten. Das Inzestverbot ist der fundamentale differenzierende Mechanismus, der allen übrigen von der Gesellschaft später hinzugefügten Ungleichheiten zugrunde liegt.

Ich habe auch eine Erklärung für das Entsetzen und die Furcht, die der Inzest uns Männern einjagt, gesucht. Es ist nicht – wie viele glauben – die Furcht vor Promiskuität oder die Furcht davor, daß die Instinkte aus einem früheren animalischen Stadium hervorbrechen und die Kultur gefährden. Eine solche Furcht läßt sich durch die Wirklichkeit nicht belegen, da es die Promiskuität früher nicht gab. In der Tierwelt sind sexuelle Beziehungen von größter Regelmäßigkeit geprägt, was den Rhythmus und die Wahl des Partners betrifft. Fürchtet man aber, daß eine Aufhebung des Inzestverbotes unweigerlich zur Blutschande führen wird, dann zeigt dies unsere grundlegende Furcht vor der Gleichheit, vor der Teilung des Eigentums – die Furcht vor einer von Frauen dominierten Welt. Während ich ‹La société contre nature› schrieb und den Versuch machte, die Mythen von Ödipus und Antigone neu zu interpretieren, wurde mir klar, daß das Kernproblem gerade die Autorität des Mannes über die Frau ist. Damals wußte ich nicht soviel wie heute. Seitdem hat mich aber der Historiker Vidal-Naquet reichlich mit Material versorgt über die Angst vor der Gynäkokratie in Griechenland, das heißt Angst vor der weiblichen Dominanz. Auf bewußter wie auf unbewußter Ebene war dies ein Problem in den meisten Teilen der Welt, aber die Furcht vor der Macht der Frauen war insbesondere in Griechenland ein ernstes Problem, und das nicht nur bei Aristophanes. Die dionysischen Feste, bei denen Blutschande erlaubt war, waren die Feste des Pöbels, der Massen. Nach und nach aber, durch soziale Umstrukturierungen, wurden die dionysischen Feste einfach zum Fest der Frauen. Wir haben eine ganze Reihe von Indizien, daß die Furcht vor dem Inzest eigentlich die Furcht vor der Unterminierung der maskulinen Hierarchie – der sozialen Ordnung – ist.»

«Ist es wirklich möglich, daß man eine solche Angst vor einer sozialen Umstrukturierung haben kann?»

«Natürlich. Glauben Sie denn nicht, daß die Oberklasse eine entsetzliche Angst vor der unteren Klasse hat und daß diese Angst zu einer ganzen Reihe von Zwangsvorstellungen und bösen Träumen führt? Man findet sie in der ganzen Literatur, überall, in dem Verhältnis der Eltern zu ihren Kindern ...überall. Meiner Meinung nach beinhaltet jedes hierarchisch aufgebaute Universum, jede Ordnung eine solche Angst, und die Furcht vor der Frau ist vermutlich die älteste Angst. In meinem Buch bringe ich ein Zitat von Robert Le Vine, in dem er dokumentiert, wie die Männer in einer Situation, in der sie nicht dominieren können, sexuell keine Lust haben. Dies konnte man unter anderem auch in Verbindung mit der ‹Women's Lib›-Bewegung in den USA feststellen, und ich glaube, daß unsere ganze Sexualität von diesen Bestrebungen nach Gleichheit beeinflußt werden wird. Le Vine erwähnt auch eine nigerianische Gesellschaft, in der die Frauen dominieren, was wiederum zu sexuellen Problemen bei den Männern führt. Bei den Yorubas zeigen sich die sexuellen Störungen durch Impotenz und Rituale, bei denen die Männer sich als Frauen verkleiden und sich heimlich treffen, um Kinder zu ‹gebären›. Übrigens glaube ich, daß die Frigidität bei Frauen in Wirklichkeit einen passiven Widerstand gegen die männliche Dominanz widerspiegelt. Am einfachsten für eine Frau, ihre Freiheit zu proklamieren, ist es, *nicht* zu akzeptieren, *nicht* teilzunehmen.»

«Aber heute, wo die Männer nicht länger mehr Jäger sind, welche Funktion hat da das Inzestverbot?»

«Zunächst ist festzustellen, daß das Inzestverbot, das älteste Verbot, als Modell für alle weiteren Verbote dient, die von den verschiedenen Gesellschaften im Laufe der Zeit festgelegt wurden. Nur ist die Frage, wie es dazu kommt, daß das erste Modell der Dominanz einer Gruppe über eine andere als Modell für alle weiteren bestehenden Typen von Dominanz und sozialen Beziehungen dienen kann. Es ist jedoch eine Tatsache, daß jede Gesellschaft von den Ungleichheiten früherer Gesellschaften profitiert und sie weiterführt, wenn sie ihr gelegen kommen. Im Lauf der Geschichte sind keine Ungleichheiten ausgeglichen worden, vielmehr konnte ich feststellen, daß weitere Ungleichheiten hinzugefügt wurden. In Wirklichkeit ist unsere Gesellschaftshierarchie komplexer als die vorhergehenden, und das ist es wahrscheinlich, wogegen die jungen Leute protestieren. Früher gab es nur eine Sorte von Hierarchie, die Generations- und Geschlechterhierarchie. Dazu kommen eine politische Hierarchie, eine Klassenhierarchie und jetzt eine Ausbildungshierarchie. Die Technokratie und Bürokratie sind beide Ausbildungshierarchien, die zu den anderen hinzugefügt wurden. Was das Inzestverbot betrifft, beschränkte sich dies nicht auf sexuelle Beziehungen, sondern repräsentierte eine Weltordnung, etwas Fundamentales, wie den Unterschied zwischen Geist und Materie. Es beherrschte die Arbeitswelt, die konkrete Welt, genauso wie die Welt der Phantasie. Heute beschränken sich die Implikationen des Verbots auf einen einzigen Sektor, nämlich auf das Privatleben, das heißt auf die Familie, die vom sozialen Leben getrennt wurde.»

«Wozu dient das Verbot in der Familie?»

«Die Familienmitglieder auseinanderzuhalten.»

«Was würde mit der Familie passieren, wenn es kein Inzestverbot gäbe?»

«Ich glaube, es würde keine Familie mehr geben.»

«Das heißt also, daß von dem Augenblick an, wo man in der Familie anfängt, sich zu lieben, es keine Familie mehr gibt?»

«Ja, ungefähr.»

«Sie schreiben, die Ehe sei anthropologisch gesehen eine Auswechslung oder Verteilung von Frauen.»

«Levy-Strauss sagt das so. Aber die Frage ist, warum man Frauen auswechselt und verteilt? Das ist nicht naturgegeben, sondern sozial bedingt, weil eine besondere Macht in einer Gruppe notwendig ist, um die Individuen einer anderen Gruppe an irgend jemanden verteilen zu können. Ich habe versucht zu zeigen, daß die Verteilung von Frauen eine bestimmte Funktion hat, nämlich die maskuline Hierarchie zu stärken und zu bewahren. Wenn wir von Vaterschaft sprechen, sprechen wir von Macht. Um aber diese Macht zu eliminieren, müssen wir die Waffe, das heißt die Ehe, die Familie, eliminieren. Es müßte für eine Gesellschaft möglich sein, andere Lebensformen, andere Formen der Verhältnisse zwischen Männern und Frauen, andere Arten der Kindererziehung als durch die Familie, deren Existenz auf dem Inzestverbot beruht, zu entwickeln. Viele Leute erschrecken und fürchten, daß in dem Augenblick, wo das Verbot aufgehoben wird, es überall Inzest geben wird. Aber in Anbetracht der Struktur und sozialen Mobilität der Gesellschaft sind die Aussichten, daß inzestuöse Verhältnisse dominieren werden, relativ gering. Es gibt zum Beispiel kein Verbot gegen Kannibalismus. Trotzdem essen wir nicht einander auf. Das Wesentliche dabei bleibt die Tatsache, daß die Beziehungen zwischen Frauen, Männern und Kindern bisher und weiterhin vom Inzestverbot determiniert sind und der psychische Preis, den wir, wie jeder weiß, für dieses Verbot bezahlen, enorm ist.»

«Aber was wird aus den Nachkommen inzestuöser Verhältnisse?»

«Die Frage der genetischen Degeneration – ganz abgesehen einmal von Radioaktivität und Atombombe – ist, ob der psychische Preis für das Verbot höher oder niedriger ist als der Preis, den wir durch zum Beispiel drei Millionen genetisch betroffener Individuen bezahlen müssen. Wenn es stimmt, daß das Inzestverbot der Kern der Hierarchie ist, die Geschlechter und Generationen trennt, wenn dieses Verbot die Individuen nach den Kategorien eines Systems definiert, das die Gesellschaft zur Männergesellschaft macht und die Frauen ausschließt, dann ist die primäre Voraussetzung und Bedingung für jeden Versuch, die Familie durch andere Lebensformen zu ersetzen, der Wegfall des Inzestverbotes. Die ganze Herausforderung liegt darin, eine Welt zu schaffen, in der Geschlecht und Generation nicht durch das Inzestverbot gefesselt sind, eine Welt, die nicht auf Ungleichheit, sondern auf Gegenseitigkeit aufbaut, denn nur die Gegenseitigkeit ermöglicht die Liebe. Wo Ungleichheit herrscht, geht es nicht nur darum, zu lieben oder nicht zu lieben, sondern darum, wie man es machen soll. Wie? Wie Sie wissen, ist die Liebe ein relativ neues Phänomen, ich meine die Liebe als Kriterium, die Liebe als Kriterium sozialen Verhaltens ... Die Anziehung zwischen den Geschlechtern, die Sexualität existierte natürlich immer. Die Liebe als Kriterium ist jedoch ein westliches Phänomen, ein- oder zweihundert Jahre alt. Ich glaube nicht, daß die Liebesehe vor dem 19. Jahrhundert existierte.»

«Kann die Liebe nicht in der Kernfamilie realisiert werden?»

«Ich glaube nicht.»

«Warum nicht?»

«Die Familie ist nicht dafür geschaffen.»

«Aber während der letzten Jahrhunderte beruhte die Familie doch auf der Liebe.»

«Man bemüht sich, sie zum Funktionieren zu bringen, aber die Familie baut nicht auf der Liebe auf, die Liebe ist in die Familie eingedrungen zu einem Zeitpunkt, zu dem sie sowieso geschwächt war, aber die Familie basiert nicht auf der Liebe der Eltern zu den Kindern oder zueinander. In der Familie sind die Kinder Gegenstand des Machtkampfes und Konflikts zwischen den Eltern.»

«Wenn ‹Nieder mit dem Inzestverbot› zum Slogan der Frauenrechtlerinnen würde, wäre das dann der Anfang einer neuen sozialen Ordnung?»

«Da liegt nicht das Problem. Die Tendenz zu glauben, es würde automatisch etwas Positives geschehen, wenn man etwas Negatives aufhebt oder abbaut, ist zu weit verbreitet. Es geht darum, etwas ganz Neues zu schaffen und etwas ganz anderes zu entwickeln. Viele Institutionen haben mit der Zeit ihren Sinn verloren, sie sagen den Leuten nichts mehr, sie haben keine Vitalität mehr. Trotzdem existieren sie weiter, weil sie immer noch die Leute in ihrem archaischen Griff haben. Darauf zu bestehen, diese Institutionen niederzureißen, aufzuheben oder die Herrschaft über sie zu übernehmen, heißt, tote Gegenstände niederzureißen und sich ihrer zu bemächtigen. Nehmen wir die Universität. Die Universität ist in vielen Ländern, fast überall in der Welt, eine tote Institution.

Sie ist entvitalisiert, niemand glaubt so richtig mehr an sie, sie hat die Studenten nicht mehr im Griff. Es sollte den Studenten nicht darum gehen, die Universität abzuschaffen oder die Macht über sie zu übernehmen – das hat man öfters gemacht, ohne daß sie deswegen lebendig wurde –, es geht darum, eine ganz andere Art von Institution oder Leben zu schaffen, das zum Beispiel unser Bedürfnis nach Wissen erfüllen kann.

Es ist eine weitverbreitete Auffassung, daß man soziale Strukturen ‹von innen› ändern kann. Hiermit meint man, die Natur sei unveränderlich, wogegen die Kultur leicht zu ändern sei. Das ist ein großes Mißverständnis. Soziale Strukturen lassen sich sehr, sehr schwer ändern. Kannst du die Sprache ändern, wenn du möchtest? Nein. Kannst du die Familie ändern? Nein. Du kannst nichts von innen reformieren, du mußt imstande sein, ein ganz anderes Leben zu führen.

In den letzten Jahren haben wir eine Epoche durchgemacht, in der die ganze politische und kulturelle Bewegung sich in negativen Begriffen manifestiert hat: das eine oder andere abschaffen oder niederreißen. Jetzt ist es an der Zeit, sich in positiven Begriffen zu manifestieren: Mach etwas anderes, schaff etwas anderes. Die Ideologie von der *Anti*- und *Untergrundkultur* will andauernd etwas *Kleineres* im Verhältnis zu etwas Größerem definieren. Aber in Wirklichkeit ist immer das Marginale das Zentrale. Es ist keine Anti- oder Kontrakultur, sondern eine *andere* Kultur ...»

«Aber wie sollen alle diese Opfer des Inzestverbotes, alle diese unterdrückten Frauen und kastrierten Männer eine andere Kultur schaffen?»

«Ich habe über den Kastrationskomplex nachgedacht. Freuds Theorie läuft darauf hinaus, daß der Junge, wenn er das Mädchen sieht und entdeckt, daß ihr das fehlt, was er besitzt, Angst bekommt und dann diese sogenannte Kastrationsangst erlebt. Aber das ist gar nicht so sicher. Meiner Meinung nach ist die Angst darauf zurückzuführen, daß er sieht, daß sie *anders* ist. Die Angst kommt nicht daher, daß sie keinen Penis hat, sondern daß sie etwas *anderes* hat. Es ist die Furcht vor der Verschiedenheit, die dahintersteht, und nicht die Furcht davor, genauso wie sie zu werden. Unsere ganze Kultur hat uns gelehrt, in einer hierarchischen Skala zu denken, auf der wir ‹uns selber› ganz oben placieren und ‹die anderen› als solche ‹ohne Penis›, ‹ohne Ausbildung›, ‹ohne Kultur›, ‹ohne Klasse› usw. definieren, um uns dadurch zu versichern, daß wir mehr haben als ‹die anderen›. Das, was uns in Wirklichkeit Angst einjagt, ist die Tatsache, daß ‹die anderen› in ihrem eigenen Recht anders existieren, egal, ob es sich um Frauen oder andere Kulturen dreht. Deswegen glaube ich auch, daß die Tendenz in der ‹Women's Lib›-Bewegung, die Probleme in der maskulinen Terminologie – sowohl was die

Sprache als auch die Manieren betrifft – zu formulieren, für die Männer sehr beruhigend ist. Das macht uns nicht angst, denn unsere Angst wurzelt in der *Verschiedenheit*. Ich möchte sogar sagen, daß die kastrierenden Tendenzen in der Frauenbewegung uns beruhigen, denn mit der Kastrationsangst sind wir vertraut, hierin bestätigt die Frauenbewegung nur unsere archaische Furcht. Die Frauen sind sehr stark, weil sie Furcht repräsentieren. Um sich zu behaupten, müßten sie deswegen ihre Wünsche dort formulieren, wo es nicht von ihnen erwartet wird. Wenn sie Lohngleichheit oder die gleiche Anzahl weiblicher wie männlicher Parlamentskandidaten verlangen, tun sie nicht mehr, als was ihnen erlaubt ist, denn die Bourgeoisie erlaubt sowohl den Frauen, den Arbeitern und den Negern, ihr Recht am rechten Ort zu behaupten. Aber warum versuchen die Frauen nicht, das Feminine zu rehabilitieren? Die Forschung zum Beispiel ist ‹feminin› und ‹infantil›, und männliche Künstler haben angeblich *weibische* Züge. Das Aussehen ist angeblich wichtig für eine Frau. Warum insistieren die Frauen dann nicht darauf, daß das Aussehen der Männer sehr wichtig sei? Die Liebe soll hauptsächlich die Frauen interessieren, während die Männer sich eher zurückhalten, denn Liebe ist nicht ‹viril›. Warum behaupten die Frauen nicht, die Liebe sei sehr wichtig? Ich bin natürlich nicht der Meinung, die Frauen sollten ihre Tätigkeit auf die Küche beschränken, aber warum nicht sagen, die Küche sei der phantastischste Ort in der Welt, das Zentrum der Welt? Daß die Aktivitäten, die sich nicht in Resultaten messen lassen, die aber eine Kontinuität besitzen und die sich nicht eindeutig dem Bereich Arbeit oder dem Bereich Freizeit zuordnen lassen, von höchstem Wert seien? Was ich nur meine, ist folgendes: Es ist nicht nötig, daß die Frauen ausschließlich die traditionell maskulinen Aktivitäten schätzen, denn dadurch tragen sie nur dazu bei, die maskulinen Wertnormen zu stärken. Die ganze Wertskala zu ändern ist wichtiger. Ich glaube, die Amerikaner bekamen erst richtig Angst, als die Neger erklärten ‹Black ist beautiful›.»

«Aber solange das Inzestverbot besteht, werden wir alle in stereotype Frauenrollen gepreßt, deren Skala von den beiden Extremen Mutter und Hure festgelegt ist.»

«Aber die Mutter ist doch eine Hure!»

«Ja, und zwar die teuerste, denn man muß mit der Sexualität bezahlen, um sich ihre ‹Liebe› zu verdienen.»

«Wenn eine Hure eine Frau ist, die man kaufen kann, sind alle Frauen Huren. Man hat zwar immer eine scharfe Trennung zwischen der verheirateten Frau und der Hure gemacht und die Prostitution als das Gegenstück zur Familie betrachtet, um die Monogamie zu stärken. Aber die institutionalisierte Monogamie und die institutionalisierte Prostitution ist das gleiche. Nur die Verteilung der Frauen ist unterschiedlich, so wie wenn man einige in Fabriken, andere in kleinen Werkstätten unterbringen würde. Erst in der letzten Zeit sind keine großen Kosten mehr damit verbunden, eine Frau zu heiraten. Früher kostete sie mindestens genausoviel wie ein Sklave. In den arabischen Ländern kann man eine Frau für zwei Kamele kaufen, eine Hure unten an der Madeleine kostet das gleiche, wo ist denn da der Unterschied?»

«Aber um auf das Inzestverbot zurückzukommen: Halten Sie es schon für eine tote Institution, die ‹aufzuheben› sich nicht lohnt?»

«Das Inzestverbot verschwindet von selbst, wenn andere Gruppenverhältnisse als die Familie entstehen. Dies gilt für die sexuelle Unterdrückung überhaupt. Napoleon hat, glaube ich, einmal gesagt: ‹Man reißt nur das nieder, was man auch wieder ersetzt›, und was die gefühlsmäßige Sphäre betrifft, kann man sich meiner Meinung nach nicht mit der Forderung begnügen: ‹Schafft die Familie ab, hebt das Inzestverbot auf.›

Man muß andere Lebensformen finden, und es kommt mir so vor, als wären sie heute gerade dabei, obwohl sie die Versuche in Explosionen und Negationen manifestieren. Der entscheidende Knoten ist die Familie. Die Gegenseitigkeit im Verhältnis zwischen Männern und Frauen entsteht nicht durch Lohngleichheit oder gleiche Anzahl Repräsentanten im Parlament. Veränderungen in den Beziehungen zwischen den Geschlechtern können nur im Hinblick auf die Familie geschehen. Die Zerschlagung dieses Knotens wird alle übrigen Gesellschaftsverhältnisse ändern, und jede Gesellschaftsform, die diesen Knoten unverändert beibehält, wird diese fundamentalen Ungleichheiten beibehalten. Ich meine nicht, daß man aufhören sollte, politisch und sozial zu kämpfen, aber das sind nur Partikel und Putz von der Oberfläche – das Problem liegt jedoch in der Familie. In der Familie wird der Knoten geknüpft und gelöst.»

«Wenn aber das Inzestverbot von Müttern und Vätern zu Hause aufgehoben würde, müßte man doch auf längere Sicht mit sozialen Implikationen rechnen.»

«Heutzutage können die Mütter mit ihren Söhnen schlafen, soviel sie wollen – ohne daß dies notwendigerweise die Gesellschaft änderte, weil das Privatleben vom Gesellschaftlichen getrennt ist. Die einzige Änderung der sozialen Strukturen träte dann ein, wenn ganze *Gruppen* von Frauen anfangen würden, auf eine andere Weise zu leben und andere Verhältnisse zu ihren Kindern und Ehemännern zu entwickeln als diejenigen, die vom Inzestverbot und der Ehe determiniert sind. Denn in dem Fall würden die heutigen autoritären Gesellschaftsmechanismen

nicht mehr funktionieren, und die Unterdrückungsmechanismen würden bankrott gehen. Man sagt zwar, es sei Utopie, neue Lebensmuster
zu finden, die die Reproduktionsfunktionen wahrnehmen und den Geschlechtern und Generationen neue Möglichkeiten des Zusammenseins
geben können, aber ich bin mir nicht so sicher, daß dies eine Utopie sein
soll. Erstens hat die Menschheit eine Million Jahre existiert, ohne in Familien zu leben, zweitens haben die Menschen im Laufe der Zeit viele
Institutionen und verschiedene Formen der Gruppenbildung erfunden,
und drittens sind die Leute ja augenblicklich gerade dabei, diese Utopie
zu verwirklichen ...

Das Wichtigste von dem, was heute passiert, ist nicht so sehr, was gelingt, sondern was mißlingt. Am wichtigsten ist nicht, was die Leute sagen, sondern was sie nicht zu sagen vermögen ... Bei den Studentenun-
ruhen in Paris ist *nicht* wichtig, daß sie gegen den Militärdienst oder eine
andere ministerielle Bestimmung protestierten. Darum geht es nicht. Sie
wollen etwas anderes sagen, wissen aber noch nicht, wie sie es sagen sollen. Ich habe auch das Gefühl, daß, wenn wir vom Verhältnis zwischen
den Geschlechtern, von sexueller Befreiung und Frauenemanzipation
reden, wir dann durch diese Dinge über etwas anderes sprechen ... etwas, das wir noch nicht formulieren können.»

«Und was ist das?»

«Ich weiß nicht. Es wäre aber möglich ... daß wir durch alle diese
Dinge versuchen, das neue Phänomen, die Liebe, zu realisieren. *Verliebte* Menschengruppen gab es noch nicht. Die Liebe war bisher etwas
Individuelles, von einem Individuum zum anderen, von einer bestimmten Person zur anderen. Es gab aber keine verliebten Menschengruppen, das heißt Gruppen, in denen die Menschen nach dem Kriterium
der Liebe einander teilen und aussuchen konnten. Unsere Institutionen
hindern uns daran. Nehmen wir zum Beispiel die Universität. Man
würde mich auslachen, wenn ich behaupten würde, daß das wirkliche
Ziel der Studenten sei, zu lieben und geliebt zu werden. Nur kam mir
während der Studentenstreiks der Gedanke, daß sie in Wirklichkeit sagen, daß die Universität sie daran hindere, Liebesverhältnisse – nicht
nur sexuelle – zu denen zu haben, die sie unterrichten. Und das gleiche
trifft für die Familie zu. Analysierst du die Verhältnisse in der Familie,
wirst du sehen, daß das einzig schwer Realisierbare gerade die Liebe
ist. Freiheit und Gleichheit sind nur Worte – wir wissen eigentlich
nicht, was sie beinhalten ... Die verschiedenen Emanzipationsversuche
und Gleichberechtigungsbewegungen sind nur kleine Schritte, ein Her-
vortasten in einer Welt, deren einziges Problem die Frage ist, ob es
Liebe gibt.»

Wäsche

«I feel them speaking through me, these women who have taken longer to speak than men, because what stirred in them were states which are not articulate in the language of man, but perhaps in the language of music, if this music could be frozen in the air to catch the words it forms.»
*Anaïs Nin**

Kann niemanden lieben in diesem Land. Alle die mandelförmigen, brennenden, braunen Augen und die ewig ausgebeulten Hosen. Männer, die nie zur Ruhe kommen. Kann nicht mehr mit unterdrückten Leuten. Kenne den Code nicht mehr. Mein Körper – steif, mein Blick, lächle den ganzen Tag – steif. Jeden Abend steht derselbe Hotelboy an dem Schalter und pflückt eine Lilie von dem Strauß in der Halle und reicht sie mir glühend vor Faszination, Furcht und Verachtung. So wie man dem Affen Nüsse zuwirft und die Reaktion abwartet. Ich möchte schreien, aber ich lächle. Er denkt, daß er mich anbetet – Frauenverehrung ist ein Glaube, den ich nicht teile. Am liebsten möchte ich ihn schlagen, aber das kann man nicht machen, nur weil man eine Blume geschenkt bekommt. Ich kann niemanden lieben in diesem Land, obwohl ich es weiß Gott versucht *habe*. Aber jedesmal nähert man sich irgendeinem seltsamen Ritual, wo die allerheiligsten Reliquien aus den allerheiligsten Gewändern hervorgeholt werden, während man selbst als Zuschauer dieser heiligen Handlung ganz weit weg steht. Diese feuchte Umarmung ist so bedeutungsvoll und sinnbefrachtet, daß kein Platz für Zärtlichkeit bleibt – oder auch für einen selber. Ich stehe nur da, verloren, unter Tausenden von betenden, anonymen Menschen, stelle mich auf die Zehenspitzen, um besser mitverfolgen zu können, was dort in der Ferne vor sich geht. Es ist keine Kommunikation, mir tun die Zehen weh. Und dann sagt man, wir seien alle vom selben Blut. Ha! Nur Blut. Blut ist gar nichts, und Blumen können der Misere nicht abhelfen, und so besaufe ich mich jeden Abend. Mein Körper ist weg und meine Träume, denn die ganze Zeit spüre ich die braunen, brennenden Blicke.

* «Ich fühle sie aus mir sprechen, die Frauen, die länger als die Männer zögerten zu sprechen; denn das, was sich in ihnen bewegte, konnte man nicht in der Sprache des Mannes ausdrücken, vielleicht in der Sprache der Musik, wenn diese Musik in der Luft gefrieren und man die geformten Worte greifen könnte.»[34]

Vielleicht sollte ich lieber auf der Erde entlangkriechen und Laute ausstoßen und mich darin üben, die Blumen mit dem Mund aufzufangen.

Eine klebrige, klammernde Umarmung von einem verachtungswürdigen Hoteldirektor, der nur Wasser trank, um sich nicht zu blamieren. Ich trank in meiner Zerstreutheit eine Flasche Whisky und fühlte mich mehr und mehr gefesselt von dieser unwahrscheinlich unsympathischen Person, die mir sehr gern ein paar Diskotheken in der Stadt zeigen möchte. Er schnalzte mit den Fingern und bestellte ein Glas Wasser bei einem seiner Leute, nahm einen einzigen Schluck, kostete lange daran herum mit seinen kleinen Schlangenlippen, worauf er – ohne den Kellner anzuschauen – das Glas zurückgehen ließ und ein neues bestellte, denn, wie er mir mit allen Zeichen des Triumphes erklärte: Das Wasser habe einen Beigeschmack, und seine Leute sollten gehorchen lernen. «Sie sollen merken, daß es eine starke Hand gibt, sie müssen trainiert werden.»

«Genau wie Tiere?» fragte ich in der Hoffnung, daß sich durch sein «Ja» meine Antipathie gegen ihn bestätigen würde.

«Ja, so könnte man sagen», antwortete er anerkennend und legte seinen Arm um mich voller Sympathie für meine tiefe Einsicht in die wahre Natur des Menschen.

Gleichzeitig lief eine Hochzeit von jüdischen Bourgois im Hotel. Ich nippte an einigen gefüllten *Pfeffer*früchten mit ein wenig Safranreis, trank aber hauptsächlich Whisky, hatte längst abgeschaltet. Es gab Bauchtanz und unheimlich viel schnatternde Konversation, von der man jedoch nichts verstehen konnte, weil Sänger mit schmachtenden Blicken, begleitet von ohrenbetäubenden Saiteninstrumenten, Schlager darboten. Die Lieder handeln immer von der Frau, die du nicht bekommen kannst, welches per Definition immer diejenige ist, die man liebt. Ich hatte mich längst dazu entschlossen, mich für ein paar Sekunden diesem ekelhaften wassertrinkenden Korpus hinzugeben. Als Ablenkung oder weil ich keine Lust hatte, allein ins Bett zu gehen. Oder weil ich wissen wollte, ob er dieser mit Komplimenten hausierende «Verführer» wirklich war. Oder weil ich protestieren wollte – weil ich diese Liebeslieder über all die unerreichbaren Frauen verabscheute. (So etwas bringt mich soweit zu sagen: «Du sollst mich kriegen, direkt in die Fresse, du Wanze, du sollst so viel von mir kriegen, daß dir übel wird und du es niemals vergessen wirst ...») Oder aus keinem besonderen Grund, weil ich besoffen war und ich dem verfehlten Abend einen adäquaten Schlußpunkt in Form einer donnernden Anti-Klimax verleihen wollte. Aber der Verführer wußte ja nicht, daß ich mich schon längst dazu entschlossen hatte, an seinem Skelett ein bißchen zu rütteln, und deswegen war er

sehr unsicher über den Erfolg seiner anstrengenden poetischen Rede-
wendungen, die nach und nach auf Andeutungen über einen fernen, un-
möglichen, hoffnungslosen Traum von Liebe hinausliefen. Ich glaube,
das war das Wort, das er gebrauchte. Wäre ich eine wohlerzogene, lie-
benswürdige Person gewesen, hätte ich es dem Mann gegönnt, seinen
Traum, unverletzt, noch ein paar Jahrhunderte weiterzuträumen. Statt
dessen sagte ich: «Ja, aber um Gottes willen, das kostet doch nur ein
Wort, Mann.»

Am Anfang war das Wort, aber zu sehr viel mehr wurde es nicht. Er
klammerte sich klebrig an mich in einem bizarren Ritual, das im Hinterkopf steckenblieb und deswegen nie wirklich wurde, und mir taten die
Zehen weh, weil ich auf Spitzen stand, um zu sehen, was vor Tausenden
von Jahren ganz, ganz weit weg passierte.

Vielleicht wäre ich besser ein Bild gewesen. Wenn man ein Volk nach
seinen Abgöttern beurteilt, muß man es dann nicht auch danach beurteilen, welche Träume diese Anbetung hervorruft? ... Überall ahne ich
Träume von Abstand, Träume von Trennung, Träume von Nicht-Be-
gegnungen, hoffnungslose Träume, die sich niemals in Hoffnung und
Vereinigung verwandeln dürfen – und die Angst, diese Träume zu verlieren, weil der Bann damit gebrochen und die Leute dazu gezwungen
wären, ihre eigene Scheiße aufzufressen. Meine Träume sind kein bißchen warm, aber die Männer mit den brennenden Augen vergöttern den
Konfliktzustand, die Trennung und die Illusion und hassen die Frauen
mit Busen, Beinen und Bewegungen.

Seine Verehrung war grenzenlos und genauso grenzenlos seine Wut,
als ich mich nach einer Viertelstunde vom Altar erhob, um mich anzuziehen. Er konnte es nicht fassen, warum ich mit ihm gegangen war,
aber er konnte erst recht nicht verstehen, warum ich ging. Er war verzweifelt, denn er fürchtete sich davor, allein zu schlafen. Ich schlug ihm
vor, seinen Leuten zu befehlen, ihm ein Glas Wasser zu bringen.

Früh am nächsten Morgen flüchtete ich schweren Herzens in eine andere Stadt. Ein lokaler Heiliger war am Freitag davor gestorben. Die
Geschäfte waren geschlossen. Überall im Bazar hingen schwarze Flag-
gen. Schnurstracks nahm ich ein Taxi zum heiligen Grab des Bruders des
achten Imams. Der Wagen war eingerichtet wie die Privatwohnung des
Chauffeurs. Am Steuer war eine halbdurchsichtige, tintenblaue Zier-
hand, die einen halbdurchsichtigen, tintenblauen Plastikbecher umfaßte, voll von rosafarbenen Nylonblumen. Die Innenseiten der Wagentü-
ren waren mit Bildern des Propheten Ali bedeckt, zusammen mit denen
anderer starker Männer mit Maschinengewehren und Patronengürteln.
Als nächster in der Glanzbilderreihe war Elvis Presley in einem niedli-

chen pastellfarbenen Blumengarten, die Arme beschützend um ein paar zarte Frauenschultern gelegt.

Ab Grabeingang miete ich eine – viel zu kurze – Chaddar, aber sie verdeckt anscheinend genug, denn eine zahnlose Alte fragt mich, ob ich Syrerin bin. Es ist ein Leben am heiligen Grab – es scheint wirklich Feiertag zu sein, denn der Platz vor Shah Sharag ist voll von Familien, die einen schönen Picknickausflug daraus machen. Sie haben den Gaskocher mitgebracht und machen Tee und grillen kleine Delikatessen. Es herrscht Friede und Bewegung zugleich. Die Frauen stillen, die Männer gaffen.

Die Grabkapelle besteht nur aus Spiegeln. Der Boden ist aus Marmor. In Riesenscharen defilieren sie an dem Spiegelgrab vorbei – man kann sich *wirklich* darin spiegeln – und küssen den Bruder des Imams. Millionen von Lippenabdrücken auf den Spiegeln. Weiter vorne auf dem Fußboden sitzen die alten Männer und Greise und schaukeln hin und her. Sie singen oder murmeln – kaum vernehmbar – die alte Geschichte von Kerbela. Schaukeln hin und her in dem uralten Rhythmus des Koitus, der Vereinigung und dem Rhythmus der alten Geschichte – die Geschichte von Kerbela, wo Hussein, Hassan und Mohammeds Tochter Fatima ermordet wurden. Die Frauen weinen, große Tränen kullern ihnen über die Wangen. Sie haben die Geschichte schon hundertmal gehört. Einige stillen, während sie über Kerbela weinen, kleine Jungen strolchen einfach zwischen den Greisen herum und kauen Kaugummi. Im gleichen Rhythmus. Alles im Leben dreht sich um Kerbela, und so auch Tazieh, das klassische Theater. Es dauert acht Tage und acht Nächte, Kerbela ganz zu spielen, aber die Vorstellung hat den Vorteil, daß man immer die Guten von den Bösen unterscheiden kann, weil das Ritual vorschreibt, daß die Bösen immer sprechen, während die Guten immer singen. Da kann man sich nicht vertun. Wenn die Schauspieler weder reden noch singen, unterhalten sie sich mit den Leuten oder essen oder schlafen. Es dauert acht Tage und acht Nächte, Kerbela ganz zu durchleben, aber daran führt kein Weg vorbei.

Man geht immer rückwärts aus der Grabkapelle. Ein Anthropologe erzählt mir – und ich sehe es auch mit meinen eigenen Augen –, daß das heilige Grab der ideale Treffpunkt ist. Man geht zu Shah Sharag, um Mädchen anzuschauen oder eine Hure aufzugabeln – überhaupt um etwas aufzugabeln. Junge Liebespaare verabreden sich bei Shah Sharag, weil sie hier, ohne Verdacht zu erregen, zusammensein können. Hier sind sie außer Gefahr. Hier kann man mit einer «Sigheh» Kontakt aufnehmen – einer «Vertragsfrau» – meist Witwen. Wenn man eine längere Reise zum Beispiel durch die Wüste vor sich und keine Lust hat, ohne

Frauen zu reisen, schafft man sich eine Sigheh an. Der Vertrag kann praktisch von einer Stunde bis zu neunundneunzig Jahren gelten. Liebende, die sich wegen der Familie nicht kriegen durften, konnten prinzipiell auf ein Sigheh-Arrangement zurückgreifen. Jetzt aber verschwindet diese Regelung immer mehr, weil man angefangen hat, die Sighehs als Huren zu betrachten. Nur in den allerheiligsten Städten wie zum Beispiel in Kum und Meschhed funktioniert das System problemlos wie in alten Zeiten.

Ich möchte am liebsten am Grab bleiben und vielleicht einen ehrlichen Kontrakt abschließen, wer weiß … vielleicht braucht jemand eine syrische Witwe. Der bloße Gedanke an die Rückkehr ins Intercontinental Hotel, wo ich durch Einladung unter äußerst liebenswürdigen und gastfreien Bedingungen gezwungen bin, zu wohnen und Blumen mit dem Mund aufzuschnappen, macht mich todmüde. Wahrscheinlich bin ich nicht sonderlich tolerant – die Bourgeoisie macht mich physisch krank, und besonders in der dritten Welt, wo der diskrete Charme fehlt, der manchmal der Dekadenz anhaftet. Während die Bourgeoisie im Westen ausstirbt, setzt sie hier gerade Knospen an. Die sprießen Tag für Tag und schlagen aus zu wilden Gewächsen, die aus dem noch «zurückgebliebenen» Teil der Welt eine gigantische Diskothek machen und die Bewußtlosigkeit zum System erheben sollen.

Gegen Abend flüchte ich mich vor den Empfängen in den Bazar – es ist kurz vor Ladenschluß. Ein frischgebackener einheimischer Ingenieur verfolgt mich und entschuldigt sich, daß noch nicht alles aus Plastik ist. Er behauptet, daß das, was ich sehe, nichts mit seinem Land zu tun habe. Daß sein Land nichts mit den Menschen und Straßen, die ich hier sehe, zu tun habe. Ich kann ihn nicht loswerden und fühle mich immer einsamer. Sein Blick ist verlegen, er schämt sich für sein Volk. Da er mich nicht in Ruhe lassen will, fordere ich ihn auf, mir den Weg zu den Mandelständen zu zeigen, denn ich möchte Zucker und Mandeln kaufen. Er meint, es würde sich eher lohnen, persische Teppiche zu kaufen. Er verläuft sich im Bazar, er findet den Weg zu den Mandeln nicht. Ein Mann, der sich im Bazar verläuft! So eine kleine Laus! Er nennt mich einen Romantiker, weil ich absolut in den Bazar gehen möchte, während es die schicksten Läden um das Hotel herum gibt. Er sagt, der Bazar habe nichts mit seinem Land zu tun und das würde ich merken, wenn ich in die Hauptstadt führe, statt in dieser Scheißstadt herumzurennen.

Was für eine romantische Laus! Es war einmal – unter Mossadegh –, als ein bedeutender Teil der politischen Macht im Bazar lag, wo die Leute redeten und handelten. Damals war der Bazar ein politisches Forum, wo Waren und Ideen ausgetauscht wurden. Wenn der Bazar gleichgültig geworden ist, wenn er seine Funktion verloren hat und wenn er, wie er es ausgedrückt hat, nichts mehr mit seinem Land zu tun hat, dann ist er daran schuld, dieser Floh, der mich verfolgt, weil ich aus dem Westen komme. Und all die anderen Läuse, die sich darin ausbilden, ihr Land in eine Diskothek zu verwandeln, wo man bekanntlich nicht verstehen kann, was man selber, geschweige denn was andere sagen.

«Jetzt kannst du ruhig gehen, denn ich gehe jetzt in den Hammam!»

Er schüttelt perplex den Kopf: «Bist du wahnsinnig, bist eingeladen worden in ein Luxushotel mit Brause und Badewanne und Swimming-pool, was willst du in dem Hammam, die öffentlichen Bäder sind schmutzig.»

«Sind die Iraner schmutzig?»

«Du mußt auf jeden Fall Handtuch, Shampoo und Seife selber mitbringen, denn ich würde dir abraten, das zu benutzen, was die Leute hier haben ...»

«Gibt es hier viel Krankheit?»

Er antwortet nicht, sondern fragt nur, warum in aller Welt ich in den Hammam möchte, warum, warum?

Weil ich einsam bin, du kleine Laus, denke ich, sage aber nichts, denn warum soll ich mit einer Person argumentieren, die ganz vergessen hat, wo es Mandeln zu kaufen gibt. Aber es stimmt, ich bin so einsam, daß ich weinen könnte, und es ist etwas daran, wenn man sagt, daß es nie falsch ist, sich von einer Frau waschen zu lassen. Eine Frauenhand ist eine Linderung, ich weiß nicht, warum, aber so war es schon immer.

Es ist ein gelbes Haus aus Lehm mit den typischen mohammedanischen Kacheln an den Wänden – in Blau-Grün. Der sauberste Ort in der Welt, sage ich zu mir und denke an den Floh – an alle die Flöhe, von denen ich mich befreien möchte. Man gibt mir ein bescheidenes Stück Seife, eine gelbe Tube Shampoo namens «Oasis», einen schwarzen runden Stein für die Fußsohlen und ein weißes Stück Kalkstein für was auch immer.

Der Mann am Schalter zeigt mir den Weg zu einem Baderaum für mich allein, aber deshalb bin ja eigentlich nicht ... Vor den Baderäumen sitzen ein paar Frauen, in ihren geblümten Chaddars vermummt – die eine ist dabei, eine Frucht zu schälen, und hält deswegen das Chaddar-Tuch mit den Zähnen fest, genau wie die Marktfrauen, wenn sie die Hände voll haben. Ich mache eine Andeutung, daß ich gewaschen werden möchte. Sie kichern ein bißchen verlegen, sie sind es wahrscheinlich nicht gewöhnt, die Blonden zu waschen oder orientalischen Besuch von meiner Größe zu bekommen. Dann sagt eine von ihnen, diejenige mit der Frucht, daß ich mich ausziehen soll, sie würde schon kommen. Ich freue mich, ich möchte die Frauen kennenlernen, die mir nur von der Straße bekannt sind – zugedeckt, dunkel, unzugänglich und anonym. Man kann sich gar nicht vorstellen, wie sie tatsächlich aussehen, obwohl sie mir trotzdem wirklicher als alle die aufgeworfenen Bikiniformen der Society-Frauen erscheinen.

Dann huscht sie herein und entledigt sich eins, zwei, drei ihres Chaddars. Darunter trägt sie einen geblümten paillettenartigen Fetzen – in der Art, wie putzsüchtige Mütter sie ihren kleinen Mädchen anzuziehen pflegen, wenn sie in den Zoo oder in einen anderen Sonntagspark gehen.

Wir stehen einander gegenüber und grinsen uns zur Begrüßung ein bißchen an. Sie hat ihre Hosen angelassen, schwarze Nylonhöschen, in denen fast alle Maschen gelaufen sind, so daß das meiste, was sie um die Lenden hat, Fäden sind. Ich habe nie darüber nachgedacht, daß die Maschen in solchen Höschen laufen können, wahrscheinlich deshalb nicht, weil ich nie eine Frau gekannt habe, die ihre Höschen so viele Jahre behalten hat. Sie wird wohl um die Fünfzig herum sein, meine Frau, sie trägt kleine, schwarze, geflochtene Pferdezöpfe, Tätowierungen auf der Stirn und Silberringe an den Armen. Sie scheint eine freundliche Madam zu sein. Wir stehen recht lange und grinsen – auch weil ich nicht weiß, was ich sonst tun soll, ich bin ja in ihrer Obhut. Zum erstenmal in Persien erfüllt mich ein Glücksgefühl. Vielleicht hat sie zehn Kinder geboren, ich habe keine Ahnung, aber ihr Körper ist verbrauchter als meiner, obwohl sie vielleicht nur dreißig ist. Ich schäme mich ein bißchen, als ob ich dem Schicksal einen Streich gespielt hätte. Ich werde ihr niemals zeigen können, wie gern ich sie habe, denn sie wird es nicht verstehen. Denn sie versteht ja nicht, wie man leben kann, in Watte und Gaze eingepackt, geruchlos und wasserdicht, und deswegen versteht sie auch nicht, daß meine Augen angesichts ihrer bloßen Existenz vor Bewegung feucht werden. Ich meine damit nichts Besonderes, nur daß sie hier im Baderaum existiert, jetzt, wo ich sie brauche, und daß sie es mir einfach als Kundin erlaubt, ihre uralten Bewegungen ohne viel Schnickschnack zu genießen.

Sie macht mit Kennermiene die Dusche an und prüft die Temperatur. Die bloße Geste, wenn sie die Hände in den Wasserstrahl steckt und das Wasser an ihren Armen hinunterlaufen läßt, um für mich persönlich eine geeignete Temperatur herauszukriegen, empfinde ich als eine Liebeserklärung bis ins Innere meines Körpers. Jawohl, ich bezahle sie, aber trotzdem ... Sie hätte genausogut das Wasser kochend heiß werden lassen und mich darunterscheuchen können, und vielleicht hätte ich nicht einmal protestiert, denn ich war ihr ja ganz ergeben. Nein, das hätte sie trotzdem nicht gekonnt. Sie hätte mich nicht unter kochendes Wasser scheuchen können. Denn sie war ja freundlich, und deswegen war ich ihr ergeben. Es *gibt* letzten Endes keine Mystik.

Als ich in der Dusche gewesen war, führte sie mich herunter auf den Fußboden, ich war von der Hitze, dem Wasser und ihren Bewegungen, die mich die ganze Zeit nur führten, entspannt, ich war völlig ohne Vorbehalte, sie konnte mit mir machen, was sie wollte. Ich konnte erkennen, daß ihre Augen sehr schön waren – ein bißchen schräg und graublau, die gleiche Farbe wie die Tätowierungen auf der Stirn. Der Bauch war groß und schlaff, die Schenkel im Verhältnis recht klein und dünn und die Brüste nur zwei dünne Hautlappen mit zwei ausgesaugten, braunen Brustwarzen, die ganz unten hingen.

Als sie das Oasis-Shampoo nahm, war ich gespannt, wie sie es machen würde. Denn falls sie mich nicht mochte, hatte sie jede Chance, es jetzt zu beweisen, wenn man bedenkt, wie die kommerziellen Friseure es lieben, einen an den Haaren zu ziehen und zu reißen. Wenn sie mich nicht mochte, konnte es ihr zum Beispiel egal sein, ob Seife in meine Augen käme. Aber auf solche Gedanken kam sie gar nicht, denn sie massierte einfach still und ruhig meine Kopfhaut und begoß mich aus einer Plastikwanne in mehreren, großen weichen Wasserfällen, so daß ich die Seife in den Augen gar nicht merkte, und immer wieder von vorne und noch mal und noch mal. Sie wusch mein Haar viele Male, was vermutlich normal ist.

Meine Haut soll geschrubbt oder vielmehr entfernt werden. Sie sitzt mir frontal gegenüber und hat mein Bein über einen ihrer Schenkel gelegt, denn wir müssen dicht zusammen sitzen, damit sie meinen ganzen Körper mit ihren Armen erreichen kann. Sie reibt zuerst den Kalk auf meinem Arm mit ein bißchen Kratzwolle hin und her, um die tote Haut zu lösen. Ich mache mir plötzlich Sorgen, daß sie Anstoß daran nehmen wird, daß ich gar nicht schmutzig bin, es auf unsaubere Absichten zurückführt. Aber solch eine kleine Sorge verschwindet mit ihren langen, regelmäßigen Bewegungen, die hin und her gehen. Ich verspüre gar keine Lust, mit ihr zu reden, nach ihrem Namen oder ihren Kindern zu fragen, wie viele sie davon hat zum Beispiel. Mir ist es vollkommen egal. Sie erwartet auch nichts. Ich genieße es, an einem Ort zu sein, an dem die Stille in Ordnung ist, die Nähe konkret und die Bewegungen so einfach und uralt sind, daß es einem ganz gleichgültig sein darf. Diese Erlaubnis hat man auch, weil man bezahlt.

Die Haut wird abgeschrubbt, aufgelöst von ihren langen, beruhigenden, regelmäßigen Zügen. Zwischendurch kann ich es nicht lassen, ihr zuzulächeln oder ihr in die Augen zu schauen – nur spaßeshalber –, um zu wissen, an was sie wohl denkt, denn sie ist ja schließlich auch da. Aber ich merke, daß es sie ablenkt. Sie zieht es vor, daß ich sie ignoriere. Daran kann ich nichts ändern und habe auch kein anderes Bedürfnis. Ich bezahle, und sie macht ihre Arbeit, sie ist weder mein Freund noch mein Geliebter, aber das ist auch egal. Sie ist die Frau, die meine persischen Brüste weiß kälkt. Sie hat meinen Fuß zu sich gezogen, so daß meine Ferse in ihrer Leiste ruht. Sie reibt den Arm und die Schulter, die am weitesten von ihr weg sind, während ihre Brust über meine Zehen fegt, ganz weit unterhalb ihres Gesichtes mit den wirren Zöpfen, ganz weit weg von ihr und von mir. Ob ihre braunen Brustwarzen genauso kitzelig wie meine Zehen sind, tut nichts zur Sache. Es ist nicht ihre Sache, es ist gar keine Sache. Nach dem Kalk folgt die Seife, bloß mit dem Unterschied, daß es jetzt schäumt. Alles ist weicher und gleitender.

Sie öffnet den Hahn an der Dusche und hilft mir auf die Beine, denn jetzt bin ich wohl fertig, jetzt bin ich sauber. Sie geht selbst unter die Dusche, während ich mein Haar bürste. Wir waren uns stillschweigend einig geworden, daß es besser wäre, wenn ich es selber bürste, weil es einfacher sei, es verfilzte nämlich. Man konnte nicht gerade sagen, daß sie mir etwas Böses wollte.

In weniger als einer Minute hatte sie Paillettenkleid und Chaddar angezogen und war mit den acht Kronen, die ich ihr gegeben hatte, wie der Tau unter der Sonne verschwunden. Es war der doppelte Preis. Ich fand nicht, daß ich ihr hätte weniger geben können. Als ich auf die Straße trat, in die kühle Abendluft und mich widerstrebend – doch leichten Herzens – auf den Weg zum Betonhotel machte, da fühlte ich, daß ich in Wirklichkeit sehr schmutzig gewesen war, um nicht zu sagen pottdreckig.

Am Anfang

Schafft den Menschen ab!
Und wir werden uns begegnen, eines Tages ...
Jørgen Gustava Brandt

«Es gibt eine Gegend in Mysore,
wo kürzlich ein Bewässerungssystem angelegt wurde,
und plötzlich tauchten überall Hexen auf.»
Elizabeth Janeway

Unter den Leuten, die an Frauen und deren Zukunft denken, gibt es
momentan zwei Gruppen: Die eine versucht herauszufinden, ob wir
«Mädchen, Fräulein, Frauen» oder «Damen» sagen sollen, und die andere meint, daß wir alle – und zwar alle ohne Ausnahme (auch du da
hinten in der Ecke, die du versuchst, dich zu drücken) – *Menschen* sein
sollen. Die erste Gruppe, die sich für die Sprache interessiert, weist darauf hin, daß es «Damen» in den Sechzigern gab und daß wir deswegen in
den heutigen Siebzigern eine neue Bezeichnung finden müssen, wenn
die Sprache der Wirklichkeit entsprechen soll. Den Sprachkundigen
geht es hauptsächlich um die Sprache, damit sie nicht über die Verhältnisse zu reden brauchen. Genauso war es lange Zeit für das Rassenprob-
lem ausschlaggebend, ob man «Neger», «Schwarze» oder «Farbige»
sagte, und es war diskriminierend, im falschen Jahrzehnt das falsche
Wort zu benutzen ... Solche Debatten wird es immer geben, und deswegen werden wir sie hier ruhen lassen.

Auf der anderen Seite macht die Rede vom Menschen die Sache auch
nicht gerade einfacher, obwohl das ja eigentlich mit dieser Verallgemei-
nerung beabsichtigt war. Ich kann mich nicht ganz des Gefühls erwehren, in eine bestimmte Schublade eingeordnet zu werden – als Mensch –,
wenn die zweite, überwiegend aus Feministinnen bestehende Gruppe
darauf besteht, daß wir alle Menschen sein sollen und daß das keinem
erspart bleiben darf. Ich fühle mich von dem rein Menschlichen nicht
unmittelbar angezogen; dann interessieren mich schon eher Biochemie
und Wunder. Vom *Menschen* war immer dann die Rede, wenn es darum
ging zu beweisen, daß es nichts Neues unter der Sonne und keinen Aus-
weg gäbe. Man könne also genausogut in den sauren Apfel beißen, da
man doch nicht auf zwei Hochzeiten tanzen dürfe. Und solle doch keiner

ankommen und uns einreden, daß man gut damit fahre, dort über den Zaun zu springen, wo er am niedrigsten ist. Dies ist im großen und ganzen die Situation des Menschen, und die Feministinnen möchten offensichtlich *Menschen* werden, wenn sie von Gleichberechtigung reden. «Frauen sind auch Menschen» ist ihr gängigstes Schlagwort.

Ich könnte mir viele verschiedene Dinge vorstellen, mit denen ich mich gerne vergleichen würde ... mit einem Grashalm zum Beispiel, aber freiwillig darin einwilligen, Mensch zu sein! Gleichberechtigung mit dem Mann als Ziel, wenn man bedenkt, daß der Mann, wie wir ihn kennen, dabei ist auszusterben! Das verstehe ich nicht. Diese Frauen, die die gleichen Möglichkeiten wie die Männer haben möchten, suchen die Lösung in überholten Büchern. Die Frauen, die als Menschen akzeptiert werden möchten, graben sich ihr eigenes Grab. Der *Mensch* ist ein Begriff, der je nach Belieben von verschiedenen Interessengruppen dazu benutzt wird, die grundlegenden Spannungen zwischen Körper und Geschlecht, Realitätsprinzip und Traum zu verschleiern. Alles Fundamentale wird gern in den Schatten des *Menschen* gerückt.

Und deswegen ist es mir unverständlich, daß unsere lieben Damen und Dirnen, Mamsells und Madames, Frauenzimmer und Fräuleins, Hausfrauen und Huren freiwillig darin eingewilligt haben, Menschen zu sein. Das kann unmöglich ein Fortschritt sein, höchstens weitere Unterdrückung.

Aber der Tag wird kommen, ja er ist schon gekommen, an dem man ruhig anfangen kann, darüber nachzudenken, ob die Situation der Frauen oder unserer Erdkugel wichtiger ist. Und ob die Erdkugel überhaupt gestaltet werden muß, und wie. Am lustigsten fände ich es mit, sie auf so unterschiedliche Art wie möglich einzurichten. Nur glaube ich nicht, daß dies zu verwirklichen ist, wenn ich die Frauen beobachte, wie sie danach streben, in die Todesherrschaft der Menschenrasse integriert zu werden. So fordern sie für eine Arbeit Lohngleichheit, die unter allen Umständen abgeschafft werden müßte, weil sie langweilig ist – und insofern komplett wertlos.

Ich glaube, daß sich Männer und Frauen im Grunde mit den Feministinnen in alldem einig sind, was noch nicht ausgesprochen wurde. Es war die Stärke der Feministinnen, daß sich die Leute alles von ihnen versprachen. Deswegen waren viele, die ein bißchen Spaß erwartet hatten, enttäuscht, daß sie mit der Erklärung abgespeist wurden, daß wir einfach Menschen sein möchten. Dafür erfolgte keine nähere Erklärung, es bedeutete nichts, oder vielmehr, es hätte genausogut bedeuten können, daß wir einander mit kleinen grünen Giftpfeilen oder Napalmbomben vernichten sollten oder sonst etwas. Denn wer «Mensch» gesagt hat, hat gar nichts gesagt, obwohl Villy Sørensen trotzdem etwas sagt:

«Wenn wir nicht alle ‹den Menschen› in uns selbst kennen würden, fiele es uns leichter, uns über das Menschliche, genauso wie über das Charakteristische anderer Tiersorten, belehren zu lassen... Wir setzen das Menschliche als bekannt voraus, obwohl schon unser Sprachgebrauch das Gegenteil bezeugt: Es ist zwar gut, menschlich zu sein. Sagt man aber, etwas sei ‹nur› menschlich, heißt es gleichzeitig, daß dies nicht besonders gut sei, und ist irgend etwas nur ‹Menschenwerk›, so weist es große Mängel auf. Für einige Leute ist es besonders menschlich, dem nur Menschlichen gegenüber nachsichtig zu sein, anderen Leuten ist diese Art Menschlichkeit, dieser Humanismus, ein alter Hut, der für die ganze Unmenschlichkeit der Welt mitverantwortlich ist.»[35]

Für Erich Fromm existiert der Mensch an sich nicht: «... Im Gegensatz zum Tier zeigt der Mensch eine fast endlose Flexibilität; wir können fast alles essen, uns an fast jedes Klima anpassen und es vertragen. Genauso gibt es kaum psychische Verhältnisse, die wir nicht ertragen und überleben könnten: frei oder als Sklaven, in Reichtum und Luxus oder an der Grenze des Verhungerns, im Krieg wie im Frieden, räuberisch und ausbeuterisch oder liebevoll und kameradschaftlich zusammenarbeitend. Es gibt kaum psychische Bedingungen, unter denen der Mensch nicht leben kann, kaum etwas, das man ihm nicht antun könnte und wozu man ihn nicht benutzen könnte. Alle diese Betrachtungen scheinen zu dem Schluß zu berechtigen, daß es keine gemeinsame menschliche Natur gibt, was praktisch heißen müßte, daß ‹der Mensch› außer im physiologischen und anatomischen Sinne gar nicht als Art existiert.»[36]

Die Existenz des Menschen ist einzigartig in der Natur, weil sie darauf beruht, diese verlassen zu haben – gleichzeitig jedoch ein Teil von ihr ist. Dadurch, daß der Mensch aus dem Rahmen der Natur gefallen ist, hat er seine ursprüngliche Heimat verloren und ist insofern eine historische, absolut unnatürliche Realität. Das Natürliche ist also nicht unbedingt ein menschlicher Wert. Es ist nicht länger möglich, an das Natürliche als den Richtwert für das Menschliche zu appellieren – wie es sich diverse Rattenpsychologen zur Angewohnheit gemacht haben. Würde *Nixon* (er ist ein Mensch) öffentlich erklären, daß er es liebte, seine Töchter von hinten zu nehmen, würde er seinen Job verlieren, denn er ist ja wohl kein Tier, sondern ein Mensch. Würde es ihm aber gelingen, die Felder zu verwüsten und die Leute zu verbrennen, würde man ihn offiziell damit entschuldigen, daß er ja nur ein Mensch sei. Von der menschlichen

Kultur kann man nur so viel sagen, daß Zärtlichkeit ein reines Wunder ist:

«Zärtlichkeit entsteht nicht als eine Notwendigkeit des gesellschaftlichen Lebens, denn sie liegt jenseits der Gesellschaft. In der Zärtlichkeit befindet sich der Mensch jenseits vom Homo sapiens; wenn er zärtlich ist, ist der Mensch mehr als ein bloßes soziales Wesen. Eine Gesellschaft ist möglich ohne Zärtlichkeit, aber Homo sapiens konnte nicht ohne Grausamkeit überleben. Daher nenne ich es ‹das Wunder der Zärtlichkeit› . . .»   (Jules Henry)[37]

In der Bemühung, Mensch zu werden, und in dem Glauben, daß die Gleichberechtigung durch Verwischung der Unterschiede zu erreichen sei, haben sich die Feministinnen mit dem männlichen Geschlecht identifiziert, statt sich mit Wundern zu befassen. «Diskriminierung» war die Wurzel allen Übels. In Wirklichkeit war es die Männergesellschaft, die der Frauenbewegung diktieren mußte, wie sie sich manifestieren sollte – nämlich bös und aggressiv. Diese Identifikation mit den Unterdrückern ist charakteristisch für den militanten Frauenaufstand geworden und baute allmählich auf die Ideale der Männergesellschaft auf und funktionierte nach deren Bedingungen. Und hier hat sie ihre Grenze gefunden, weil die Männergesellschaft eine Todesherrschaft und ein Untergangsphänomen ist. Nur kam man nicht um die Gleichberechtigungsbemühungen des weiblichen Geschlechts herum. Die Frauen schienen das Unmögliche zu wollen in dem Versuch, das Mögliche zu definieren. Ist das Mögliche aber genug?

Die Gleichberechtigungsbemühungen haben eine Skepsis und ein Mißtrauen gegenüber Unterschieden hervorgerufen. Ich werde nicht das erotisch Verlockende an der maskulin-femininen Geschlechterpolarität glorifizieren. Ich sehe gern Scharen von Geschlechtern und meine nicht, daß die fundamentale Anziehungskraft zwischen den Geschlechtern von Multi- oder Ambisexualität bedroht ist, sondern einzig und allein von Eintönigkeit. Wenn die Bemühungen der Frauenbewegung also darauf hinausliefen, nur ein Geschlecht zuzulassen, müssen wir uns schon Sorgen machen. Heute stellt die Gesellschaft selber Gleichheit als Ideal hin, weil sie menschliche Automaten braucht, die sich alle ähneln und glatt und reibungslos funktionieren. Alle gehorchen denselben Geboten und sind gleichzeitig alle überzeugt, ihren eigenen Wünschen zu folgen. Damit ist die Forderung nach Gleichberechtigung jeder revolutionären Kraft beraubt. Die Sehnsucht nach Gleichheit als «Gemeinschaft der Unterschiede» läuft praktisch auf den Begriff «Standardisierung» hinaus.

Da die meisten dafür sind, die Welt zu ändern – entweder weil sie ganz aus den Fugen geraten ist oder weil sie noch nicht angefangen hat –, und da viele meinen, wir hätten eine Überdosis von maskuliner Initiative, und daß wir eine Basis für ein anderes Weltbild als das der Todesherrschaft schaffen müßten, werde ich ganz en passant ein kleines Mini-Experiment vorschlagen. Natürlich soll das nicht *die* Lösung, sondern nur ein kleiner Testschritt auf dem Wege dahin sein: den Ausbildungssektor für Männer zu schließen, bevor es zu spät ist. Es gibt mehrere Gründe, die dafür sprechen. Erstens würde es die Männer von ihren belastenden Machtpositionen, über die sie so oft klagen, befreien. Lord Actons Bemerkung paßt ausgezeichnet zur Situation:

«Macht korrumpiert, und ein Teil der Korruption, unter der die Mächtigen in schlechten Zeiten leiden, ist ein schizophrener Abscheu vor ihrer eigenen Macht, ein verdrießlicher Neid auf die Schwachen und ein plötzlicher Geschmack an Frivolitäten. Im Endeffekt profitiert niemand von einer zu scharfen Trennung in Regierende und Regierte ...»[38]

Die Frauen sollen natürlich nicht direkt die Macht übernehmen, denn dadurch wäre nichts gewonnen. Nur ein von Mythen hervorgerufenes Wunschdenken kann den Frauen die ewige Funktion als erlösende Engel zuschreiben. Aber ich glaube, die Männer hätten es nötig, ihre Positionen aufzugeben. Sie könnten statt dessen Blumen binden, auf Pferden reiten, mit ihren Booten spielen oder Schachbretter aus Holz schnitzen, alles, wozu sie sonst nie kamen ... Außerhalb der Forderungen des Systems ein paar gute Ideen haben, Phantasie und unnütze Gedanken gebären. Letzten Endes ist ja doch immer das Überflüssige das Notwendige. Die Männer würden sich nicht langweilen, sondern jubeln, denn sie würden ja nicht in die Kälte gedrängt, sondern sich in einer für alle Beteiligten zufriedenstellenden Weise nützlich machen. (Sie sollten natürlich ihr Stimmrecht behalten, da es hier ja nicht darum geht, ihnen etwas wegzunehmen, sondern ihnen nur *andere* Möglichkeiten anzubieten.) Wenn man den Männern die höheren Positionen verweigert, würde man gleichzeitig das heute aktuelle Risiko vermeiden, daß die Frauen zu Männern werden. Ich gebe zu, daß es kein großartiges Experiment ist, das die fundamentalen Probleme lösen könnte. Aber bis jetzt war der Ausbildungssektor den Frauen etwa fünfhundert Jahre verschlossen, und es wäre deswegen sehr aufregend, einen Wechsel zu erleben und zu sehen, wohin das führt. Bisher konnte man nur feststellen, daß noch nie so viele Frauen mit so wenig gesellschaftlichem Effekt so viel studiert haben. Dies ist darauf zurückzuführen, daß die Frauen sich in die Männergesellschaft integrieren mußten, um soziale Vergünstigungen und gute Positionen zu erwerben, was keine neuen Wertmaßstäbe hervorgerufen oder an dem männlichen Militärkomplex von Industrie und Wissenschaft gerüttelt hat. Vielleicht ist es schon zu spät, aber die Frauen müßten ihre Chance haben, bevor es so weit kommt, daß es keinen anderen Geschlechtsunterschied zwischen Männern und Frauen mehr gibt als die Reproduktionsorgane. Der Tod und die kollektive Vernichtung sind statistisch wahrscheinlich, während die kreativen Ereignisse in der Geschichte statistisch immer unwahrscheinlich waren. Im Moment würde es sich meiner Ansicht nach lohnen, mehr in das Unwahrscheinliche zu investieren.

Da aber die Frauen wohl kaum schon morgen das Weltbild direkt bestimmen werden, müssen wir uns in der Zwischenzeit darauf besinnen, daß das größte Privileg der Frauen im Augenblick *das Recht ist, sich zu blamieren*. Ein Recht, das nicht zu verachten ist. Die Frau hat eine fast unbegrenzte Möglichkeit, die Normen durch ihr Verhalten zu untergraben, weil sie meist kein Prestige und keine Positionen zu verteidigen hat. Sie kann frei als Partisanin herumlaufen. Ihre subversive Stärke liegt darin, daß niemand richtig mit ihr rechnet. Sie hat sogar den Vorteil, auf einen Gutteil Toleranz zu stoßen, weil sie die Schwächere ist – «nur» eine Frau – ohne Verantwortung oder Macht. Der Guerilla kann es sich erlauben, verrückte Ideen zu haben, weil er alles zu gewinnen hat. Dagegen wird der Fehltritt des Generals immer fatal sein und wird immer ein ganze Menge Unannehmlichkeiten nach sich ziehen, weil der General sein Prestige und seine Position, koste es, was es wolle, verteidigen muß. So werden die Generäle nie das Unwahrscheinliche unternehmen, weil es sie immer teuer zu stehen kommt, nicht die Spielregeln zu befolgen. Die Generäle trauen sich nie, ins Fettnäpfchen zu treten, und deswegen sind die Männer per Definition in phantasievollen Aktivitäten gehemmt. Ein Mann, der nicht seine Verantwortung gegenüber dem Bestehenden erfüllen kann, ist erledigt, wogegen eine Frau tun und lassen kann, was sie will, weil sie doch nicht ernst genommen wird. Deswegen hat sie einen größeren psychischen Spielraum.

Es ist jedoch die größte Schwäche der Frauen, daß sie wünschen, ernst genommen zu werden. Aber da kommen uns die Hexen zu Hilfe. Sie sind anscheinend immer gekommen, wenn sie gebraucht wurden, obwohl es übertrieben wäre, zu behaupten, daß sie geradezu kommen, wenn man ruft. Die Hexen haben ihr Pech gekocht und ihre Zaubersprüche losgeschickt und haben Furcht und Respekt um sich verbreitet. Sie haben aber nie staatliche Unterstützung gefordert oder verlangt, akzeptiert, verstanden – oder ernst genommen zu werden. Hierin liegt gerade der Ernst.

Ob im elizabethanischen England, im von Religionskriegen verwüsteten Europa, im heutigen Indien oder China oder ob als strickende Frauen während der Französischen Revolution – die Hexen tauchten immer wieder auf. Als ein Symptom der Gesellschaftsveränderung, des Einreißens von traditionellen Machtstrukturen, als Symptom von Rollenänderungen und Wertauflösungen. So scheinen die sozialen Veränderungen im heutigen Indien eine Überproduktion von Hexen hervorgerufen zu haben.

Ohne Rollen können wir nicht existieren, wir verstehen – ohne Rollen – weder, wer wir selber, noch, wer andere sind. Da aber Rollen ein Ausdruck für von vornherein festgelegte Beziehungen sind, hat eine Gesellschaft in Umwälzung die Tendenz, die etablierten Rollen zu negieren. Die bekannteste negative Rolle ist die der Hexe. Sie ist der Gegenpol zu der liebenden Mutter. Sowohl die Macht der Mutter als auch die der Hexe sind gefürchtet (man kann gar nicht einmal sagen, welche eigentlich am meisten gefürchtet ist), aber im Fall der Hexe geht es um die magische Kraft. Portnoys Mutter, an die wir uns vielleicht erinnern, ist fast ein bißchen hexenartig – ihre Rolle wird insofern negativ, als wir eine solche Frau nicht mehr brauchen.

Von dem Moment an, wo der Mann aus dem Bauch der Mutter kommt, weiß er, daß der Umgang mit Frauen etwas kostet. Frauen kosten ihn seine Freiheit. Die meisten Männer haben Angst vor Frauen, weil diese Wesen die bedingungslose Liebe repräsentieren. Gleichzeitig teilen sie die Liebe in verschiedene Arten und Dosierungen, um die man sich verdient machen und für die man bezahlen muß. In der letzten Zeit aber scheinen die Frauen etwas generöser geworden zu sein, indem sie ihr Geschlecht mit einem Reißverschluß versehen haben. Sie wackeln mit dem Hintern und behaupten gleichzeitig, daß sie keineswegs Sexualobjekte sein möchten. Sie bieten sich zum Kauf an und wollen doch nicht käuflich sein, wie in einer Wundertüte das eine und das andere zugleich haben, was auch halb so schlimm wäre, wenn sie nur nicht am Ende immer selbst eingetütet und eingesackt würden. Sie sind mit ihrer Analyse auf dem Holzweg. Es ist nichts Empörendes dabei, Sexobjekt zu sein (wenn man nicht gerade unter sexuellen Störungen leidet). Denn wenn die Leute nicht Objekte füreinander wären, für wen dann? Nein, der Preis ist empörend, und der wird vom Besitzer der Ware festgesetzt. Der Preis, den die Frauen kurzsichtig für sich selbst festsetzen, ist eine flüchtige Machtposition – die auf längere Sicht zu ihrer eigenen Unterdrückung führt. Nur die Frau hat die Macht, die Marktmechanismen zu bremsen, indem sie damit anfängt, keinen Preis und keine Konditionen festzusetzen – und indem sie damit aufhört, zu gefallen und zu lächeln, wenn es nichts zu lächeln gibt. Die Hexe, ihre weibliche Negation, gefällt kein bißchen, ist aber vollkommen gratis, weil sie frei ist und ihren Schwerpunkt in sich trägt. Sie lacht nur, wenn es wirklich etwas zum Lachen gibt – dann aber auch aus voller Kraft. Die Rolle der Hexe ist an und für sich anziehend. Für die Frauen aber, die von den Männern als Gleichberechtigte akzeptiert werden möchten, ist die Hexenrolle kaum sehr verlockend. Denn die Männer mögen keine Hexen oder Gratisfrauen, weil sie gelernt haben, daß eine Sache um so verlockender und wertvoller ist, je teurer sie ist. Man soll sich als Hexe auch nicht Hoffnungen machen, versorgt zu werden, denn wie viele Männer möchten mit einer Hexe verheiratet sein, Finger hoch ... Und wie die Verhältnisse heute sind, ziehen es die meisten Frauen vor, ihren Schwerpunkt aus sich selbst herauszuverlegen und Haus und Mann zum Angelpunkt ihres Daseins zu machen. Der Entschluß zu heiraten ist für die meisten Frauen der wichtigste Entschluß ihres ganzen Lebens, obwohl ihnen die Welt offensteht und es keine juristischen oder formalen Hindernisse mehr gibt, Stern- oder Polarforscher zu werden. Wenn die meisten Frauen früher oder später fühlen, daß ihr Platz im Hause ist, liegt die Ursache dann darin, daß dieser Platz sie am meisten befriedigt? Der Psychopharmaka- und Alkoholverbrauch bei Hausfrauen scheint eine solche Annahme nicht zu bestätigen.

Formal steht es jedem frei, die Erwartungen zu mißachten und die Rolle zu verneinen. Wenn aber das Verhalten der Frauen so sehr dem erwarteten Verhalten entspricht und wenn es ihnen so schwer fällt, sich mit phantasievolleren Idealen als dem der Hausfrau zu identifizieren (der Traum, Frau Beethoven zu heißen), dann hängt das mit den mythischen Vorstellungen über den Platz der Frau zusammen. Und da sich niemand von der Mythologie ganz freimachen kann, wird man klug daran tun, sie ernst zu nehmen, ganz gleich, ob sie den tatsächlichen Verhältnissen entspricht oder nicht. Ein Mythos ist insofern keine Lüge, als er im tiefsten Innern ein Ausdruck der Sehnsucht ist. Es wäre Zeitverschwendung zu beweisen, daß der Mythos unhaltbar und seine Aussage Quatsch ist. Sein Inhalt wird sich bis zur Bewußtlosigkeit widerlegen lassen, der Mythos aber wird immer noch überleben, weil seine «Wahrheit» darin liegt, daß er Gefühle widerspiegelt.

So haben sich in den letzten zehn Jahren zahlreiche Autoren damit beschäftigt, die traditionelle Frauenrolle zu entmystifizieren und auf die Ungereimtheiten der Annahme hinzuweisen, Anatomie sei Schicksal. Eine hervorragende Frau nach der anderen hat den Mythos vom «festen Platz» der Frau gründlich analysiert, so daß man mit einigem Recht fragen kann, warum der Platz der Frau gerade im Haus sein soll, warum nicht in den Bäumen oder woanders auf der Welt ... Aber neues Wissen kann nur dann Mythen eliminieren, wenn es auch die menschlichen Gefühle zu ändern vermag. Gefühle zu ändern ist etwas ganz anderes, als bestimmte Argumente zu entkräften, und wer diese beiden Dinge verwechselt, folgt gewissermaßen auch wieder einem Mythos. Man kann sich tausend wohldurchdachte Abhandlungen über die sinnlose Tätigkeit der Frauen in Küche und Kinderzimmer einfallen lassen, sie ändern nichts daran, daß die meisten – Männer wie Frauen – *fühlen*, daß die Frauen zunächst ins Haus gehören.

Lise Sørensen formuliert: «Zu Hause im ungestörten Zentrum der Werte ... (Und das ist vielleicht die wahre Ursache für diesen sonderbaren Kult um die Hausfrau: Nicht, daß man wirklich glaubt, das Heim würde so sehr anders, wenn sie es für ein paar Stunden verließe – sondern daß diese Handlung ein Eingeständnis wäre, daß es dies vom Lärm und Geschrei der Welt unberührte Zentrum nicht mehr *gibt*. Je mehr sich alles aber nach dem verzweifelten Gesetz der Zentrifugalkraft dreht, um so mehr brauchen sowohl Frauen als auch Männer den ‹Glauben› an ein Zentrum, über das sie selber herrschen und sonst niemand. Ein ruhiger Tempel mit der unveränderlichen Frau als Priesterin.»[39])?

- In den USA sind zwei Fünftel aller Frauen berufstätig (wovon über die Hälfte verheiratet ist und Kinder hat). Also scheint der Mythos von der «Frau am Herd» der Wirklichkeit nicht zu entsprechen. Auch dann nicht, wenn wir in der Geschichte zurückdenken. Denn bis vor kurzem, als die Frauen wirklich zu Hause waren, waren es die Männer auch, weil beide zu Hause arbeiteten.

Der stehende Ausdruck «Der Platz der Frau ist zu Hause» spiegelt vielmehr eine unausgesprochene Sehnsucht wider, zurück zu den Müttern des goldenen Zeitalters zu kehren, dorthin, wo es keinen Unterschied zwischen dir und mir, dein und mein gab. Es ist die Sehnsucht nach dem Paradies mit seinen schattigen Bäumen und saftigen Früchten, die immer erreichbar waren. Wir können tausendmal wiederholen, daß die Frau in ihrer kleinen Schachtel nichts Vernünftiges zu tun hat, nur der Mythos, daß sie in die Schachtel hineingehört, ist stärker, weil er fundamentale Triebe und Sehnsüchte ausdrückt. Die Logik kann den Mythos entkräften, jedoch nicht aus der Welt schaffen. Denn gerade der unlogische oder prä-logische, von der Wirklichkeit entfremdete Mythos erreicht durch seine sich selbst erfüllende Prophezeiung eine eigene Kraft. Mystisches Denken ist eine Art Wunschdenken, und deswegen vermögen mythische Handlungen niemals die Verhältnisse, auf die der Mythos zurückzuführen ist, zu ändern. Wenn der Nazi-Mythos wissenschaftlich haltbar gewesen wäre, hätten sich die «übermenschlichen» Arier nicht dazu gezwungen gesehen, die «minderwertigen» Juden auszurotten. Auf den Judenmord folgte dann auch nicht das kerngesunde Dritte Reich, das doch tausend Jahre bestehen sollte. Die Neurose und der Mythos haben gemein, daß sie die Krise, in der eine Gesellschaft oder ein Mensch zu einem gegebenen Zeitpunkt steht, nicht beheben können. Vieles spricht dafür, daß der Mythos und die Neurose ein und dasselbe sind, dieser äußerst kollektiv oder öffentlich, jene privat.

Charakteristisch für die Krise unserer Kultur ist es, daß Mythos und Lüge Synonyme geworden sind. Wenn wir heute sagen: «Das ist ein Mythos», heißt es einfach, «es ist gelogen.» Das Unglück liegt darin, daß wir keine zentralen Werte mehr haben, die uns zusammenhalten. Deshalb entpuppt sich der Ausdruck unserer tiefsten Sehnsucht heute als Lüge. Aber der Ursprung und die sehr dynamische Funktion der Mythen ist es ja, «Bilder» zu repräsentieren, die uns ermöglichen, uns miteinander in unserer Furcht, Freude, Sorge und Hoffnung zu identifizieren. So definiert Joseph Campbell, ein führender Mythologe, den Mythos als «einen öffentlichen Traum» – als die im kollektiven Sinne wirkende Antriebskraft zwischen dem Bewußten und Unbewußten. Das Problem ist, nach Campbell, daß die Kommunikation in der westlichen Welt zusammengebrochen ist. Die alten Mythen funktionieren nicht mehr:

«Die letzte Inkarnation des Ödipus, die die Zeiten überdauernde Romanze zwischen der Jungfrau und dem Drachen, steht heute nachmittag an der Ecke 42. Straße und Fifth Avenue und wartet, daß die Verkehrsampel grün wird.» – Und es sind immer noch keine neuen sinnfälligen Mythen entstanden, die die alten ersetzen könnten. Das Ergebnis ist, meint Campbell, daß die westliche Welt zur Zeit eine schmerzliche Neuorientierung durchmacht, nur vergleichbar mit der Periode um viertausend vor Christi Geburt, als die Sumerer die Idee von einem mathematisch geordneten Kosmos ausheckten und dadurch das menschliche Weltbild total über den Haufen warfen. Und nicht jeder Mythos taugt etwas, denn: «Eine wirksame Mythologie muß wissenschaftlich auf der Höhe sein und auf einem Konzept vom Universum gründen, das geläufig, akzeptabel und überzeugend ist.» (Joseph Campbell) So sind wir heute mythenlos, weil die Mythen nicht mehr die Auffassung des Ganzen widerspiegeln. Wir können aber nicht ohne Mythen im Sinne «öffentlicher Träume» existieren, und deswegen ist das Bedürfnis danach, Mythen zu verbreiten, heute so stark wie noch nie: «Eine Welt, die ihrer Grundbedeutungen beraubt ist, wird unerträglich; sie verunsichert die Menschen radikal, so daß sie sich an jeden angebotenen Mythos oder Pseudo-Mythos klammern.»

Zu dem hartnäckigen Streben nach «Gleichheit» und danach, ein *ganz* neues System – ein sozialistisches zum Beispiel – zu etablieren, macht sich mythisches Denken exemplarisch geltend. Obwohl aber die Sehnsucht nach Gleichheit, Freiheit und Brüderlichkeit, für die dieser Systemmythos steht, nicht befriedigt wird, so muß der Mythos doch ernst genommen werden, weil er die Welt prägt, auch indem er nicht funktioniert.

Mythisches und religiöses Denken haben gemein, daß beide einer Sehnsucht entspringen. Die mythische Haltung will Befriedigung *hier* und *jetzt*, während das Religiöse die persönlichen Bedürfnisse transzendiert. Menschen in Gefangenschaft, die Hunger und Entbehrungen leiden, träumen unter anderem von Brot und können nur überleben, wenn sie entweder die Realität ihrer Situation verleugnen oder Werte entdecken, die den Zustand überdauern. Die erste Reaktion ist mythisch, die zweite religiös. Augenblicklich spricht alle Welt mehr über das Brot und weniger über die allgemeinen Entbehrungen der Gefangenschaft. Einmal in den Vierzigern schrieb Karen Blixen, man könne nicht den Leuten Brot geben, wenn sie nach einem Stein verlangten, in den sie Bilder ritzen wollten ...

Das mythische Denken, die Befriedigung *hier* und *jetzt* – entweder durch die Rettung und Bewahrung der guten alten Welt oder durch die Etablierung einer neuen –, zum Beispiel in Form einer sozialistischen Gesellschaft, die Pflastersteine in Kuchen verwandeln soll, dominiert scheinbar, aber auch nur scheinbar alle anderen Sehnsüchte. Der Glaube an die Freiheit aller Menschen, wenn nur die Arbeiter die Produktionsmittel übernehmen, der Glaube daran, daß das weibliche Potential in und mit der Errichtung eines neuen Systems realisiert wird und wir dann in ewiger Liebe leben werden, ist indessen ein unerfüllbarer Mythos, denn sonst wäre ein solches System schon längst verwirklicht worden. Das Rezept stand ja zur Verfügung seit über hundert Jahren. Und es ist mythisches Denken, das Fiasko dieses Rezeptes einigen frei schwebenden ökonomischen Prozessen jenseits menschlicher Vernunft zuzuschreiben oder den Großkapitalisten zu unterstellen, daß sie sich nicht nach dem Paradies und der ewigen Liebe sehnen – die tun es sicher am allermeisten.

Leszek Kolakowski schreibt: «Daß wir fähig sein sollten, uns mit einem einzigen Satz aus den Tiefen der Hölle in die Höhen des Himmels zu schwingen – diese Revolution wird nie stattfinden ... Der Gedanke, daß die heute existierende Welt so total verdorben ist, daß sie nicht mehr spürbar verbessert werden kann und daß allein deswegen die die ersetzende Welt das Höchstmaß an Perfektion und endgültiger Freiheit erreichen wird, ist eine der monströsesten Verirrungen des menschlichen Geistes.»

Der Kampf der Frauen um Gleichberechtigung und Emanzipation *war* ein reeller Kampf, ist aber heute mythisch geworden, indem die Realitäten dergestalt verleugnet wurden, daß die Frauen formal gleiche Möglichkeiten haben, sie aber real nicht ausnutzen. Es gibt nicht länger ein bestimmtes Frauenschicksal, und das wird manchen zum Trauma. Die Frau kann mit ihrer Anatomie plötzlich tun und lassen, was sie will. Die Konfrontation mit all diesen bislang ungeprüften Möglichkeiten ist für die Frau eine ganz neue Situation. Und da die Gesellschaft fast nichts von den Frauen verlangt, haben viele angefangen, die Männer in ihrer gebundenen Lebensform zu beneiden. Deshalb ist die Triebkraft der Frauenbewegung, die im großen und ganzen von Frauen mit Bildung und Ausbildung repräsentiert wird, gar nicht die Befreiung, sondern die Angst davor, frei schwebend im leeren Raum zu stehen – die Angst vor dem Versuch, herauszufinden, wie man darin leben soll.

«Wenn die Gesellschaft so wenig von den Frauen fordert», schreibt Betty Friedan in «Der Weiblichkeitswahn», «muß jede Frau auf ihre eigene innere Stimme hören, um ihre Identität in dieser wechselvollen Welt zu finden.»[40]

Das Problem aber und das eigentliche Trauma der Frau, mit dem sie ganz allein steht, ist, daß sie nicht einmal ihrer eigenen «inneren Stimme» gehorchen kann, wenn sie etwas darüber erfahren möchte, wie sie ihre Triebe und Hoffnungen kanalisieren soll. Denn die innere Stimme wird sie gegebenenfalls weit zurück in die Geschichte führen, weil die Stimme mit mythischem Gepäck von tausend Jahren beladen ist. Und damit kann sie in der historisch neuen Situation absolut nichts anfangen.

Ein merkwürdiger, schmerzlicher – fast unerträglicher Zustand, seinen eigenen Gefühlen nicht trauen zu können, weil sie eine Welt widerspiegeln, die es nicht mehr gibt. Seine Stimme nicht benutzen zu können, nicht in Übereinstimmung mit dem Gewissen handeln zu können, nichts auf die Gefühle zurückführen zu können! Das alles ist neu an der heutigen Situation des Menschen. Und es zeigt sich zuallererst in der Situation der Frau. Sie hat keinen Bezugsrahmen, keine Ideale, nichts, worauf sie hinweisen könnte. Sie ist emotional an ein Programm gefesselt, das ausgespielt hat. Und sie ist von jeder historischen Kontinuität abgeschnitten. Es sei denn, sie riskierte, den Verstand zu verlieren. Denn die Annahme einer anachronistischen Rolle würde sie in Konflikt mit ihrer Auffassung von sinnvoller Existenz und ihren Wünschen für die Zukunft bringen. Wenn sie wachsen, mutieren und eine neue Identität finden will, ohne ein Mann zu werden, muß sie sich in neue Gewässer trauen, wo sie womöglich gar keinen Grund haben wird. Niemand weiß es. Niemand hat es versucht.

Quellenhinweise

1 Denis de Rougemont, L'amour et l'occident, Paris 1938, dt.: Die Liebe und das Abendland, Berlin – Köln 1966
2 Erich Fromm, Die Kunst des Liebens, Berlin o. J.
3 ders., ebda.
4 David Cooper, Der Tod der Familie, Reinbek 1972
5 Seymour Fisher, Der Orgasmus der Frau, München 1975
6 Buckminster Fuller, Bedienungsanleitung für das Raumschiff Erde und andere Schriften, Hrsg. Joachim Krausse, Reinbek 1973
7 Emmanuelle Arsan, Emmanuelle, Reinbek 1976
8 Medard Boss, Indienfahrt eines Psychiaters, Bern 1976
9 Nena und George O'Neill, Die offene Ehe. Konzepte für einen neuen Typ der Monogamie, Reinbek 1975
10 David Cooper, a. a. O.
11 ders., ebda.
12 Jules Henry, Pathways to Madness, New York 1965
13 ders., ebda.
14 Elizabeth Janeway, Man's World, Woman's Place – A Study in Social Mythology
15 Shulamith Firestone, Frauenbefreiung und sexuelle Revolution, Frankfurt/Main 1975
16 Charles Fourier, Aus der neuen Liebeswelt, Berlin 1977
17 Shulamith Firestone, a. a. O.
18 Jules Henry, a. a. O.
19 Shulamith Firestone, a. a. O.
20 dies., ebda.
21 Elizabeth Janeway, a. a. O.
22 dies., ebda.
23 Jules Henry, a. a. O.
24 ders., ebda.
25 Bronislav Malinowski, Das Geschlechtsleben der Wilden in Nordwest-Melanesien, Leipzig – Zürich 1929
26 Menachem Amir, Patterns in Forcible Rape, Chicago 1976
27 Denis de Rougemont, a. a. O.
28 Erich Fromm, Der moderne Mensch und seine Zukunft, Frankfurt/Main 1967
29 Elizabeth Janeway, a. a. O.
30 Erich Fromm, Der moderne Mensch …, a. a. O.
31 Serge Moscovici, La société contre nature, Paris 1972
32 Shulamith Firestone, a. a. O.
33 dies., ebda.
34 Anaïs Nin, Tagebücher, München 1977
35 Villy Sørensen, Uden Mal og med, Kopenhagen 1973
36 Erich Fromm, Der moderne Mensch …, a. a. O.
37 Jules Henry, a. a. O.
38 Lord Acton (John Emerich Dalberg), In einem Brief an Bischof Mandell Creighton, 1887
39 Lise Sørensen, Digternes Damer, Kopenhagen 1974
40 Betty Friedan, Der Weiblichkeitswahn oder Die Selbstbefreiung der Frau. Ein Emanzipationskonzept, Reinbek 1966

Klaus Rainer Röhl

Aufstand der Amazonen
Geschichte einer Legende.
224 Seiten, 8 Seiten Abbildungen, gebunden

Die Amazonen sind Gegenstand zahlreicher
Mythen, Märchen und Legenden.
Klaus Rainer Röhl unternimmt den Versuch,
das Geheimnis um die Amazonen und ihre Reiche
zu enträtseln und die historische Wirklichkeit
darzustellen.
Aufgrund zahlreicher Belege, Schriften und
Ausgrabungsfunde und auf der Basis von wissen-
schaftlichen Untersuchungen des 19. Jahrhunderts
führt er den Beweis, daß Amazonenreiche
tatsächlich existiert haben und daß sich das
Amazonenbewußtsein bis heute erhalten hat.

ECON

Postfach 92 29, 4000 Düsseldorf 1